悬崖

企业领导人的12个险象

莫少昆◎著

四川人民出版社

图书在版编目（CIP）数据

悬崖：企业领导人的 12 个险象 / 莫少昆著 . —— 成都：四川人民出版社，2018.7
ISBN 978-7-220-10813-6

Ⅰ.①悬… Ⅱ.①莫… Ⅲ.①企业领导学 Ⅳ.① F272.91

中国版本图书馆 CIP 数据核字 (2018) 第 101573 号

XUANYA:QIYE LINGDAOREN DE SHIERGE XIANXIANG

悬崖：企业领导人的 12 个险象

莫少昆 著

责任编辑	林袁媛
特约编辑	刘江娜
封面设计	水玉银文化
版式设计	曾 放
责任印制	王 俊 张 辉
出版发行	四川人民出版社（成都槐树街 2 号）
网　　址	http://www.scpph.com
E-mail	scrmcbs@sina.com
新浪微博	@ 四川人民出版社
微信公众号	四川人民出版社
发行部业务电话	（028）86259624　86259453
防盗版举报电话	（028）86259624
照　　排	程海林
印　　刷	北京晨旭印刷厂
成品尺寸	170mm×245mm
印　　张	17.25
字　　数	249 千字
版　　次	2018 年 7 月第 1 版
印　　次	2018 年 7 月第 1 次印刷
书　　号	ISBN 978-7-220-10813-6
定　　价	68.00 元

自序

一

习坎，有孚，

维心亨，行有尚。

——《易经》第二十九卦：坎卦·卦辞

伏羲先天八卦第六卦的卦名是"坎卦"，卦画是"☵"，卦象是"水"，卦德是"险"或者"陷"，代表了这个卦是像流水永不停滞，千变万化的，不知道水有多深，也不知道水有多急。而且，水不只是表面上的现象，还有暗流，有险滩，有漩涡。《易经》六十四卦中的第二十九卦，是"坎卦"的重卦，也称为"坎卦"或"习坎卦"，卦画是"☵☵"，里面有很多词句告诫领导人要警惕危险，如"习坎"（重重叠叠的险阻），"入于坎窞"（容易陷入深坑里），"来之坎坎"（危机和挑战接踵而来），"险且枕"（充满危险而且陷得很深），"勿用"（不能有大作为），"系用徽纆，寘于丛棘，三

I

岁不得，凶"（被人用绳子捆绑起来，置放在丛林荆棘之中，多年难得解脱，这是凶险的）等等。以上一系列的文句都说明了领导人在漫长的领导岁月里一定会有凶险的时候，也会遇见危险的情况，这是一种常态，也是领导人应该坦然面对的客观现实。

那么，应该如何处理这些危险的情况呢？"坎卦"的卦辞里有十个字给出了答案，那就是"习坎，有孚，维心亨，行有尚"。它的意思是，领导人面对重重的险阻和坎坷，必须要沉得住气，要有正确的价值观和理想，要有长远的眼光和魄力，用使人信服的良好心态来处理问题、解决困难，以诚信达至亨通，以高尚的行为行事，才会获得认同，才能够化险为夷。这里面强调了"心"和"行"这两个字，也就是要有正确、坚强的意志和行之有效的行为。"坎"是水，水是做人的最高境界，也是领导和管理的最高境界。老子说："水善利万物"和"处所恶"，最后，"故几于道"，这就是低姿态、高意境。虽然要承担一定的责任、风险和委屈，但是可以达到"利万物"的最佳、最好的结果。"随风潜入夜，润物细无声"——杜甫的这两句诗，正好能够说明"坎卦"里面的"维心亨，行有尚"的境界。

二

需，有孚，

光亨，贞吉，

利涉大川。

——《易经》第五卦：需卦·卦辞

　　《易经》六十四卦中的第五卦的卦名是"需卦"，"需"的意思是等待。"需卦"的卦画是"䷄"，下卦是天，上卦是水。这显示水还在天上，虽然已经乌云密布，但是，还没化成雨落下来，所以，需要等待时机。领导人在面对各种挑战和险象的时候，要有耐心，不急不躁，保持内心的宁静和强大，坚持自己所要做的正确的事，才能够"逢山开路，见水搭桥"。"需卦"里面，也有几句值得领导人警惕的话，如"需于郊"（在郊外等待，表示险象已经有苗头），"需于沙"（在沙滩等待，表示险象已经来临），"需于泥"（在泥沼中等待，表示领导人已经深陷险象），"需于血"（在血光凶险之地等待，表示险象已经带来了破坏和损失），"需于酒食"（在饮食宴乐中等待，表示险象已经被化解，但是，还不能够掉以轻心），"有不速之客三人来，敬之终吉"（表示化解险象之后，我们会迎来新的人、事、物、时、空、景，只要我们恭敬地对待，心存敬畏，必定能够吉祥顺利）等等。

　　那么，我们应该如何等待呢？"需卦"的卦辞给出了答案，即"需，有孚，光亨，贞吉，利涉大川"。《易经》强调，等待是积极的而不是消极的，而且在等待的过程中，要讲究诚信，要做出让人信服的事，要坚守光明的正道才能够畅行亨通，要坚守自己的初心和价值观，才能够吉祥顺利。如果有这样积极等待的心态，就能够成功地处理各种挑战。

"三位不速之客"可以理解为领导人在面对发展的过程中因为时间和空间的交错，可能会出现的新场景；因为"江山代有才人出"，可能会碰到新对手和新伙伴；因为新技术、新需求的冲击，可能会产生新变化和新事物。"不速之客"从现代语的观点，也可以理解为分别代表四个要素的英文单词：VUCA。V（Volatility）代表"动荡"，U（Uncertainty）代表"无常"，C（Complexity）代表"复杂"，A（Ambiguity）代表"模糊"。这四个词是美国军方对当下快速变化的决策环境的标准描述。它们可能骤然而至，让人措手不及，但是，我们只要正确地面对现实，耐心地积极等待和坚持，做出正确的部署和应对，就能够逢凶化吉，取得新的成就。

三

我藉着你冲入敌军，

藉着我的神跳过墙垣。

——《圣经·诗篇》第18篇第29节

两年前，我到以色列游学，在去死海的路上，经过了一个小绿洲，叫作"隐基底"。那里现在虽然是一个供人们在死海游泳或漂浮的地方，但是，它附近的地形非常险恶，有2000多尺高的峭壁，也形成了很多峡谷和岩洞。"隐基底"的旷野，也就是《圣经》中描绘的无人居住，野狗、蜥蜴和秃鹰常常出没的地方。"隐基底"曾经发生了圣经旧约中大卫王的故事，大卫王在逃避扫罗的追杀时，就是躲藏在这个旷野多年。其实，从某种意义上说，人在旷野中生存下来是非常不容易的，正如领导人在现实中面对各种各样的挑战和险象。英国著名作家杰克·伦敦（Jack London）曾经写过一本书——《旷野的呼唤》（*The Call of the Wild*），在书中，他说旷野是极其诱人的地方，旷野会呼叫，也会呼唤。其实，当一个人独自地接触到真实的大山、大河、大漠、大地的时候，才能真正领悟和了解人生的意义和奥秘。在旷野孤寂的独处中，我们能够时刻保持警觉，维持生命；在宁静中耐心等待的时候，我们更能够听到内心真实的呼唤而触动深刻的感悟。但是，旷野也会让人有惊慌失措的时候，也可能隐藏着不可预知的危险。当我们在旷野时，我们对生死的敏感度会提高，我们对真善美的界定也会更加准确，我们对人生所要和所弃的认识也会更加清晰。英国诗人杰拉德·曼利·霍普金斯

（Gerard Manley Hopkins）在作品中也曾对旷野做过如下的描述：

"若无湿露与旷野，

世界将为何？！

别搅扰它们，

湿露与旷野，

百花杂卉永长存。"

在《圣经》中，除了大卫王的故事，还有许多非常有名的旷野的故事。例如，摩西带领以色列人穿越西奈的旷野40年，耶稣在耶利哥城附近的旷野禁食40天等。旷野是一个充满各种试炼、引诱和试探的地方，这是最原始、最残酷的险象。摩西、耶稣和大卫王正是在这种残酷的险象下，凭借对信仰的执着，凭借自己坚强的意志，最后突破难关，重塑新生的。这就是大卫王所讲的，"我藉着你冲入敌军，藉着我的神跳过墙垣"。"跳过墙垣"在《圣经》的英文版中是"Leap Over A Wall"，关键在于"Leap"这个词，这不是简单的跳跃和跨越。如果能够经过旷野的磨炼，经过险象的挑战，将打开一番新的天地，那是一种跃进，一种飞跃。

我们不应该把旷野想得太简单，这毕竟是一个充满危险的地方。但是，我们也不应该逃避旷野，因为这更是一个奇妙的地方。同理，领导人不能避开险象，因为险象有因果的常态；领导人不应该回避险象，因为这是一个脱胎换骨的机遇。

四

　　现在很多领导人和他们所领导的团队、单位、企业、家族、社团，乃至于国家，都碰到了各式各样的挑战，需要转型和变革。过往十多年，我奔走于国内外多所高校，作为一名EMBA客座老师，和许多优秀的领导人交流和碰撞，除了感受到大家的正能量之外，也能够感受到他们的焦虑。很多企业处在不同的发展阶段，面对不同的危机，领导人们也处在不同的年龄段，面对人生和工作的各种各样的议题，大家都希望能够有人帮他们梳理和总结。这使我有了写这本书的动机。在构思这本书的结构和内容的时候，我不想刻意追求深奥的理论阐述，也不想对领导人的素质能力做出系统化的分析，只是希望用讲故事的方式，讲述领导人的一个侧面，讲述领导人面对各种险象时成功和失败的案例，给大家以参考和提醒。我希望用讲故事的方式，引起大家的兴趣和反思。这样的方式也许比较容易触动大家的心灵，并使之转化为快速执行的行动。

　　世界级故事大师、在商业领域应用故事思维第一人安妮特·西蒙斯（Annette Simmons）说："人类历史上最古老的影响力工具——一个好故事，它可以帮助人们理解事实的意义。"所以，在本书中，我并不追求用长篇大论阐述分析险象，而是最大可能地以案例和讲故事的方式表达我对险象的认知。

    我对本书的 12 个险象的归纳和 44 个险象案例的阐述，就是希望把复杂的问题简单化，这样，读者就能够掌握一定的本质和规律，而不会淹没在浩瀚的现实故事里。我希望通过对 12 个险象系统、逆向的思考，展现多样化的案例故事，帮助领导人找到从当下走向未来的成长道路。

    领导人必须要正面面对险象和积极耐心等待，接下来，持有化解险象的智慧和魄力，才能够像《圣经·以赛亚书》第 43 章第 19 节所写的"我必在旷野开道路，在沙漠开江河"。在化解险象的过程中，领导人要忠于自己的愿景和价值观，要知道化解险象不只是加强自己的领导能力和领导形象，而是为周围的人提供服务，让所有人的生命都能够成长，让领导的角色得到升华，让企业的发展得到进一步的推动。如果能够做到，就正如《圣经·以赛亚书》第 43 章第 20 节的"野地的走兽必尊重我，野狗和鸵鸟也必如此。因我使旷野有水，使沙漠有河，好赐给我的百姓、我的选民喝"。

引　言

对于大多数人来说，

能避免失败就是最大的成功。

——彼得·德鲁克

　　我们有时会听闻某位位高权重的人物突然间从高位落马，名声显赫的社会名流在一夜之间身败名裂，家财万贯的商人因为一个错误的决策而倾家荡产，也会听闻某位原本德高望重的知识分子和宗教领袖因为经不起诱惑犯了罪而被绳之以法。有权力、有地位的人身处高层，他固然能够掌控很多资源来驾驭和影响人、事、物的进展，但是，他也因此可能面临极大的危机和凶险，从风光的高处跌落谷底。有的人能在谷底韬光养晦、卷土重来，有的人却从此一蹶不振地销声匿迹。伏羲的先天八卦的艮卦，卦画是☶，卦象是"山"，卦德是"止"。身处高山之巅当然可以豪情万丈地宣告"山登绝顶我为峰"，但是，也要懂得"止"，所谓"适可而止""知止而后有定"也。若不知道停止，肯定要付出很大的代价。2016 年，中国台湾一个食品企业的领导人因用了不合格的原料制作食品而被判入狱 22 年；新加坡一个大型教会的几名领袖也因进行不合法的财务交易而锒铛入狱。这个"止"字，就是知道自己的终点、自己的底线，知道什么事应该"止"、在什么情况下应该"止"、什么时候应该"止"。不懂得分清和拿捏好事情的大小、轻重、主次、缓急的领导人是不懂得几时"止"和如何"止"的。

苏轼在《范增论》这篇政论文章里写了项羽失败的整个过程。文中写了项羽中了陈平的离间之计而与范增分道扬镳，写了范增的出走和病死，写了范增的悲愤，写了项羽处理人际关系和关键政事的刚愎自用，写了项羽最终的败亡。项羽的失败，难道都是因为刘邦的奸诈？都是因为陈平离间计的奏效？项羽和范增各自就没有问题？他们之间的关系就没有潜在的根本矛盾？他们在被离间之前就没有任何不和的迹象吗？其实不然。苏轼在文章中有两句留世的名言："物必先腐也，而后虫生之；人必先疑也，而后谗入之。"凡事都有原因、背景，都有伏笔，都有征兆，都曾经有显见的现象。明朝袁崇焕从山海关千里奔袭勤王，本意在保护皇帝与拱卫京师，不料和皇太极激战广渠门后不得入城休息，反而被吊上城楼并遭拘捕。这件事难道也只怪皇太极使出的反间计？分明就是朱由检（崇祯皇帝）的不自信、多疑个性和袁崇焕的缺心眼、鲁莽行事所形成的双方的微妙关系让皇太极有了可乘之机。

"物必先腐，而后虫生"，说明事物的发展有下列的辩证关系：

（1）内因 VS 外因；

（2）必然性 VS 偶然性；

（3）可能性 VS 现实性；

（4）本质 VS 现象。

事物的本质形成了事物发展的必然性和可能性，外因的偶然性和现实性促使事物的本质以多种形式在不同情境和不同时间表现出来。

其实，领导人可能面对的失败和凶险经常是事出有因、早有征兆的。只不过是当领导人在高处和风光的时候，当企业在成功和辉煌的时候，这些现象和迹象不容易被大家看到，不容易被大家重视。很多问题和危险都被隐藏在一片歌舞升平和歌功颂德的海洋里，直至海啸的到来。我以近40年的工作、教学经验和接触过的人、事、物整理出"领导人的12个险象"（见图1）给大家参考，这12个险象主要是从三个角度出发，分别是个人生命的完善、领导角色的升华，企业发展的推手。希望引起大家一些反思和共鸣。

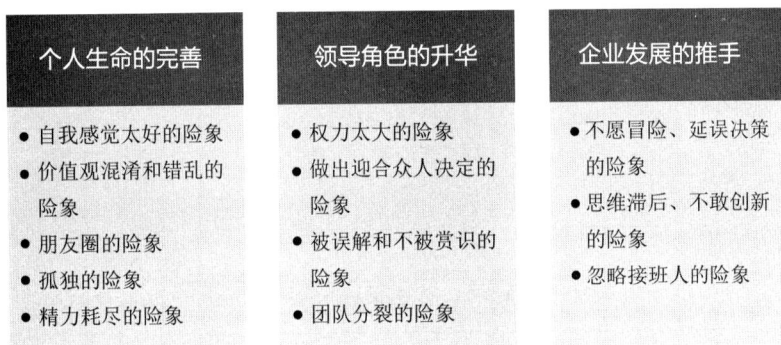

个人生命的完善	领导角色的升华	企业发展的推手
• 自我感觉太好的险象 • 价值观混淆和错乱的险象 • 朋友圈的险象 • 孤独的险象 • 精力耗尽的险象	• 权力太大的险象 • 做出迎合众人决定的险象 • 被误解和不被赏识的险象 • 团队分裂的险象	• 不愿冒险、延误决策的险象 • 思维滞后、不敢创新的险象 • 忽略接班人的险象

图1 领导人的12个险象

本书就是以此为框架，一个险象一个险象地展开，希望我抛出去的"砖"，能够引出大家从各自经历中雕琢出来的"玉"。

本书共有44个案例，牵涉了至少44个主人公（或企业），这些案例有35个来自商界，有6个是政治和军事方面的，还有3个是文化和体育方面的。他们有6个是来自古代，36个（乔布斯和任正非分别出现两次）是大家熟悉的各个领域的现代领导人。值得一提的是，领导人所面对的险象，不一定都会造成不好的结果，如果愿意正面面对、正确对待、勇于处理、敢于改变，也可能会有"柳暗花明又一村"的正面效果。所以，这44个案例中，虽然有27个导致负面的结果，却也有17个产生了积极和正面的影响，开创了全新的局面。

我整理出了一份和本书有关的案例分类表给大家做参考。（见表1）

表 1 "领导人的 12 个险象"案例分类表

章节	险象	行号	序号	案例主人公	性质	行业	国别	时间
Part1 个人生命的完善	险象 1 自我感觉太好的险象	1	1	项羽：悲情英雄	负面	军事	中国	古代
		2	2	乔布斯：自作自受	负面	商业	美国	现代
		3	3	沃迪尔·卡钦斯：灭顶之灾	负面	商业	美国	现代
		4	4	任正非：冬天来了	正面	商业	中国	现代
	险象 2 价值观混淆和错乱的险象	5	1	乔布斯：华丽的失败	负面	商业	美国	现代
		6	2	田文华："红色"奶粉	负面	商业	中国	现代
		7	3	山姆·沃尔顿："抠门"的首富	正面	商业	美国	现代
	险象 3 朋友圈的险象	8	1	孙膑：膑刑之辱	负面	政治	中国	古代
		9	2	巨头：以朋友的名义	正面	商业	中国	现代
		10	3	牛根生：10 亿元的救急	正面	商业	中国	现代
	险象 4 孤独的险象	11	1	汉武大帝：巫蛊之祸	负面	政治	中国	古代
		12	2	史玉柱：千里之外	负面	商业	中国	现代
		13	3	宗庆后：祸福相依	正面	商业	中国	现代
		14	4	任正非：孤注一掷	正面	商业	中国	现代
	险象 5 精力耗尽的险象	15	1	彭作义：股肱之臣	负面	商业	中国	现代
		16	2	王均瑶：最累才能最有成果	负面	商业	中国	现代
		17	3	张锐：壮志未酬	负面	商业	中国	现代
		18	4	李开复：死亡学分	正面	商业	中国	现代

章节	险象	行号	序号	案例主人公	性质	行业	国别	时间
Part2 领导 角色 的升华	险象6 权力过大的 险象	19	1	吕不韦：谨记"一人之上，万人之下"	负面	政治	中国	古代
		20	2	出井伸之：被"宠坏"的门徒	负面	商业	日本	现代
		21	3	刘成敏：微信诞生背后的权力之谜	正面	商业	中国	现代
	险象7 做出迎合众人 决定的险象	22	1	加兰蒂亚银行：现金的诅咒	负面	商业	巴西	现代
		23	2	漫威公司：从黄金时代走向黑暗时代	负面	商业	美国	现代
		24	3	李彦宏：内外有别	正面	商业	中国	现代
		25	4	刘强东：剑走偏锋	正面	商业	中国	现代
	险象8 被误解和不 被赏识的险 象	26	1	苏轼：坎坷仕途	负面	政治	中国	古代
		27	2	埃隆·马斯克：假期会害死你	负面	商业	美国	现代
		28	3	李一男：二流的人生	负面	商业	中国	现代
		29	4	蔡崇信："敏感"的军师	正面	商业	中国	现代
	险象9 团队分裂的 险象	30	1	诺阿·格拉斯：万万没想到	负面	商业	美国	现代
		31	2	真功夫：停不下来的内斗	负面	商业	中国	现代
		32	3	小米：梦之队	正面	商业	中国	现代
Part3 企业 发展 的推 手	险象10 不愿冒险、 延误决策的 险象	33	1	通用汽车：帝国的沉浮	负面	商业	美国	现代
		34	2	杨致远：习惯了"擦肩而过"	负面	商业	美国	现代
		35	3	王健林：富贵险中求	正面	商业	中国	现代
		36	4	李安：谦虚到尘埃里	正面	文化	美国	现代
	险象11 思维滞后、 不敢创新的 险象	37	1	博斯克：终结西班牙王朝	负面	体育	西班牙	现代
		38	2	诺基亚：这么近，那么远	负面	商业	芬兰	现代
		39	3	周鸿祎：将免费进行到底	正面	商业	中国	现代
		40	4	拉丹·塔塔：实现"不可能之梦"的理想	正面	商业	印度	现代
	险象12 忽略了接班 人的险象	41	1	秦始皇：迟到的诏书	负面	政治	中国	古代
		42	2	王安：虎父有犬子	负面	商业	美国	现代
		43	3	郑智：用空间、时间换"将军"	负面	体育	中国	现代
		44	4	柳传志：一半孔雀，一半老虎	正面	商业	中国	现代

目 录

Part 1

个人生命的完善

险象 1 → 自我感觉太好的险象

为了自我诫勉，为了不让邪恶之心轻易地控制自己，不知何时起，我就采用了一种自诫的仪式。当骄傲自满、自以为是这一类邪恶的念头在心中冒头时，我就立即给自己一个反省的机会。我年轻时就开始做这种努力。这种习惯起到了修正轨道的作用，使我至今的人生，没有脱轨，仍能勇往直前。

——稻盛和夫

●　○　○────────────────────────

什么是"险象"？就是危险的现象。如果某些危险的现象出现在企业和企业领导人身上，就要引起领导人和高层团队的关注和重视。如果这些危险的现象不被及时地处理和消除，就会对领导人造成难以弥补的困扰或者招来致命的错误，甚至会给企业造成困境。

"物必先腐也，而后虫生之"。如果先不"生腐"，又能先"治腐"，那"虫生""外物攻之"的可能性将会大大地降低。更进一步，若领导人能"测腐""预腐""抑腐""防腐"，让大家都不想腐、不必腐、不能腐、不敢腐，那"腐"一有苗头便会被整束，没有滋长的温床，只能销声匿迹，也有可能培育免腐的自然抗体。中国古圣所言**"预则立，不预则废"**就是这个意思。扁鹊治病的最高境界就是预防与免除。同理，领导人要避免不幸、失败和灾难，也要防患于未然。而做法就是观察险象、预测险象，以及设法去面对和管理这些险象。

领导人在单位和企业中位高权重，或被人畏惧，或受人崇拜，长此以往，容易养成自我感觉太好的险象。尤其是有些下属喜欢报喜不报忧，有些下属喜欢没有原则地附议唱和，有些下属甚至精于"拍马屁""擦皮鞋"，如此种种，都会使领导人容易产生"自我感觉太好"的幻觉。领导人长时间受礼遇、被夸奖、被追捧，又曾经作过"正确和英明"的决策、创造过"辉煌战绩"，也特别容易自我感觉良好、不可一世和趾高气扬。

"自我感觉太好"的领导人可能会出现下列险象：

（1）自足自满、不再学习、不思进取，躺在过去的光荣簿上缅怀已经褪色和远去的光环。于是，思维和思路出现了老化、退化和僵化的险象，没有自我提升和自我超越的动力与激情。

（2）自以为是、固执偏激，不能听取和接受别人的意见。古语云："兼听则明，偏听则暗。""偏听"这种险象体现在领导人身上会按自己的喜好选择性地听，久而久之，领导人会脱离实际地做自己的"春秋大梦"，想法不接地气，做法不切实际。

（3）骄傲自大，以自我为中心；自恃过高，不把别人的感受当一回事；自大自纵，不懂得节制自律；不正视自己和企业的潜在问题和危机；不愿面对自己的弱点，对潜在的、外在的威胁视而不见。

（4）自我膨胀，不注重经营和维护人际关系；开罪别人，与别人沟通的时候直接粗暴，常用判断性语句和侵略性的语气；不在意别人的感受，容易说出本不该随意说出口的"最后一句话"；不注重别人的切身利益，经常让别人流"第一滴血"。

若出现上述险象，领导人很可能会我行我素，做出不合情、不合理甚至是不合规、不合法的事。健力宝原董事长李经纬当年在经营企业的过程中建立起自己的名声和威望，形象如日中天，媒体争相报道、追捧、贴标签、给称号。但是，在健力宝MBO（Management Buy-Outs，管理层收购）的过程中，李经纬也许是太高傲、太争竞（谓为名利而争逐奔走，亦泛指互相争胜）、太强势、太不考虑和维护与作为大股东的市政府的关系，以致和三水市政府的关系搞得比较紧张，最后导致企业、股东、员工和自己全盘皆输，不仅没达到MBO的目标，还付出了名声、财富、自由和健康的代价，最后郁郁而终。

"满招损，谦受益。"只是，"自我感觉太好"的人都会自然而然地自满、骄傲，盛气而凌人、孤傲而不驯，这些都是错误和失败的前奏，绝对不可掉以轻心。

稻盛和夫的反思和反省使他永远保持清醒的头脑、清晰的思路和强大的内心。所以，他至今仍是一位身负盛名、身经百战、硕果累累、备受敬重的平和、谦逊、淡定、智慧的长者。

用莎士比亚的一句名言作为这个险象的结束语：**"一个骄傲的人，结果总是在骄傲里毁灭了自己。"**

案　例

　　如果做一份中国古代历史上十大战将榜单，将项羽放入前十名，应该不会有多少人质疑。如果再做一份中国古代历史上十大悲情英雄，还将项羽放入前十名，大部分人也不会质疑。项羽成为公认的悲情英雄，到底是怎么造成的？有几个因素是不能忽视的——骄傲、固执、膨胀！

　　"破釜沉舟""力拔山兮气盖世""羽之神勇""千古无二"等词语，非常形象地刻画了项羽的勇猛。项羽（公元前232年—公元前202年）生于将门之家，是楚国著名将领项燕的孙子。少年的项羽，跟随叔父项梁学习，在剑术、谋略上都显出超乎常人的天分。项羽年少时就有鸿鹄之志。小时候，有一次与项梁看到秦始皇巡游，项羽指着秦始皇说："彼可取而代也。"

　　公元前209年，陈胜、吴广揭竿而起。一直怀有大志向的项羽与项梁趁机发动起义，项梁做了会稽太守，项羽为神将，自此项羽的军旅生涯开始了。公元前206年，项羽在巨鹿大战中打败二十万秦军，并将其全部坑杀。随后，项羽带兵攻入咸阳，做了三件残暴的事情：杀人、焚宫、抢劫。司马迁在《项羽本纪》中写道："居数日，项羽引兵西屠咸阳，杀秦降王子婴，烧秦宫室，火三月不灭；收其货宝妇女而东。"

　　从坑杀秦军开始，项羽骄傲自大的本性就已经将他引向失败的境地。在咸阳做的一系列不人道的事情，注定了项羽身上的劣根性最终会将他摧毁。项羽起兵后，一直保持常胜。然而在项梁遭遇秦军偷袭被杀后，项羽的报仇之心油然而生，项羽坑杀秦军的一个很关键原因是为了报私仇。作为一个统帅，项羽显然不懂得节制、自律，无法面对自己的弱点。如果他够成熟，他应该善待被俘秦军，将他们充实到自己的队伍中。大规模的屠杀，让项羽失去了人心。意识不到笼络人心的重要性，这也是以自我为中心的这类人的要命之处。

作为一个统帅，攻入一个王朝的首都，在任何时代都是值得骄傲的事情。然而这种骄傲没了约束，给统帅制造出幻想，认为自己无所不能，忽视潜在的危机，不听信他人的建议，最终的结果只有悲剧。当年，一个叫韩生的谋士对项羽说："将军，您应该在咸阳建立都城，因为这里地处关中地区，易守难攻，而且土地肥沃，财富殷实。建都此地，一定能统一天下，实现霸业。"

此时此刻已经被胜利冲昏头脑的项羽怎能听进去。他对韩生说："人富贵了，应该回归故乡。富贵而不归故乡，就好比穿着华丽的衣服却在夜间行走，谁看得见？"他想回家乡去炫耀自己的权力与财富。韩生听了项羽的话，走出军帐，摇着头说道："人家说楚地的人不过是'穿着衣服的猴子'，以前不信，今天听了项羽的话，果然不错！"

自我膨胀的项羽，根本不注意维护与他人的关系，渐渐失去了人心。作为一个统帅，这已经犯了兵家大忌。韩生对项羽"沐猴而冠"的评价，后来传到项羽的耳朵里。项羽把他抓了，不久就把他烹杀了。项羽自大、自傲，更把最重要的谋士"亚父"范增气走。司马路在《汉朝的密码》一书中提到：年少英武，早就名满天下的西楚霸王，或许久已厌倦亚父的唠叨，更不满于他老人家的说教训斥。反观他的对手刘邦，在张良、萧何、韩信等人的帮助下，最终一统天下。

最后的乌江对决，对决的已不是两个军队的实力，而是项羽一个人与刘邦一个团队的对抗，是项羽的骄傲、自大与刘邦谦虚、隐忍的对决，对比如此悬殊，岂有不败之理！

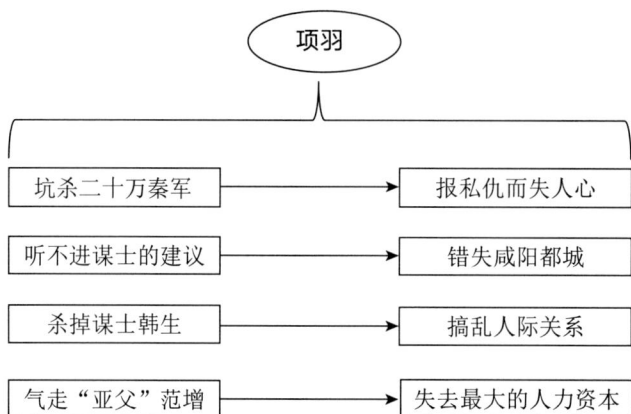

图 1-1　西楚霸王的悲情落幕

　　项羽获得巨大成功后，自大、自负的本能逐渐暴露。为报私仇，坑杀秦军，失去民心。为了炫耀自己的权力与财富，未听取谋士的建议，放弃建都咸阳的机会。谋士几句嘲讽之语，竟被其烹杀。从开始听不进谋士的建议发展到容不下"亚父"范增。在外，项羽失去民心；在内，失去谋士，项羽的失败只是一个时间问题。

最后，我们以清末民初湖南诗人易实甫先生描写项羽的一首诗作为结尾。

　　二十有才能逐鹿，八千无命欲从龙。

　　咸阳宫阙须臾火，天下侯王一手封。

乔布斯：自作自受

1976 年，苹果公司推出首台电脑 Apple I，接下来的几年，苹果先后推出 Apple II、Apple III。其间，苹果完成了上市。史蒂夫·乔布斯（Steve Jobs）被称为"个人电脑的开创者"，苹果成为硅谷最耀眼的明星。1982 年末，乔布斯坚信自己将成为《时代》杂志年度人物。可事与愿违，"计算机"成为当年的年度主题。这件事对年轻的乔布斯造成了不小的伤害。

乔布斯后来回忆："当时我才 27 岁，所以我真的很在意这件事，我觉得很酷。"问题是，他认为自己没有当选，是因为采访记者迈克尔·莫里茨（Michael Moritz）的嫉妒。乔布斯说："我们两个人同龄，而我当时事业已经非常成功了，我能看得出来他很嫉妒，他又恰好掌握了有利的条件。所以他写了一篇恶毒诽谤的文章。"

那事实又是怎样？《时代》杂志社早在很久之前就确定了当年"计算机"为年度主题，而不是某个人。为此，他们提前几个月请著名的雕塑家乔治·西格尔（George Segal）制作一件艺术品，作为封面折页上的图片。《时代》杂志的编辑雷·凯夫（Ray Cave）回忆："你无法把电脑比作人，所以那是我们第一次决定选用一个无生命的物体。请西格尔做雕塑是件大事，我们从没想让某个人出现在封面上。"

回头想想，乔布斯的"嫉妒之说"是怎么冒出来的？其实，如果你看过一些关于乔布斯工作时的状态，或对待员工方式的一些资料，对乔布斯的"嫉妒"言论也就并不奇怪了。简单地说，这是乔布斯内心的骄傲自大、自以为是造成的，以自我为出发点，肆无忌惮地揣测别人的动机。

乔布斯的自大，为科技界贡献了一个新名词——现实扭曲力场，这是一种自我实现的扭曲，认为自己可以无视规则，让现实屈服于自己，完成不可能的任务。这也验证了他的那句名言：**活着，就是为了改变世界。**现实扭曲力场的背后，折射出乔布斯的固执、偏激。这两种特质，如果用好了，就可以制造出如苹果手机一般让世人惊艳的产品；如果用不好，乔布斯当时被苹果踢出局也就顺理成章了。

1984 年 1 月，麦金塔电脑（Macintosh，简称 Mac）的发布，让乔布斯再次迈入人生新的辉煌。有一次他和朋友去滚石乐队主唱米克·贾格尔（Mick Jagger）的别墅做客，但是，当时米克·贾格尔并不认识乔布斯，这让乔布斯非常不满。乔布斯后来告诉他的团队："我觉得他一定是嗑了药，要么就是脑残了。"这么一句话，可以看出乔布斯当时的骄傲自满、自我感觉很好。不过，没多久，乔布斯的麻烦就来了。

1984 年下半年，麦金塔电脑销量开始急剧下滑，麦金塔电脑的设计问题逐渐暴露出来。这和乔布斯的自大、固执密切相关。乔布斯坚持麦金塔电脑软盘驱动，拒绝设置硬盘驱动，这导致消费者有可能由于频繁装卸软盘落下肘关节发炎的毛病。另外，他还拒绝电脑上搭载风扇，理由是风扇会增大电脑噪音。可问题是，当初该技术还不够成熟，由于没有风扇散热造成了很多电脑的故障。乔布斯希望将麦金塔电脑打造成艺术品，可是它在功能上却存在严重缺陷，因此，消费者很快就不埋单了，这给了乔布斯的现实扭曲力场观念一个重击！

更糟糕的事还在等着乔布斯。1985 年初，苹果的一些高管相继离开，斯蒂夫·盖瑞·沃兹尼亚克（Stephen Gary Wozniak）的离开，加快了乔布斯危机的到来。沃兹尼亚克作为苹果的创始人之一，是乔布斯最紧密的创业伙伴。由于在苹果的管理与战略上存在根本性的分歧，两者已难以在同一个平台上对话。沃兹尼亚克低调地在 Apple II（乔布斯并不欣赏这款电脑）的部门担任中级工程师，乔布斯对他也不太在意。沃兹尼亚克离职时，甚至都没有告诉乔布斯。后来，乔布斯读了《华尔街日报》才知道这位昔日的战友离职，可见乔布斯与这位老友的关系恶化到了什么地步。

乔布斯最大的人际危机来自于与苹果 CEO（首席执行官）约翰·斯卡利

（John Sculley）的裂痕进一步扩大。斯卡利为人和善、关心别人、善于处理人际关系，乔布斯却对此不屑一顾。另外，斯卡利与乔布斯两人在业务上也存在分歧。双方的矛盾，最终激化到分道扬镳。斯卡利利用极佳的人际网，在苹果法律顾问的帮助下，提前知道乔布斯的一举一动，并成功游说董事会以获得支持。一向傲慢的乔布斯，不懂得与人交流，也不善于拍马屁，即使他提前计划想赶走斯卡利，最终也无功而返。在两者最激烈的对话中，乔布斯说了一句非常以自我为中心的话："我要你来是为了助我一臂之力，可是你从来没有帮到我。"谁都明白，事实显然不像乔布斯所说的那样。董事会最后的决议，证明乔布斯是错的，乔布斯被告知将不能再掌管任何团队，成了挂着虚职的董事长。这一天是1985年5月28日。

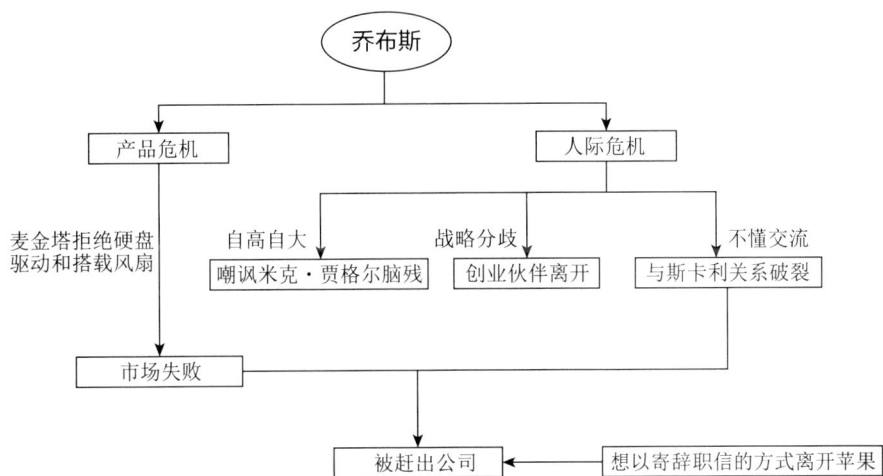

图1-2　从膨胀到失败的乔布斯

　　麦金塔电脑发布后，自大的乔布斯在聚会上嘲讽米克·贾格尔。乔布斯固执拒绝采用硬盘驱动，导致麦金塔电脑市场表现不佳。在这之后，引发了乔布斯的人际危机，与创业伙伴的战略分歧，导致创业伙伴离开；轻视与公司管理层的交流，导致他与斯卡利关系破裂，无奈被赶出公司。即使此时，他仍没认识到错误，想仅以寄辞职信的方式离开苹果。

　　1985年9月17日，乔布斯正式提出辞职。即使在离职的那一刻，乔布斯的傲慢仍然不减，他想把辞职信用邮寄的方式寄给董事会。他的好朋友认为不妥，劝他当面提交，这次他听了朋友的建议。苹果公司宣布乔布斯辞职的消息后，其股价立刻上涨了1美元（1985年1美元约合人民币2.94元），涨幅达7%。

1997年1月，乔布斯作为非正式的兼职顾问入职苹果，拉开他回归苹果的序幕，我们看到了一个全新的乔布斯，这又是一个新传奇的开端。这中间的12年，乔布斯仍然保留了鲜明的性格，同时也有足够的时间让他做出反思和反省。他回到苹果后，吸取之前的教训，获得了一次自我纠正的机会。回归时，苹果正处于生死存亡的时刻，他放下了自己的偏执，站在公司的立场、市场的角度思考，在开发新产品时，对于信任的人给予技术层面的意见支持，他比以前更乐于接纳。回归的乔布斯，收敛了之前过于自大、骄傲的性格，同时又延续着对产品和事业的偏执、忠诚。这才让我们今天有幸享受到苹果手机、苹果电脑带来的便利。

沃迪尔·卡钦斯：灭顶之灾

　　1918 年，高盛公司迎来一位新掌舵人沃迪尔·卡钦斯（Waddill Catchings）。毕业于哈佛大学法学院的他，最重要的工作经验来自于在苏利文·克伦威尔律师事务所。在该事务所工作期间，他获得中央信托公司总裁詹姆斯·华莱士（James Wallance）的高度认可，这让他有机会多次领导詹姆斯·华莱士重组后的新公司，包括梅里坎兄弟、中央铸造厂、斯洛斯·谢菲尔德钢铁公司等。"一战"期间，他进入摩根大通的子公司，专门为盟军采购前线所需的物资。

　　从这些阅历来看，沃迪尔·卡钦斯并没有金融从业经验。他能接触到高盛，不得不提到一个人——高盛创始人之一阿瑟·萨克斯（Arthur Sachs），他的哈佛校友、好友，让他有机会了解到高盛的业务与客户。在进入高盛之前，沃迪尔·卡钦斯积累了成功的管理经验，赢得了外界普遍的认可，获得了良好的口碑，再借着与高盛非同一般的私人关系，他接掌高盛变得水到渠成。

　　在进入高盛之前，沃迪尔·卡钦斯在商业上顺风顺水、业绩出众，更加塑造了他自信、乐观的性格。让人艳羡的，还有他外貌英俊、聪明过人、口才一流、体恤下属，这些更让他在工作中游刃有余。高盛的一位高管讲过这样一个故事：有一次，他被沃迪尔·卡钦斯要求一起去见一位潜在的客户老板，当沃迪尔·卡钦斯知道他周末要去打野鸭，就给客户打电话让其重新安排时间见面。

　　他不缺商业实践上的精彩手笔，而且文采在业内也可圈可点。他的《通向财富之路》一书曾上过畅销榜，在书中有这样一句话："不论社会环境如何，如果生意想要不断做大，生产就得保持高速增长。"沃迪尔·卡钦斯在职业上的成功，使他对美国经济产生过于乐观的看法，认为美国的经济发展是前途无量的。

凭借商业实践、商业阐述取得的骄人资本，沃迪尔·卡钦斯开始对哈佛教授的研究指指点点。他认为，哈佛教授们对可持续发展经济的讨论过于理论化，同时社会中大部分人过分地关注眼前的利益，只有他自己懂得中庸之道，是唯一能够把理论和实践结合在一起的人。这时的他已不甘于做一个成功的商业家，做美国的思想领袖成为他的新目标。沃迪尔·卡钦斯逐渐在自信、乐观的路上走偏了，一场巨大的灾难即将到来，不幸的高盛成了埋单者。

执掌高盛的沃迪尔·卡钦斯，将自己走偏的乐观灌注于高盛，让高盛迈入疯狂的成长期。整个20世纪20年代，在并购业务支撑下，高盛保持快速的发展，成为并购领域不可忽略的角色。一单又一单并购业务的成功，显示了沃迪尔·卡钦斯在金融行业的驾驭能力，这些让他拥有更加自信的资本，开始了更加冒进的行动。

控股公司或信托投资公司是沃迪尔·卡钦斯非常推崇的商业模式，换句话说，他希望打造经营管理其他公司的公司。这样的公司通过向其他公司注资、控股、行使运营管理职责，只需要通过单纯资金运作实现利润最大化。他认为，他卓有远见的策略不应被限制在单一行业内，何不建立一些既能利用现代化的鼓舞人心的融资及管理方法，又能在前景广阔的各行各业中自由进出的公司呢？如此一来，金融专家就能运用现代化的管理和融资手段为投资者创造最大的利益。

基于这种理念，沃迪尔·卡钦斯为高盛打造1亿美元规模的高盛交易公司。上市后的高盛交易公司，两个月内股价飙升，从104美元的首发价上升到226美元。在上市后的几个月，通过并购多家公司使高盛交易资产达到2.44亿美元。股价的支撑，让高盛交易公司将双手伸向银行、保险公司、实业公司，再加上下属信托投资公司，延伸高盛在金融领域的触角，到此，高盛已掌控5亿美元的投资。

沃迪尔·卡钦斯沉浸在高盛交易公司取得的巨大成功中，忽视了公司经营中的一个弊端，那就是高盛交易公司的收入过分集中。当时位于旧金山的美国信托公司占高盛交易公司资产组合50%的份额，不幸的是美国信托公司在

1929 年 7 月停止向高盛交易公司支付红利，而高盛交易公司是高盛的主要收入来源，这也间接影响高盛的收入。由于当时的股市处于牛市中，沃迪尔·卡钦斯并没认识到隐藏的风险，反而独断专行，加速高盛交易公司的"奔跑"。

1929 年上半年，道琼斯工业指数上下波动，下半年的 9 月 3 日登上了 381 的高点，随后近两个月连续下跌，跌回年初的水平。由于整个 10 月份股市崩溃，过度融资的高盛交易公司的股价瞬间崩盘，最终价格仅为 1.75 美元，低于最高价时的 1%。高盛交易公司制造了 20 世纪规模最大、损失最快，也是最彻底的一次金融灾难，作为母公司的高盛品牌遭受巨大损失。

讽刺的是，高盛交易公司崩盘的关口，沃迪尔·卡钦斯并没在办公室坐镇指挥，而是在视察高盛交易公司在美国西部的投资。沃迪尔·卡钦斯并没有吸取崩盘的教训，仍然马不停蹄地在各地扩张，提出要发行 5000 万美元的可转债，补偿之前的债务，并为接下来的扩张计划作准备。高盛的两位合伙人西德尼·温伯格（Sidney Weinberg）与沃尔特·萨克斯（Walter Sachs）认为这债券不可能赚钱，否定了他的决议，此时，他已失去高盛合伙人的信任。

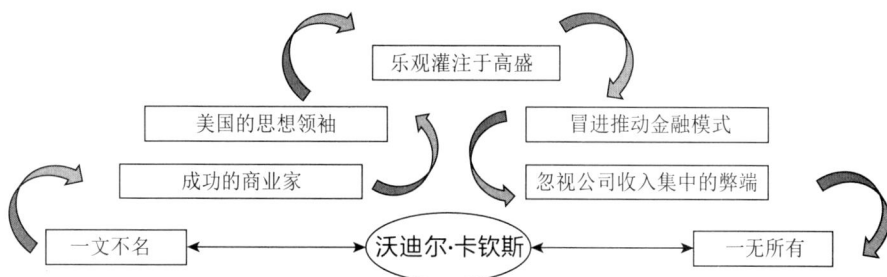

图 1-3 "原地踏步"的沃迪尔·卡钦斯

沃迪尔·卡钦斯在商业实践上取得一系列成功后，做美国的思想领袖成为他的新目标。自负、过于乐观的心态开始形成，这种心态作用在高盛公司。他无视金融市场上的巨大风险，冒进推动金融模式，忽视新业务收入集中的弊端，导致高盛子公司危机爆发，使高盛公司的品牌遭受巨大损失，自己也付出了惨痛的代价。

不久，在高盛合伙人的压力下，1930 年 5 月，沃迪尔·卡钦斯从高盛交易公司辞去总裁一职，同时辞去所有控股子公司的职位，年底辞去高盛合伙人的职位。早在沃迪尔·卡钦斯就任高盛时，雷曼兄弟的领导人菲利普·雷曼（Philip Lehman）就警告过高盛，沃迪尔·卡钦斯不懂得制衡，过分激进且过于乐观。11年之后，菲利普·雷曼的话得到了验证，当时置若罔闻的高盛再回想起这个警告，又该是怎样的滋味？

沃尔特·萨克斯接替沃迪尔·卡钦斯担任高盛交易公司的总裁，他这样评价沃迪尔·卡钦斯："多数人能经受厄运的考验，只有极少数人能经得起成功的考验。很可能他并不是后者中的一员。他曾经一贫如洗，但他突然觉得自己身价倍增。他曾是账面的富翁，就在他暴富的一年，一切都发生在短短12个月时间里，他又回到了一文不名的境况。"沃尔特·萨克斯对沃迪尔·卡钦斯这段简评，何尝不是绝大多数自负、骄傲的领导人的职业轨迹呢？

任正非：冬天来了

1999 年，美国纳斯达克指数一路狂奔，冲上了 4000 点，其中的电脑、电信类股指涨幅分别达到 105% 和 102.7%。这股疯狂延续到 2000 年第一季度，整个亚洲都感受到这股旋风。2000 年 1 月初，美国在线收购时代华纳。2 月，联想集团在港募集 28 亿元港币（2000 年 1 港币约合人民币 1.06 元），盈科收购香港电讯。进入 4 月，纳斯达克指数突然变脸，开始狂跌，全年纳斯达克指数下跌 56%，互联网泡沫破灭。

随着互联网泡沫破灭，思科、爱立信、摩托罗拉等电信设备巨头，结束了持续增长的态势；朗讯、北电等电信设备巨头，陷入亏损的泥潭。2000 年，全球电信设备企业普遍表现不佳，而有一家企业的表现却格外亮眼，它就是华为技术有限公司（以下简称"华为"）。2000 年，华为的销售收入达到 152 亿元人民币，并在硅谷和达拉斯设立了研发中心。

由于当时的海外收入占华为总收入的比例很小，而国内电信业增速在 20% 以上，互联网泡沫的破灭对华为的影响有限。让人意想不到的是，2001 年 3 月，任正非在华为内刊上发表了《华为的冬天》一文。文中写道："沉舟侧畔千帆过，病树前头万木春。网络股的暴跌，必将对二三年后的建设预期产生影响，那时制造业就惯性进入了收缩。眼前的繁荣是前几年网络股大涨的惯性结果。记住一句话：'物极必反'，这一场网络、设备供应的冬天，也会像它热得人们不理解一样，冷得出奇。没有预见，没有预防，就会冻死。那时，谁有棉衣，谁就活下来了。"

3 个月之后，北电、爱立信裁员数万，思科巨额亏损 26 亿美元，朗讯处于被并购的边缘，电信设备商的冬天来了。2002 年，华为的销售收入首次出现下滑，从 255 亿元人民币跌至 221 亿元人民币。2002 年，全国电信投资比

2001年减少20%，2003年较2002年减少1.7%，电信行业连续两年下滑，是电信行业过往十几年从未有过的现象。

《华为的冬天》是写给华为的，也是写给整个通信行业的，更是写给整个中国企业的。当时，作为国内首屈一指的华为正处于春天，却发出关于冬天的言论。当时看起来虽然是杞人忧天，但是不久之后，就得到了验证。由于任正非的危机感、警惕性，在危机到来前，做好过冬的安排。2001年5月，华为以65亿美元将华为电气卖给爱默生电气，为过冬储备"棉袄"。

实际上的"冬天"比任正非的预测来得更早些，《华为的冬天》认为华为的困难期发生在2003年。事实是2002年，华为大幅度减少招聘人数，史无前例裁员10%。裁员是全球IT企业应对危机的通用办法。一直没有严格实行的末位淘汰制，在2002年正式严格执行起来，真正达到3%~5%的裁员。活过了2002年，2003年的华为，发现开拓海外市场的新路子，最终度过了这个"冬天"，让"冬天"由可恨变成可爱！

在《华为的冬天》发布的当月，任正非去日本考察，先后走访了松下、东芝等多家著名日本企业。其中在访问松下时，他看到松下办公区随处都挂着同样的一幅画：画上是一艘巨轮驶向一座冰山，画的下面写着"能挽救这艘船的，唯有你"。这幅画恰恰与《华为的冬天》在传达同一个意思：危机意识。正是这次日本之行，任正非决定卖掉华为电气，迈出危机管理的第一步。

从日本回来之后，任正非写下了《北国之春》一文。文章中写道："什么叫成功？是像日本那些企业那样，经九死一生还能好好地活着。这才是真正的成功。华为没有成功，只是在成长。"一个月内，任正非先后写下《华为的冬天》和《北国之春》两篇风格截然不同的文章。如果《华为的冬天》是为公司打预防针，那么《北国之春》就是华为开启新旅程的指南针。如果《华为的冬天》是警示企业戒骄戒躁，那么《北国之春》就是鼓励企业勇往直前。

自从《华为的冬天》发表以来，"危机意识"成为华为的标签。随后十多年，分别在2004年、2008年、2012年、2016年，任正非发表华为的"过冬论"。任正非先后发表了《华为的红旗到底能打多久》《华为要做追上特斯拉的大乌龟》《华为如何活过第91天》等文章。就在2013年，华为首次在全年业绩上超过爱立信成为全球第一，在2014年5月华为的一次会议上，任正非却谈论如何应对"第91天危机"：华为的财务曾算过账，华为公司的现金够吃3个月，当第91天来临时，华为公司如何渡过危机？

2016年一次讲话中，任正非称："金融危机可能即将到来，渡过这轮危机，完成这一次改革，华为就在世界上真正站起来，这次改革应该是很重要的。"这时的华为，已成为全球电信设备领域当之无愧的领头羊，华为手机稳居国内销量第一、全球销量第三。任正非仍然如此谦虚、谨慎，发表过冬言论，防止自己和华为走向自满、自我膨胀的危险地带，使公司持续保持活力和战斗力，创造一个又一个奇迹。

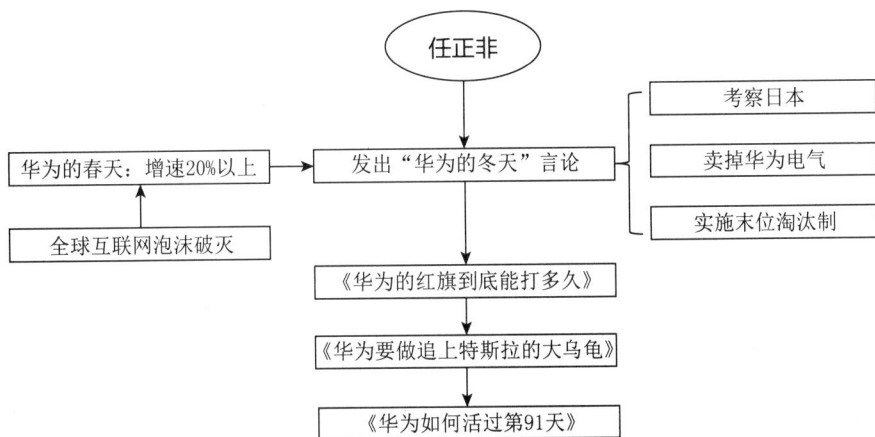

图1-4 任正非的"冬天"警言

在全球互联网泡沫破灭之际，华为仍保持20%以上的增速，而这时任正非发出"华为的冬天"言论。考察日本，让他进一步加深危机意识，回国后转化为行动，卖掉华为电气、实施末位淘汰制，防止危机的发生。自《华为的冬天》一文开始，每隔几年任正非都会发表"过冬论"的文章自我反省、警示华为。

我摘取《华为的冬天》一文中最激情澎湃的一段分享给那些正处在上升期

的企业和春风得意的领导人：

　　十年来我天天思考的都是失败，对成功视而不见，也没有什么荣誉感、自豪感，而是危机感。也许是这样才存活了十年。我们大家要一起来想，怎样才能活下去，也许只有这样才能存活得久一些。失败这一天是一定会到来，大家要准备迎接，这是我从不动摇的看法，这是历史规律。

综 述

项羽、乔布斯、沃迪尔·卡钦斯，他们都曾屹立于各自领域的巅峰，以让世人惊艳的能力和能量主导他们所在领域的走向，这些足以成为他们骄傲的资本。"骄傲"是个中性词，不小心就会偏向贬义。不幸的是，他们三位都掉进了"骄傲"的陷阱。当他们的"骄傲"失控后，就会变成毒瘤，让他们走向失败的边缘。

项羽是不幸的，乔布斯是庆幸的，两者之间的差距在于他们的视野、格局。项羽到最后考虑的还是"江东父老"，乔布斯一直想的是"改变世界"。"骄傲"并不可怕，重要的是掌控住骄傲，而不被骄傲掌控。即使你因骄傲失败，仍然可以卷土重来，而不是走向另一种极端——自暴、自弃、自杀！

沃迪尔·卡钦斯与项羽的命运是相似的——从哪里来的，又回到哪里！他们都曾"统率千军，指点江山"，最后都将亲手建立的"帝国"毁在了自己的手里。沃迪尔·卡钦斯与项羽的"自我感觉太好"会对领导人造成无法挽回的终极伤害，这种感觉也浸入了他们所建立"帝国"的骨髓中而无法治愈，最终只能以毁灭结束，这让领导人本人几乎再无重新出发之日。要避免重蹈沃迪尔·卡钦斯与项羽的覆辙，就要早早做好预防与节制。我们从上面的案例可以看到，这两人在很早之前，就已经暴露出因自我感觉太好而造成的危险，可惜的是，不管是外部力量还是领导人自身都没有足够重视，任其恶化，直到不可收拾。

乔布斯、沃迪尔·卡钦斯都曾在"自我感觉太好"中将企业带入险境，与其恰恰相反的是，任正非保持着三十多年的低调，时刻保持着清醒的头脑，警惕着行业的冬天。在任正非心里，华为每一次往前迈一步，都意味着面临更大的挑战与竞争，没什么值得骄傲，也没有什么松懈的理由。任正非之所以避开"自我感觉太好"的陷阱，关键的原因在于他有一个远大的理想，肩负着建立一个伟大企业的使命，而强烈的家国情怀更是让他小心翼翼、如履薄冰。

谦虚、谨慎、敬畏、自律、包容，正是任正非这位世界级企业的领导人身上的标签，这也正是那些"骄傲"的管理者、领导人所缺乏的。任正非带给那些"自我感觉太好"的领导人最重要的思考：你想将自己的企业带到什么位置，你的企业是否真正在行业里有了可以骄傲的资本？当一个领导人真正具有长远的战略视野、宏大的发展蓝图，那么眼前的种种成功都不会蒙住他的双眼，使其迷失心智，而是以进取、谨慎、学习的心态迎接新的挑战。

险象 2 →价值观混淆和错乱的险象

企业和领导人在追逐目标和实现愿景的过程中，除了必要的动机和能力以形成强大的内心和动力之外，还要有正确和一贯的价值观所筑成的轨道，使企业和领导人不至于脱轨而前功尽弃，前景无望。

——莫少昆

● ○ ○ ─────────────────────────

领导人的价值观会影响企业的使命、目标、战略分析、战略选择、战略形成、战略执行、企业文化，它就像是火车的轨道，在正常的情况下会使企业在正轨上奔驰，朝愿景和目标前进；若是脱轨，后果不堪设想，轻则企业目标没法达成、领导人失职渎职，重则企业因伤了元气而宣告破产、领导人因身败名裂而就此出局。

领导人价值观混淆和错乱体现在下列几个方面：

（1）战略方向和机会主义的混淆。

战略发展是需要发现机会、等待机会和掌握机会的。但是，机会不等于战略，甚至有时候，机会是战略的陷阱。所谓"战略"，是几经思考和论证，已经想清楚、搞明白什么要做、为什么要做；所谓"机会主义"，是碰到了情况、利用了情况而去做和之前想法不一致的事。机会主义，说好听点就是眼明手快、灵活机动，但是，一旦和战略思想相违背，则会偏离正轨、深陷危机。我曾经认识华中地区某省会的一个房地产开发商，他们在该省会做得不错，但是，跨地域发展却选择了西北地区的一个地级市，原因仅是土地便宜、两地的政商关系良好。于是，好几亿元资金和一个高管团队都耗在西北的那片土地上，项目资金回收慢、利润回报低。不止如此，这个投资决策耽误了开发商到其他好的地域发展房地产的黄金时间，时机一失，不可再来。这是一个典型的战略方向和机会主义混淆的个案。

（2）单一的利润最大化的价值追求和多元价值考量的错乱。

领导人若是一味追求利润最大化这个单一目标，那很可能会使企业走入歧途。其实，企业的存在还要有创造就业、提升品质、改善生活、保护生态环境、建立社会秩序、保护国家安全等等的考量，不应该只是追求竞争优势、利润、回报。所谓"君子爱财，取之有道"，纯经济追求必然会使企业家经不起诱惑而做出许多违背多元价值考量的事。2002年，美国安然公司轰然倒下后，人们发现其公司领导人做假账、虚报收入、把费用当投资等等恶劣行径。安然公司的破产还导致安达信的倒闭，因为安达信也违背了作为会计师事务所应该具备的独立和专业的价值观。

（3）情、理、法和法、理、情的错位。

在东方社会，情（友情、亲情、爱情、同事情等）和关系的运作有正能量的发挥，更有负能量的释放。于是，经常会出现"帮亲（情）不帮理，徇私不守法"的事情。这些价值观的错位在民营企业里特别明显。

（4）"功过相抵"的价值观错乱。

"将功补过""代罪立功"的概念是对的，在现实中也常常出现，毕竟，允许犯错，给予机会是一个社会应该有的宽容与包容。可是，现在社会的价值观错乱常常表现在犯罪或违规以后，常常认为可以以过去的贡献来"弥补"现在的"过错"。于是，我们常常听到某些似是而非的说法，比如："我过去也作过贡献的""我过去是有功的"……需要纠正的是，过去的贡献已有过去的回报，不能与现在的犯规犯法混为一谈，不然，"法"就很难执行了。

（5）把行为归咎于"体制"与"机制"的价值观错乱。

现在社会上也流行一种观点，把许多错误的行为都归咎于"体制"和"机制"，认为在这些体制和机制下，错误是难免的、无可厚非的、应该可以被理解和接受的……于是，大家的犯罪感也就低了，都可以找到托词和借口了。所以，我们常常听到这种言论："在这个地方做生意，没有一个是老实报税的"……这种想法最危险，让人很容易随波逐流，与那些有错误行为的人同流合污。

（6）"人可我亦可"的观念错乱。

在一些地方，老百姓的法治观念比较淡薄，看到别人做了一些事没有出乱子，于是，大家都去做，"人可我亦可""我若出事，别人也会出事"的想法常常有之。一家违规建设了，其他人也跟着违规建设；一个企业把污染的废水排入地下，其他企业依样画葫芦；别人超载了，我也超载……这种跟风，是危险的，就像埋下的定时炸弹，不知道什么时候就会引爆。

（7）衡量一个人"成功"的标准过于片面。

在功利的社会，衡量一个人成功的标准一般是：钱、房、车、奢侈品、身份、地位、认识某某人、企业上市等。这种衡量标准很容易出现领导人急于求成、互相攀比以致出现错误的险象。

（8）其他价值观的混淆。

民营企业老板普遍认为企业文化就是老板文化，这是很片面甚至具有误导性的观念。

民营企业老板普遍怀念过去"野蛮成长"的岁月而不能适应经济成长的"新常态"，因而常有价值观的错乱。

很多企业只有向上发展的概念与愿望而没有向下扎根的具体可持续措施和观念。

一些国有企业领导人在反贪腐运动现实中抱着"少干少错、不干不错"

的"消极"或"无为"的价值观。

总而言之，领导人的价值观可以分成"变与不变"两部分。对"不变"的价值理念，既要坚定不移，更要强势推动执行；对"变"的价值理念，要按时空的变化做出相关的调整，达成共识之后，再协调指导、执行到位。

案 例

● ○ ○ ——————————————————————— 乔布斯：华丽的失败

1985 年，乔布斯被苹果解雇，短短几个月后，他就建立起一家新公司，取名为"NeXT"。离开苹果的乔布斯，并没有认识到正是因为自己性格上的缺陷、管理上的弊端，才落到被公司开除的下场。反而，他身上的种种问题，在新公司 NeXT 暴露得更加彻底，造成了最严重的后果，使得 NeXT 的发展方向、产品定位从一开始就存在偏差。

乔布斯将 NeXT 的市场锁定为高等教育市场，推出的产品叫"工作站"。"工作站"被称为一种加强版的个人电脑，内存更大、处理速度更快是其主要特点。"工作站"电脑主要面对的是科研院所的计算机科学系，工程师或科学家利用其编写应用、进行数学建模等。太阳微系统公司是该领域的领头羊，其生产的设备性能强大，在乔布斯进入时，公司的销售额已接近 10 亿美元。

"工作站"电脑针对的是企业级市场，客户首要考虑的是产品性能。不巧的是，这两者并不是乔布斯的优势，或者说他的注意力并不集中在这些方面。从乔布斯早期推出 Apple I、Apple II，到后来重回苹果推出的 iPod、iPhone、iPad，这一系列成功产品面对的都是大众消费市场。进入企业级市场，这是乔布斯犯的一个战略性错误，当然这已经是后话。从当时的选择来看，在一定程度上是适应整个市场的趋势，因为，IBM、康柏也在这个市场积极布局。

乔布斯犯的另一个战略性错误是，他的焦点并不是产品性能，而是产品的外观。他要将计算机打造成完美的立方体，每条边都正好 1 英尺长，每个角都是 90 度，为此每一面都要分开制作。一般的模具无法铸造相应的零部件，需要使用价格高达 65 万美元的模具，还需采购 15 万美元的砂光机去除细纹。

从显示器的角度、显示器的支架到内部零部件镀层，在不受约束的情况下，他将各种美学奇想赋予这些部件的外观。这时的乔布斯，显然曲解了精益求精和极致的概念，走向失控、病态的追求。更严重的是，乔布斯打造的已不是服务于客户的产品，而是为了满足个人的虚荣心，只重视华丽的外观，置功能、实用而不顾。

乔布斯一步一步对产品的外观提出高要求，背后依托的是大资金的支持，这又暴露出另一个严重问题：追求奢华，浪费现象严重。NeXT 毕竟是一家初创公司，注重节俭应是理所当然的。可是乔布斯并不注意这些，他花费 10 万美元，找了曾为 IBM、UPS 设计企业标识的兰德公司设计 NeXT 的标识。这对于外界来说，难以理解。但是他认为一个好的标识可以让 NeXT 以世界级的感觉和身份起步。

在 NeXT 早期的总部，大楼是新建的，设计也不错，但乔布斯却将内部设施拆毁重建，将墙壁换成了玻璃，地毯换成浅色的硬木地板。另外，公司的家具都是定制的，厨房里用的是大理石操作台。后来公司搬到雷德伍德办公楼里，接待的大厅摆放着意大利进口的真皮沙发，还邀请建筑大师贝聿铭设计悬浮楼梯。当时 NeXT 的销售额仅有几百万美元，却配置了年销售额 10 亿美元的信息系统。原本的机箱预算是 50 美元，但为了提高机箱的油漆的品质，公司员工自己学上漆，导致单上漆就花了 50 美元。

从一开始，乔布斯设计公司标识时，就带有严重的浪费现象。随后，在乔布斯的影响下，员工也变得挥霍无度，铺张浪费成为公司见怪不怪的现象。造成这种铺张浪费的原因，不得不提的一点是，乔布斯没有摆脱在苹果公司的工作作风，而是将 NeXT 等同于苹果，在资金、人力配置上对标苹果。这反而让 NeXT 失去初创公司本该有的活力，沾上大公司的官僚做法，员工并没有将精力集中在打造产品上，因此，NeXT 的失败早就注定了。

　　乔布斯为达到他的审美标准，接连提出各种要求，导致整个产品成本居高不下，最终推高产品的价格。他的顾问小组给出的建议，价格维持在2000~3000美元，而且他也承诺这个价格。可是到最后，他给出的价格却是6500美元，这让员工和追随者倍感失望。

　　乔布斯将精力过多集中在产品外观上，产品的功能大幅打折。NeXT的显示器只能显示黑白色和灰度图像，原因居然是为了省钱。太阳微系统公司的CEO（首席执行官）斯科特麦克尼利指出，"乔布斯那些漂亮字体与镁质机箱完全是浪费的，忠实的客户不在乎这些"。比尔·盖茨（Bill Gates）表示，"整体来看，NeXT的大部分功能真的都无足轻重"。

　　就在NeXT上市的前期，乔布斯还搞了一个令人不齿的举措，进行自我宣传炒作。他向某些媒体都承诺做"独家"采访，可是他居然同时和《商业周刊》《新闻周刊》《财富》都达成了协议。他没想到的是，《财富》与《新闻周刊》的采访的负责人是夫妻，识破了他的伎俩。最终乔布斯只上了《新闻周刊》和《商业周刊》的封面。

　　这次乔布斯搞的"独家"手段太过分了。《商业周刊》哈夫纳写道："NeXT谨慎分配着媒体对员工和供应商的采访，通过审查来控制采访报道的内容。这个策略奏效，但也付出了代价；这种行为显示乔布斯自利和无情的一面，也正是这点让他在苹果深受伤害。乔布斯最突出的特征就是需要控制权。"

　　可是他控制不住客户的购买欲。虽然他搞了这么一个宣传炒作，市场并没有为他埋单。1988年10月，NeXT举行发布会，发布会结束近一年后，才卖出第一台电脑。按照公司的计划，月度销售将达到1万台，实际上仅销售400台。再顶级的要求、漂亮的设计、一流的厂房，在市场面前统统败下阵来。

　　相较于NeXT产品的失败，更大的打击还在后面。在发布会上，乔布斯宣布的最重磅消息，是与IBM达成合作协议，IBM向NeXT支付6000万美元获得NeXTSTEP图形界面操作系统。可是好景并不长，乔布斯的狂妄自大，惹怒了IBM，这让公司员工无所适从。就连NeXT公司元老之一的丹尼尔·列文（Daniel Lewin）也看不惯他的表现，说："我坐在他边上，有时候忍不住会在桌子底下踢他。"最终，乔布斯撕毁合作协议，与IBM合作无疾而终，自此NeXT失去唯一一次发展壮大的机会。

与IBM合作的不愉快，在公司内产生了连锁反应。在与IBM合作失败前，丹尼尔·列文就选择了离开，原因是乔布斯破坏了他在NeXT拥有全世界的梦想。几个月后，又一位创始人辞职，原因是受够了乔布斯对他的大发雷霆。随后，他的财务主管也离开了。在NeXT走过了6年后，当初的5位创始人带着对乔布斯的不满纷纷离开NeXT。

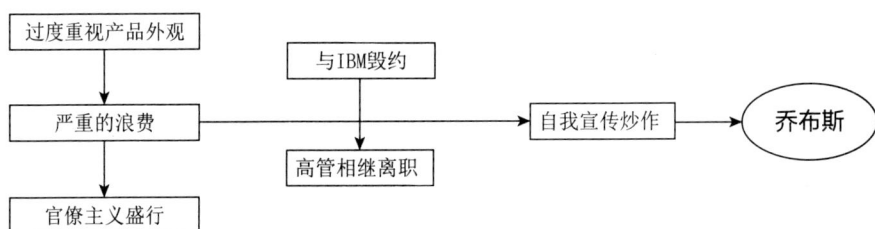

图2-1　乔布斯的迷失

NeXT时期的乔布斯，一开始存在诸多价值观上的问题。他过度重视产品外观，造成严重的浪费，并恶化到公司官僚主义盛行。产品上市后，自我宣传炒作，以低级的方式获得外界关注。与IBM的毁约，让NeXT失去唯一一次发展的机会，引发高管相继辞职，NeXT成为乔布斯职业生涯中一大败笔。

《成为乔布斯》一书中有这样一段话："一而再，再而三，乔布斯做的那些决定如果割裂开来看，都没什么大问题，但是加在一起，却破坏了公司的整体发展。设计企业标识、严苛产品外观、奢华工作环境，这些堆积在一起，导致的后果就是，公司的作风不正，产品远离客户需求。这些根源，来自于他执着、完美的要求。可是这些要求应该是有底线的，当超出这个底线，性质就变了，本来是关于如何做事的评判变成关于如何做人的讨伐。"

NeXT时期的乔布斯，像一个孩子，任性妄为，对世界保持着无限的好奇，凭着个人的喜好，打造心中完美的产品；他也像一个独裁者，享受着权力带来的快感，凭一人之言，左右公司的命运。他更是一个价值观混淆和错乱的 CEO。NeXT 是一家初创的公司，而乔布斯所做的一切不像一个初创公司的 CEO 应该做的事，这产生了战略的失误，造成了工作重点的偏离，以及投入和产出极大的不平衡。他的出发点是好的，可是在执行中走偏了，他性格中的劣势压制住优势，导致他在判断、选择上挑战了道德的底线，带公司走上了一条危险之路。

1942年，田文华出生在距离石家庄市30公里的正定县南岗村，姐弟7人中她排行老二。由于家里贫穷，老大田文荣并没有上学，只能在家里干农活，把读书的机会让给了田文华。正是因为这样，田文华与田文荣的关系最好，每当田文华放学后，总是抢着帮田文荣干活，她非常珍惜哥哥让给她的上学机会，她的努力与刻苦也得到了大家的认可。在田家的子女中，田文华读书最多，成就也最大。

田文华的父亲希望她当医生，但是因为没钱上不起这类学校，她只好报考张家口农业专科学校。1966年，田文华从该校毕业。1968年，她进入三鹿集团的前身——石家庄市牛奶厂工作，职务是兽医。这时的牛奶厂，其实就是几间大平房的院子，田文华的工作是负责给仅有的几头牛羊看病、接生。在这之后，她还负责过财务工作。

工作之后，田文华的生活过得并不好。后来，田文华与张家口农业专科学校上一届的师兄结婚，并生下了两个女儿。结婚之后，拮据的生活依然没有改观。有一次田文华回娘家，临走时对母亲说："我家里碗不够，从您这里拿几个碗吧！"她果真走时从娘家带回了4个碗。

1983年，田文华进入三鹿集团股份有限公司（以下简称"三鹿"）的管理层，在随后的二十多年里，她带领三鹿进入高速发展的阶段，让三鹿从一个小作坊成为集奶牛饲养、乳品加工、科研开发为一体的中外合资集团。在2008年之前，三鹿奶粉连续14年销量位居全国第一，液体奶进入全国前4名。三鹿奶粉被认定为国家免检产品，并和三鹿灭菌奶双双荣获"中国名牌产品"称号。田文华获全国劳动模范、全国"三八"红旗手等一百多项荣誉称号，享受国务院特殊津贴等。谁也不能否认，在三鹿的发展过程中，在中国乳业史上，田文华是个不得不提起的人物。

在三鹿发展的背后，牺牲的是田文华的家庭生活。田文华的母亲认为，三鹿抢走了自己的二女儿。田文荣回忆道："她来我娘这里从来都没进过卧室。每次来待上不超过10分钟，手机就接二连三地响，催得没有办法，她就这样俯下身子握着娘的手，把脸贴在娘的脸上说：'娘，我得走了，那边还有人等着我开会。我下次再来看您。'"田文荣比画着说，"每次老人都很生气地说，'跑来这趟图个啥？'"田文华的两个女儿也没有得到她很好的照顾，都是她的母亲与丈夫把孩子带大的。

在田文华的成长经历中，有两个符号很明显，一个是贫穷，一个是亲情。这两个鲜明的符号鲜明作用到她的工作经历上，形成一正一负的影响。由于从小的贫穷，田文华很重视节俭。作为领导人的田文华，她经常到单位的集体浴池洗澡，到集体食堂吃饭，甚至过问用餐的菜单。作为年产值过百亿的企业，三鹿居然没有一座像样的家属楼，退休的三鹿员工仍住在八九十年代建设的家属楼中。

从上学到成长都享受亲情的照顾，在工作中她用人就存在很大的人情因素。一名三鹿员工曾对外界透露，有一名能力很强的员工因长期得不到重用而辞职去了外地，走时还从厂里带走了许多人。三鹿的领导层，竟然存在一些很多东西都不懂的人，而一些重点大学毕业、专业知识强的人却受到排挤，也没有得到相应的薪酬回报。从这里可以看出，为什么出了"三聚氰胺"事件以后，三鹿领导层会出现一系列的决策失误。

"三聚氰胺"事件的发生，和田文华靠人情用人有着密切的关系。在河北省的11个地区，三鹿都有贴牌工厂，其中有些工厂掌握在她的亲属手中，三鹿对这些亲属掺假的原奶开绿灯，对非亲属的贴牌工厂压低价格。一位三鹿原奶的供应者，曾掌握一份奶站与三鹿有密切关系的人员资料，将该资料传真给田文华后，随后联系田文华，田文华让他找了另一位副总，最终整件事情不了了之。

在"三聚氰胺"事件初期，原本是可以快速收回市场上的有毒奶粉，让消费者了解三鹿奶粉的问题。然而田文华却想控制媒体，故意隐瞒，不向上级汇报。田文华安排了副总经理张振岭和蔡树维来负责封锁消息，其中，副总张振岭负责处理媒体事务，副总蔡树维负责处理消费者事务。田文华之所以安排这两人，是因为早在2004年的阜阳毒奶粉事件，就是由他们负责处理，保住三鹿的品牌，让三鹿逃过了一劫。

后来，张振岭承认："在2008年7月的一次会上，田文华让我负责做面对媒体的工作，当时已经有传言食用三鹿奶粉后出现问题，不断有记者要采访我，我们怕问题曝光，所以田文华让我负责（这方面）工作。"同样，三鹿奶粉事业部经理付新杰表示："在2008年7月的一次经营班子会上，会议要求，要为消费者换货、退货，让消费者情绪稳定，不要让媒体知道消费者投诉三鹿奶粉的情况，不能影响公司的利益。"

进入2008年8月，三鹿的三聚氰胺问题明朗化，田文华却仍存在侥幸心理，继续隐瞒奶粉问题。在8月1日的内部会议上，田文华担心奶粉中含有三聚氰胺的事情泄露出去，要求严格保密。为了保密，田文华甚至要求部分内容不计入会议记录。在8月4日的会议上，同样要求保密。为此，田文华规定，公司在上报时不使用三聚氰胺的字眼，而用"A物质"或者"B物质"上报。

这个时间段，正将迎来中秋、国庆奶制品的黄金消费期。三鹿并没有顾忌三聚氰胺的事件，不愿错过销售的旺季，并保证奶源不被伊利、蒙牛等企业抢走。于是，三鹿高层决定将生产奶粉的加工三厂拒收的问题奶，调配到生产液态奶的厂去。这时奶粉的问题仍然还只是集团高层知道，再加上生产液态奶的厂没有检测三聚氰胺的设备，普通员工自然发现不了这些问题奶。

根据检验结果，生产液态奶的厂，生产的原味酸奶、益生菌酸奶、草莓酸酸乳等，均含有三聚氰胺（含量最高为每公斤199毫克，最低为每公斤24毫克），共269.44吨，并已经全部销售，销售金额合计181万元。明知道有问题，田文华为何没有反对？她说："当时只是觉得问题奶生产奶粉有问题，而生产液态奶没有问题，主要考虑的还是不能让企业受到太大的损失。"

自 2007 年 12 月，三鹿集团陆续收到消费者投诉，到 2009 年 1 月 22 日，田文华被判无期徒刑。2008 年 8 月 1 日的内部会议，成为田文华走向失败的转折点，从故意隐瞒消息到明知有问题仍然生产液态奶，一步一步滑进罪恶的深渊。田文华多次以维护企业的利益为借口，延迟三聚氰胺事件曝光，这看似情有可原，实际上未必如此。早期，田文华有维护企业利益的想法，然后当她开始染指犯罪时，她害怕的是个人利益、权力的损失。为此，她一次又一次拿企业的命运、消费者的健康做赌注。

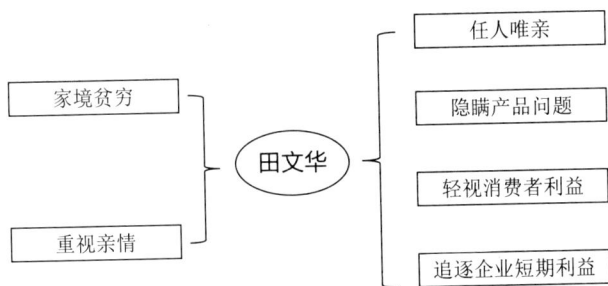

图 2-2　田文华的一错再错

田文华身上的两个特质：家境贫穷、过分重视亲情，成为她日后走向不归路的两个重要因素。她长期以来任人唯亲，导致优质人才缺少，成为引发产品问题、危机应对不当中的不可忽略的要素。面对危机时，她隐瞒产品问题，轻视消费者的利益，追逐企业短期利益，放弃多次原本可以弥补的机会。

回看田文华日常的管理问题，包括用人、决策、战略等，三聚氰胺事件的爆发意味着将这些问题推向了极致。田文华犯的是双重错误，一是情与法的错位，为满足亲朋好友的需求，牺牲了公司的利益，打击了公司人才的积极性，原本感人的亲情恶化成侵蚀企业发展的毒瘤；二是利润至上的经营观念，没有关注消费者的利益，最后造成对消费者的严重伤害，这就是追求单一利润最大的价值观造成的负面影响。作为企业最高决策者，她居然犯了企业经营的常识错误，将企业品牌、消费者利益、企业长远发展抛之脑后。

在三聚氰胺案件判决的当天，一位当地的居民感叹："田文华挤了一辈子牛奶，最后被牛奶浇死了。"不同的是，她最初挤的奶是"白色"的，后来"浇死"她的奶是"血色"的。

山姆·沃尔顿："抠门"的首富

1925 年，7 岁的山姆·沃尔顿（Sam Walton）开始送报纸，争取订户。之后的十多年，他的送报业务从来没有停止过。进入大学之后，山姆·沃尔顿增加了几条送报纸的路线，还雇用了几个人帮忙，一年可以赚到 4000 ～ 5000 美元，送报已经成了一份收入相当不错的业务。山姆·沃尔顿所送报纸公司的前任业务经理评价他说："我们雇佣山姆当送报员，他却成了我们的头号推销员。他的业绩老是比别人好，他做得好极了，而且特别投入。"

上学期间，山姆·沃尔顿还担任餐厅的服务生，以获得免费的三餐。另外，他还干过游泳池的救生员，卖过兔子和鸽子。这些事情，让山姆·沃尔顿悟到了两条真理：一是努力付出比索取更加重要，二是用自己双手赚来的每一分钱都不容易。尤其是第二条成为后来他个人生活遵守的准则，即使他成为首富之后仍然坚守着绝不乱花一分钱的信条，保持着节俭的美德。

1985 年 10 月，《福布斯》杂志首次将山姆·沃尔顿列为全美富豪的首位。当记者们听说了此事后，大批记者涌向山姆·沃尔顿的住处，想一睹富豪的奢华生活。当他们来到住地，看到山姆·沃尔顿本人时，都有点不敢相信自己的眼睛。山姆·沃尔顿穿的不是高档名牌，而是一套自己的商店里出售的廉价衣服，戴着一顶打折的棒球帽；开的不是名贵豪车，而是一辆破旧不堪的小货运车，车后还装着关猎犬的笼子。

山姆·沃尔顿在邻居与员工的心里就是个"抠门"的老头。他一直住在阿肯色州本顿维尔小镇一栋普通的房子里，从未购置过豪宅。小镇上的人对他很熟悉，并不是因为他首富的身份，而是他的"抠门"。他经常开着旧货车进出小镇，每次理发，都去镇上最便宜的理发店，每次理发仅花费 5 美元。

工作中，山姆·沃尔顿的"抠门"成为沃尔玛的趣事。有一次，一位新员工在包装产品，多用了半张包装纸，恰巧被他看到。他就对这位新员工说："小伙子呀，我们所卖的货物没什么利润，要赚也就赚一点节约下来的包装纸钱。"有的员工，为了验证山姆·沃尔顿是否如传说中的"抠门"，特意试探他。他们在山姆·沃尔顿常走的路上专门扔了一枚硬币，没想到已成为首富的他，却屈尊捡起了这一枚硬币。

有个叫斯蒂芬·庞弗利（Stephen Pang Fuli）的摄影师，打算在密苏里州的某个小机场，为山姆·沃尔顿拍一张外景照片。在这个过程中，拿山姆·沃尔顿寻开心，往地上扔了一个5分硬币，对助手说："让我们等着瞧他会不会捡起来。"山姆·沃尔顿赶来后，一连拍了几张后，摄影师要求他换个姿势再拍。他说："你想要我站在哪儿，那个5分硬币上吗？"从穷小子到首富的山姆·沃尔顿，从未改变过对金钱节俭的态度，这对于外界来说显得有点不可思议。

山姆·沃尔顿的弟弟巴德·沃尔顿（Bud Walton）表示："人们没法理解为什么我们总是这么节俭。身为亿万富翁却驾驶一辆老旧的敞篷货车，在沃尔玛买衣服，或是不肯乘坐头等舱之类的事情，他们总是大惊小怪的。其实只是因为我们就是这样长大的。要是街上丢了1分钱，有多少人会走过去捡起来呢？我打赌我会，而且我知道，山姆也会。"

"就是这样长大的"精准描述了山姆·沃尔顿节俭的秘密。从小到大的勤工俭学，培养了他对金钱的价值观，树立起了健康的生活理念。还有一点不得不提的就是，在他成长的过程中，家庭的教育和父母的熏陶。山姆·沃尔顿表示："通过言传身教，我的父母将他们积攒财富的方法传给了我们：绝不乱花一分钱。"父母的勤劳、节俭深深烙印在山姆·沃尔顿心中，在他开始进入社会做事时，自然而然就形成了对每一分钱的尊重。

美国大萧条时期，山姆·沃尔顿一家处在非常艰难的生活中。他的父母尽可能多找些事做来增加收入。他的妈妈南希·沃尔顿（Nancy Walton）想到了一个点子，开一家小牛奶店。天不亮，母亲就起来做各项准备工作，山姆·沃尔顿负责挤牛奶，母亲将牛奶装进瓶子。下午，山姆·沃尔顿练完足球后就去送牛奶，这应该算是他第一次帮着家里挣钱。让很小的山姆·沃尔顿印象深刻的是，母亲从牛奶里撇奶油做冰激凌给他吃。这成为他小时候生活中一件奢侈的事，这何尝不是母亲从艰苦的生活中寻找乐趣，为孩子树立一种自信、乐观、坚定的生活态度呢？

小时候的节俭，帮助山姆·沃尔顿一家人创造了良好的生活品质。长大后他创办了沃尔玛，公司的节俭就是帮助他们的每一个消费者的家庭提升生活品质。以"天天平价"著称的沃尔玛，实现商品价格行业内的最低，这就是帮消费者省钱，赢得消费者的信赖。低价的商品并不代表产品的质量打折，在商品价格不占优势的情况下，仍要保持公司可观的利润，沃尔玛采取了两项重要措施：优化运营和节约成本。山姆·沃尔顿表示："沃尔玛公司每浪费1块钱，实际上就是让我们的顾客多花1块钱。"

沃尔玛的简朴成为业内学习的标杆。沃尔玛的办公室，没有豪华的装修，不配置昂贵的家具，员工的办公桌普普通通。沃尔玛规定：职员因工外出时，需两人住一间汽车旅馆；而商店里诸如照明设施、空调设备等出于节约能源和降低成本的考虑，也实行统一管理。山姆·沃尔顿"抠门"的作风毫无保留地灌输到沃尔玛的运营管理中，使沃尔玛高管节俭的行为常常超出业内的想象。

沃尔玛公司早期分店经理加里·雷恩鲍斯（Gary Ryanbowes）回忆：早年间，他们和山姆·沃尔顿去各地进货，所有人尽可能住一个或两个房间。有一次他们去芝加哥，8个人住在一个房间，那个房间并不是很大。即使当时已经稳坐零售行业排行榜的第一位，沃尔玛的职业经理人仍然保持着节俭的美德。59岁的时任沃尔玛亚洲区总裁钟浩威每次出差购买打折的机票，乘坐经济舱。有一个细节令人佩服，他在乘机时询问邻座乘客的机票价格，当他发现他购买的机票价格不是最便宜的时候，公司的相关人员就一定会受到质询。询问邻座乘客的机票价格已成为他坐飞机时必做的功课。沃尔玛高管出差买最便宜的机票，住便宜的酒店。曾有一个来美国总部开会的沃尔玛高管，被安排住在一间因暑期而空置起来的大学学生宿舍里，这几乎让人难以置信，可这就是事实。

沃尔玛高管出差的低成本，只是沃尔玛运营成本节约的一小部分。从广告宣传到物流采购等，沃尔玛尽可能从运营的各个角落降低成本，从而达到商品价格最低，引领潮流，吸引顾客。沃尔玛的成功可以简单归结为一句话，按山姆·沃尔顿所说："每次我们帮顾客省下一块钱，就在竞争中领先了一步。"这样的一句话，对于任何行业、任何公司，在任何时间都是取得商业成功的基本法则。可是真正能做到的公司屈指可数，毫无疑问沃尔玛是做得最好的公司。

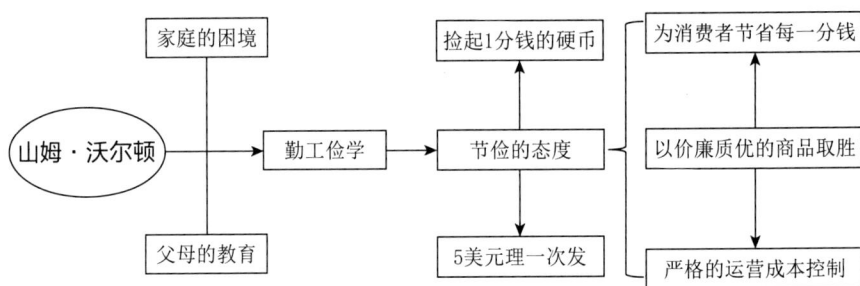

```
家庭的困境                捡起1分钱的硬币        为消费者节省每一分钱

山姆·沃尔顿  →   勤工俭学  →   节俭的态度  ┤  以价廉质优的商品取胜

父母的教育                5美元理一次发         严格的运营成本控制
```

图 2-3　首富的"每一分钱"

小时候山姆·沃尔顿，由于家庭生活困难，在父母言传身教的影响下，学生时代就开始为家里挣钱，这养成他节俭的习惯，认识到要珍惜每一分钱。创办沃尔玛成为首富之后，他依旧保持着节俭的品质，每次都理最便宜的头发，捡起路上的1分钱硬币。节俭的品质灌输到公司运营中，通过提供价廉质优的商品，为消费者节省每一分钱。由于严格的运营成本控制，在低价面前，公司仍然取得可观的利润，形成核心竞争力。

从表面上看，沃尔玛通过一流的成本控制，以低价格、规模优势为撒手铜，赢得丰厚的利润。有很多企业，照搬这套策略，短期业绩很明显，可无法长久，关键是他们追求更多的还是最大化谋求个人利益，而消费者利益、社会责任并不是他们所关心的。沃尔玛的低价策略长久不衰，源于创始人山姆·沃尔顿独特的成长经历和勤劳、节俭的价值观。从一个人承担起家庭的责任到一个公司承担起社会这个大家庭的责任，道理都是一样的，就是尽可能为消费者节约每一分钱，让他们有机会享受更美好的生活。

对于"金钱"的态度——重视每一分钱的价值，考量山姆·沃尔顿的价值观，形成了他独一无二的个人魅力。金钱对于"抠门"的山姆·沃尔顿来说到底意味着什么？他说："金钱对我的意义从来就没那么大，即使是从账目意义上来说也是这样。只要我们有足够的食物，有不错的住处，有地方可供我饲养我的猎犬，有地方打打猎、打打网球，更重要的是，能够让子女接受良好的教育——这就是有钱了。"这样一个"有钱"的标准，不管是对美国的家庭还是中国的家庭来说都不是什么遥不可及的梦想。对于快速涌现的大量富人群体，奢华享受、攀比成风比比皆是，山姆·沃尔顿对金钱的态度值得他们对自我生活进行反思与检讨。

综　述

.... ● ....

　　从消费者、员工到企业领导人，对金钱和财富的观念是考验他们价值观正确与否最简单、直接的手段。不同的是，企业领导人对于金钱的态度，不仅仅关系到个人利益，更关系到企业的长短期利益选择，是左右企业命运的无形力量。从某种意义上来说，对于金钱和财富的不同态度，会导致领导人在个人利益与公司利益、公司战略与机会主义、单一的利益追求与多元社会责任承担等价值观上做出两种截然相反的决策判断。

　　恰恰由于以金钱和财富作为价值观考量的基本手段，让我们有机会将乔布斯、田文华、山姆·沃尔顿放在同一个维度上思考。或许将乔布斯与山姆·沃尔顿放在一起对比有点牵强，毕竟苹果公司与沃尔玛的产品价格定位不属于同一个等级，一个以高价取胜，一个以低价取胜。我们根据 NeXT 时期的乔布斯与山姆·沃尔顿的对比，可以一目了然地看出乔布斯的奢华浪费，造成 NeXT 官僚主义盛行，偏离消费者的需求，将公司推向了绝境，而山姆·沃尔顿奉行的节俭策略，为沃尔玛健康发展配置了安全阀。

　　同为农民出身的田文华、山姆·沃尔顿，仅从个人节俭上，田文华未必输给山姆·沃尔顿。然而，站在企业、消费者和社会的角度上，田文华的节俭反而成为一种陷阱，她只是单一追求企业的利润，把消费者的权益及社会责任感抛到脑后，她对金钱、财富和成功的观念已经严重扭曲。当企业出现危机时，这种扭曲的金钱、财富和成功观，释放出难以想象的摧毁力量。企业的长远发展、社会责任感和消费者的利益都成为企业追求成本效益和经营利润的牺牲品。这何尝不是一种遗憾、一种悲剧。三鹿公司的"三聚氰胺"事件已过去近十年，田文华及三鹿已逐渐淡出人们的记忆。可是三聚氰胺事件深刻影响着中国人的食品安全理念，让整个中国奶粉行业经历了一次彻底的改造。这从一个侧面突显出企业领导人的价值观正确与否可能产生的难以想象的影响。

对领导人价值观的考量是一个庞大、复杂的体系，甚至有时还会被扣上道德绑架的帽子。乔布斯、田文华、山姆·沃尔顿三者之间有相似性，又存在不同的价值观考核标准。在这里，我们采用一种最容易理解的金钱价值观，衡量他们各自的价值观取向。最终，我们采用了统一判断标准，他们的价值观是否将企业带入险境。NeXT 与三鹿已经成为历史，沃尔玛仍然稳坐零售行业的头把交椅，位列"2016 年财富世界 500强"榜首。平心而论，谈论价值观有时会显得太过宏观，又有点虚无缥缈的感觉；有时又让人感觉不切实际，跟企业利益没有关联。可是，当产品和服务给社会造成不良影响的时候，各方才会回头来再审视领导人和企业的价值观，这时就为时已晚了。领导人何不现在就从对待金钱、财富和成功的角度入手，在企业所处的不同阶段，反省个人的价值观，思考公司的企业文化和发展战略，以确保公司按照正确的道路前行。

险象 3 → 朋友圈的险象

朋友一生一起走，那些日子不再有，一句话，一辈子，一生情，一杯酒……

——周华健《朋友》

难得知心，几经风暴，为着我不退半步，正是你！……你为了我，我为了你，共赴患难，绝望里，紧握你手，朋友！

——谭咏麟《朋友》

好朋友太多是好还是坏呢，怎么说的全是我不想听的，我们的关系多像积木啊。不堪一击却又千变万化，用尽了心思盖得多像家，下一秒钟也可能倒塌，幸福的期待真像积木啊，多会幻想就能堆多漂亮，可惜感情从来就不听话，从爱出发却通往复杂。

——陈奕迅《积木》

● ○ ○ ─────────────

2016 年在冰岛旅行的时候，一边看着儿子开车，一边欣赏窗外的秋黄景色，突然，耳边响起几首歌，原来是女儿正在播放她认为我会喜欢的歌曲。先是周华健的《朋友》，再来是谭咏麟的《朋友》，然后，她又向我推荐陈奕迅的《积木》。

朋友，正如团队，是每个人不可或缺的社会关系和资源。每个人都要和朋友交往，俗语中也有很多对朋友的说法："在家靠父母，出门靠朋友""多一个朋友，多一条出路""物以类聚，人以群分""志同道合""肝胆相照""为朋友两肋插刀""俞伯牙摔琴谢知音""与有肝胆人共事，从无字句处读书"等，都说明了人不可能离群独居，所以，和朋友交往、交流、交易、交心是每个人生活和做事的常态。而作为领导人，交朋友更为重要，我们所要成就的事，缺了朋友相助是很难实现的，我们的生活也因为和朋友的交往而更加多姿多彩。曾国藩有云："**成大事者，以多得助手为第一要义。**"

在古代，古人对朋友的要求是很高的，必须是同师、同志方可称为"朋友"。《左传》的作者左丘明曾说："**同师曰朋，同志曰友。**"但是，现在这个多元和开放的社会，朋友的定义是很宽松、很随意的，几乎有过接触的人皆是"朋友"。而且，随着信息开放、地位平等、沟通便捷高效、媒介多元而又互联互通、距离缩短、接触密切、交际频繁，每个人都有各自的朋友圈，花在"朋友圈"的精力和时间增加很多，朋友在互动的过程中互相影响，不止会影响一个人的观念和思维，也会影响作风和行为。

朋友圈怎么会形成险象呢？原因如下：

（1）朋友圈太多会浪费时间和精力，尤其在这个互联互通的微信时代。

（2）在朋友圈中交往交流多了，是非也可能会多，正、负面的人际关系效果都会出现。

（3）不健康、没节制的交往方式（如吃饭喝酒、夜夜笙歌）可能会影响身体健康，带来交际风险。

（4）朋友圈形成派别和阵营，自我感觉太好而排他，与别人形成对立和对抗。

（5）朋友圈也可能是进行不能被法律接受的黄、赌、毒等活动的温床。

（6）朋友圈人形成"朋党"，形成利益输送、贪污腐败、官商勾结等不法行为。

（7）朋友圈中大家互相攀比，讲究身份、财富、排场，造成奢华、奢侈、浪费。

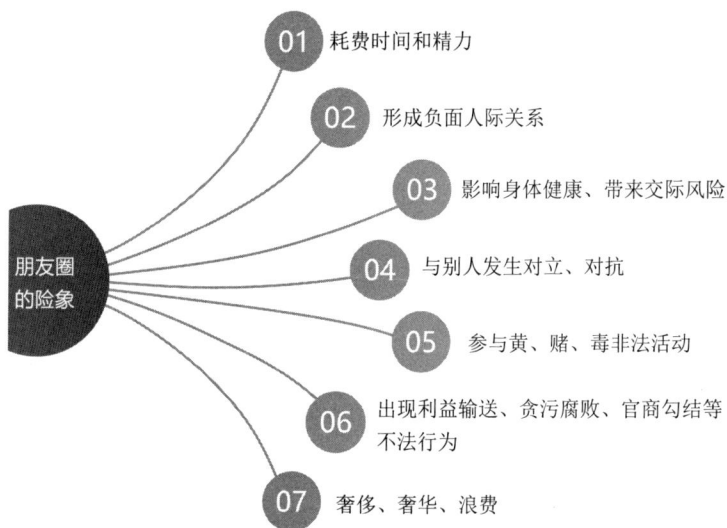

图 3-1　朋友圈的险象

我在和 EMBA 同学接触时，有些同学对班级中的显富、攀比行为很不以为然；也有些同学认为活动奢华、花钱太多；有些同学对巴结、奉承有钱、有地位的大款的行为比较不满；有些同学对游学"重玩轻学"比较有意见。这些都还不算是大险象，我在十多年的 EMBA 教学经历中发现，有不少人由同学成为朋友之后，有些人因为借贷、雇佣、合资、投资、炒股、并购、买房、卖房、野游、利益输送、贪污受贿、内部人交易等活动而闹得不愉快，因亏损、被骗而关系势同水火，也有人因触犯法律而被双规、双开，也有锒铛入狱的、被执行死刑的、叛逃在外的、跑路的、人间蒸发的……

所以，朋友圈的险象是真实存在的，大家不可不察。《论语·季氏》里有两句话给喜欢结交许多朋友的人以参考："**君子有三戒：少之时，血气未定，戒之在色；及其壮也，血气方刚，戒之在斗；及其老也，血气既衰，戒之在得**""**益者三乐，损者三乐。乐节礼乐，乐道人之善，乐多贤友，益矣。乐骄乐，乐佚游，乐晏乐，损矣**"。这些话是在教育我们在经营朋友圈时要懂得"戒得"，得失心不要太重，不要目的性太强，要有平常心，不要

"贪得"。同时，不要自以为是地"骄乐"，不要没有节制地"佚游"，不要奢侈腐化地"宴乐"。

领导人应该要有多元、适量、高质量的朋友圈：

（1）健康朋友圈——运动、修炼、养生等。

（2）业务朋友圈——信息、交易、观摩等。

（3）知识朋友圈——学习（老师、读书会、私董会、校友会等）。

（4）关系朋友圈——拓展（同行、政府、金融等）。

（5）爱好朋友圈——放松（旅游、艺术、打牌等）。

（6）特殊朋友圈——精神（宗教、信仰、特殊身份、特殊关系等）。

图 3-2 多元、适量、高质量的朋友圈

这六类朋友圈里的朋友最好不要重叠太多，以保持多元性，数量宜精不宜多，重质不重量，活动的次数也要适量。而朋友之间的选择和关系应该以《论语·季氏》所描述的为标准：**"益者三友：友直，友谅，友多闻，益矣。"**朋友交往的内容与深度要有区别，不能一视同仁。《论语·子罕》说有些人"可与共学，未可与适道；可与适道，未可与立；可与立，未可与权"。朋友之间的交往方式应该也以《论语》中所述的作为参照："君子和而不流""君子和而不同""人不知而不愠，不亦君子乎""君子中立而不倚""以直报怨"等。

案 例

● ○ ○ ——————————————————— 孙膑：膑刑之辱

春秋战国时期，纵横家鬼谷子有两位高徒分别是孙膑和庞涓。求学期间，孙膑、庞涓结下了深厚的情谊，并结拜为兄弟，孙膑为师兄，庞涓为师弟。两人学习的第三年的一天，庞涓下山取水，听说魏国在招纳贤士、寻访将相。他自认为学业已成，想去魏国应聘，可是他怕鬼谷子不放他走，因此不敢对先生说。

没过多久，鬼谷子看清了庞涓的心思。于是他对庞涓说："你的好运已经到来，何不下山求取富贵？"庞涓激动跪下："弟子正有此意，但不知下山能否达成？"鬼谷子说："你去摘枝山花，我为你占卜一下。"由于时节的原因，庞涓并没有摘到山花，只能无奈将蔫了的茎草花藏在衣服里带回来。他对先生说："山中花都凋落了。"先生发现他怀中的茎草花，对他说："你知这花的名字么？这叫马兜铃，一开十二朵，是你荣盛的年数。花采于鬼谷，见日而萎；鬼旁加委，看来，你成功的地方在魏国！"这正与庞涓要去的国家一致，他意识到这是一个很好的征兆。先生继续说："但你不该藏花骗人，他日必以骗人之事，还被人骗，不可不戒！我送你八个字，当牢牢记住：遇羊而荣，遇马而瘁。"

庞涓对先生的教导，并没有完全放在心上，遂起身下山，孙膑便送他下山去魏国。临别时，庞涓向孙膑承诺，当他功成名就时，必将举荐孙膑到魏国共图大业。孙膑听了大为感动，之后，两人就挥泪告别。孙膑送走庞涓后，回到山上，碰到鬼谷子。鬼谷子问他庞涓是否堪当大任，孙膑毫不犹豫地认为当然可以，鬼谷子的回答却与他相反。孙膑当时并不明白鬼谷子为什么否定庞涓，当然，鬼谷子也没有给予他解释。

有一晚，轮到孙膑值夜为鬼谷子驱鼠，鬼谷子将早已"失传"的《孙子兵法》十三篇交给他。兵书本身就很稀有，再加上书中还有鬼谷子看后的心得、用兵秘密，这更是无价之宝。孙膑好奇鬼谷子为什么不将兵书传给庞涓。鬼谷子认为庞涓品行不好，倘若学会了这套兵法，只会祸害天下。孙膑听完鬼谷子的解释，将书拿去精心研读，依据书上的阵法，用石子、树枝在地上模拟演练。三个月后，鬼谷子把兵书收回。

原本就是魏国人的庞涓，回到自己的国家，加上自己的所学，很快就获得魏王的赏识，并被任命为上将军，执掌魏国兵权。初期，庞涓为魏国打了不少胜仗，周边的宋国、鲁国、卫国、郑国跑到魏国去朝贺，表示愿意归属。相比战胜这四个小国，庞涓带领魏军打败了强大的齐国，这让庞涓在魏国达到了职业巅峰。

另一方面，由于孙膑已学会了《孙子兵法》，在学识上超过了庞涓，因此，他的名气很快便传到了魏王的耳朵里。魏王有意邀孙膑入魏辅助他，就交代庞涓办理孙膑入魏的事。这时，庞涓的内心开始挣扎了，按之前对孙膑的承诺，原本该高兴的，可是他又担心孙膑入魏后，很快替代他的位置。如果不让孙膑入魏，孙膑很可能去其他国家，在战场上相遇时，他没信心打败孙膑。魏王求贤若渴，迫使庞涓不得不请孙膑来魏。

孙膑下山时，鬼谷子同样以山花为他占卜前途。孙膑从屋内的花瓶里取出一枝花给先生看，先生看后，他又将花放回瓶中。鬼谷子对他说："此花已残折，不算完好，但它性耐寒冷，经霜不坏，虽有残害，不为大凶，而且供养瓶中，为人爱重。但此花再经拔出，恐一时未能得意；仍旧归瓶，你的功名看来终在故土。"随后孙膑下山赴魏。

孙膑一入魏，就获得了魏王的赏识。魏王提出让孙膑与庞涓比试阵法，孙膑对庞涓的阵法一清二楚。由于庞涓没有学习过《孙子兵法》，对孙膑的阵法浑然不知。在军事见解、谋略上，孙膑明显优于庞涓。整个比赛的最终获益者当属魏王，他认为自己得到天下兵学的"双子星"。魏王有意让孙膑当庞涓的副手，一起掌握魏国的兵权。庞涓认为孙膑虽有才华，但并无尺寸之功，还不足以给予他实权担任要职。最后，魏王同意庞涓的建议，让孙膑先担任庞涓的客卿。

魏王面前的比试，已让庞涓很没面子，他对孙膑产生了嫉妒、怀恨之心。看起来对孙膑的合理安排，背后隐藏着庞涓不可告人的秘密。他先是派人暗中监视孙膑，想办法尽快除掉这个对手。孙膑寄居在庞涓府上的日子里，庞涓知道了鬼公子把兵书传给孙膑，明白了为什么比试时孙膑高出自己许多。庞涓就想借兵书一看，孙膑把实情告诉他，鬼谷子不允许把兵书带下山来，这让庞涓很不高兴。这就意味着，庞涓要超过孙膑的机会几乎没有了，那剩下的办法就只有除掉孙膑，才能保住自己的地位。

庞涓先是让人伪装孙膑齐国堂兄的委托，来魏劝孙膑返齐，其目的是骗得孙膑的亲笔回信。庞涓拿到回信后，加以修改，呈现给魏王，诬告孙膑"私通齐国"。魏王信以为真，大怒要处死孙膑。如果孙膑真的死了，庞涓就没有机会拿到兵书了。于是他向魏王求情，免除死刑，代以膑刑和黥刑，挖去了孙膑的膝盖骨，在他脸上刺上了罪犯的标志，并打入大牢。

毫无心计的孙膑，不知为什么要受如此重刑，还等着庞涓来搭救他。庞涓到监狱来看他，表示这是魏王的命令，自己也无计可施。已残废的孙膑万念俱灰，几次想自寻短见。每天都来看孙膑的庞涓不断劝阻，承诺愿意照顾他一辈子。其实，庞涓这么做的目的旨在兵书。见孙膑的状态逐渐好转，他就说服孙膑著书，将用兵之道传给后世。孙膑听后感觉很有道理，之后他就振作起来，废寝忘食，也是为了答谢庞涓，几个月之内，兵书就几乎完稿了。就在完稿的前几天，一直看守他的老狱卒向孙膑表示，他把兵书写完后，想办法把书送回他家。孙膑告诉狱卒，将兵书送给庞涓就放心了。

狱卒听后，惊讶得说不出话来。他把实情告诉孙膑，陷害孙膑的正是庞涓。孙膑听后目瞪口呆，把整件事情梳理了一篇，终于恍然大悟，才真正认清这个敬重多年的好友的真面目。愤怒至极的孙膑，将写好的兵书全部烧毁，并想好了如何应对庞涓。第二天，庞涓来到监狱，看到的是一个已经"疯了"的孙膑。

庞涓得知了孙膑已把兵书烧毁，就立刻命人把他关到猪圈里，看他是真疯还是假疯。谁知，没过多久，孙膑就在猪圈呼呼大睡了。从此，孙膑就整日待在猪圈，与猪混在一起。告诉孙膑实情的狱卒，同情他的遭遇，不忍心他这样活下去。狱卒的老伴想到了一个办法，将乌米团子（乌树叶子浸拌糯米，煮成饭后捏成小团子）做成与猪粪一样的颜色，避开庞涓的监视，保障孙膑的生活。聪明的孙膑看明白了狱卒的良苦用心，不点自明在庞涓面前演一出戏。庞涓来看孙膑时，他就笑嘻嘻抓起"猪粪"朝庞涓扔去，还抓起"猪粪"吃起来。看到孙膑兴奋吃着乌米团子做成的"猪粪"，庞涓相信他是真疯了，于是就放松了对他的监管。每天孙膑一边继续装疯卖傻，一边寻找机会逃离虎口。

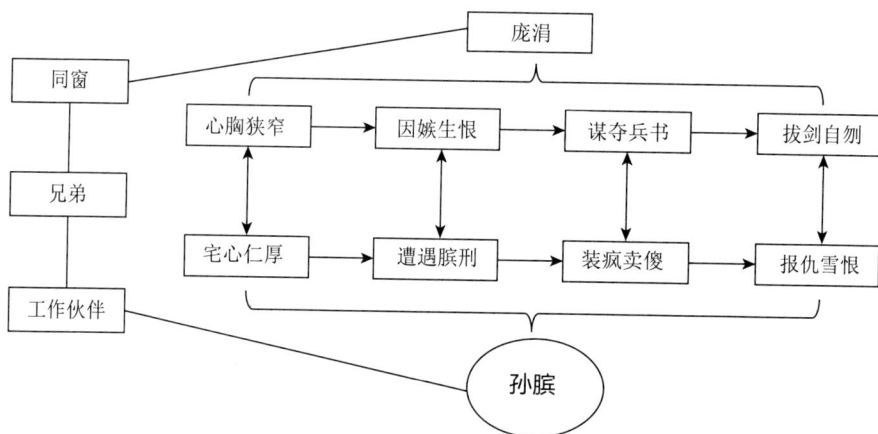

图3-3 从同窗到仇敌

孙膑与庞涓的关系经历了从同窗、兄弟到工作伙伴，从课桌上的同学到战场上的对手。当宅心仁厚的孙膑遇到心胸狭窄的庞涓，孙膑的才华让庞涓因嫉生恨，遭遇膑刑折磨。孙膑为了逃脱魔掌，装疯卖傻，确保兵书不被庞涓所得。多年后，两人在战场上相遇，孙膑凭着精妙的谋略，打败庞涓从而报仇雪恨。庞涓也为自己犯下的错误承担责任，最终，拔剑自刎。

齐国很早就有意邀孙膑入齐。有一天，齐国大夫淳于髡出使魏国，孙膑得知后，就设法以犯人的身份偷偷会见了他，向他讲述了在魏国的悲惨遭遇、自己的军事谋略和政治主张。听后，淳于髡大为感动，于是联合狱卒设计救出了孙膑。入齐后的孙膑被拜为军师，坐在轮椅上指挥打仗。公元前 341 年，中国战争史上的经典战役马陵之战爆发，一方是以孙膑为军师的齐国，一方是以庞涓为军师的魏国。孙膑利用庞涓轻敌冒进的弱点，将其引入已设好的埋伏圈——马陵，一举歼灭魏军。庞涓已知无力回天，遂拔剑自刎。

孙膑与庞涓，从同窗、兄弟到工作伙伴，这是一种典型的建立朋友圈的套路。有时候，"最亲近的朋友，也可能是最可怕的敌人"，这句话虽然有点消极，但是，在现实中也有不少的案例。当你无法看清朋友心胸狭窄，意识不到朋友已对你因嫉生恨，开始谋划打击报复你，意味着你掉进了朋友圈的"险象"中。如果你还没觉察，仍旧沉浸在对朋友的种种美好的幻想中，等待你的很可能是与孙膑类似的遭遇。

在中国的商业世界里，以朋友的名义，用情感包裹建立的"朋友圈"，从不曾缺席过商业世界的腥风血雨。众多中国企业的成败荣辱，往往是由两种版本合力展现的：一种是前台的各方利益博弈，以法律、制度确定结果；一种是背后"朋友圈"这只无形的手，从始至终左右各方的命运走向。当我们回忆一家企业或一位企业家的成长时，其战略、战术和决策通常是躺在冰冷的文字上，而朋友参与的成长里则含有脉脉温情。

要快速辨析"朋友圈"在商业中发挥的力量，简单的办法是为"朋友圈"定性，为其分门别类。我们确定三大类的"朋友圈"，以区域维度形成商会力量，比如浙商、晋商等；以商学院形成学生群体，比如长江商学院、中欧商学院等；以企业家级别形成俱乐部，比如中国企业家俱乐部、泰山会等。我们从这三大类中各选择一个案例，看看"朋友圈"是怎么搅动中国商业江湖的。

浙商，全球第一大商帮，成员达千万。2015 年 10 月 24 日浙商总会成立，阿里巴巴集团董事局主席马云当选第一届浙商总会会长，银泰集团董事长沈国军当选执行会长。这是过去 10 年，马云与沈国军多次搭档合作后再一次牵手。作为互联网行业领军者的马云、作为传统零售行业领军者的沈国军，首次交集还是在 2006 年，马云联合沈国军、郭广昌、丁磊、宋卫平等人创立高端会所"江南会"。2010 年，马云与聚众传媒创始人虞锋发起云峰基金，沈国军是其中组建人之一。

经过多次合作，沈国军成为马云在浙商中最好的朋友之一，外界称其为马云的"闺中密友"。两人最重要的合作，是沈国军联手马云推动银泰向互联网转型。沈国军算是最早一批看到传统行业与互联行业相融合的企业家，这与他认识马云紧密相关。早在 2009 年的一次公司内部会议上，沈国军提出公司要转型的想法，他表示："我觉得当所有人都蜂拥而至去做一件事情的时候，那么风险也就来了。我提出来，必须转型。同时，我跟马云也有过交流。他觉得电子商务的发展肯定会对传统的零售业带来一定的影响。"

2011年9月，天猫宣布开放平台战略，首批38家企业入驻天猫，银泰是其中之一。自此两人在公司业务上的合作拉开了序幕。2013年5月，阿里巴巴联合银泰集团、复星集团、富春集团、顺丰、申通等组建了新物流公司"菜鸟网络"，沈国军出任菜鸟网络CEO，马云出任董事长。这是两人首次搭档服务于同一家公司，这让两人的情谊上升到一个新层面，为双方后来更深入的合作埋下了伏笔。

2013年沈国军将"银泰百货"改名为"银泰商业"，同年的"双十一"与天猫合作O2O，促进线下百货和线上电商的融合。同一天，银泰商业与支付宝钱包宣布达成战略合作，成为国内首家百货连锁公司接入支付宝服务的公司。这正式拉开了沈国军与马云在公司业务上的深度合作。

2014年4月，沈国军与马云的合作达到第一个巅峰，阿里巴巴以53.7亿港元战略投资银泰商业，成为仅次于沈国军的第二大股东，银泰成为阿里巴巴唯一的深度合作对象。马云说沈国军是吴山桂，吴山桂引清兵入关，致"残明"彻底灭亡，沈国军引互联网入关，融合线上线下，推动实体零售业的重生转型。

战略投资银泰商业，对于阿里巴巴来说，是加快布局O2O，优化线上线下的打通，完善商业基础设施平台打造。基于这样一个梦想，2015年5月，沈国军辞去银泰董事会主席一职，由阿里巴巴CEO张勇接替。按照这样一个趋势，阿里巴巴将主导银泰商业的发展方向，银泰商业被纳入阿里巴巴的商业版图中，银泰商业有可能改名为"阿里商业"。这对于沈国军、马云来说都是不错的选择，沈国军把精力集中在感兴趣的互联网金融、风险投资等业务，马云的O2O之路走得更加顺风顺水。

沈国军与马云认识十多年，将早期双方的私人情谊转化为两家公司携手前行的动力，不排除两家公司最后成为一个大家庭，为传统产业与新兴产业的融合树立了一个标杆，堪称商业史上的一段佳话。沈国军与马云，一个不善言辞，一个口若悬河，他们同属于商业气氛浓厚的浙江大地，分属两种完全不同的产业，却在对方的公司寻找到嫁接点，成就了各自的精彩人生。

2009年9月8日，泛海控股以27.55亿元战略入股联想控股，成为其第三大股东。当记者问泛海控股集团董事长兼总裁卢志强如何看待此次合作，他表示："我们（他和柳传志）是相识多年，对于此次合作也是'一见钟情。'"的确，卢志强与柳传志认识多年，相识相知，志同道合。泛海控股战略入股联想控股是两人惺惺相惜的杰作。联想控股是一家国有企业，泛海控股是一家民营企业；联想控股以IT为主，泛海控股以金融、房地产为主，两家企业走到一起还是让人感到有些意外。这种看似意外又变得合情合理，一条重要的线索就是，卢志强与柳传志的私交。在这私交背后就不得不提一个组织——泰山会。

1993年，泰山会在山东成立，于是取名为"泰山"。初创会员认为泰山是五岳之尊，以泰山取名，代表中国民营企业家的高度，算是中国最早的企业家俱乐部之一。泰山会组建时，卢志强与柳传志开始认识。按卢志强所说："我跟柳总确实是在20世纪90年代泰山会组建的时候相识，而且联想及当年的四通，都是我们学习的榜样。1983年科技体制改革以后，我在山东当过工人、当过工程师，也在科委机关工作过，受北京的影响是很大的。北京出了四通和联想，是中国科学院组建的创业公司，对我们当时成立泛海有很大的示范效应。所以我一直说泛海了解联想，因为选择了榜样，肯定是了解榜样的。"至少，在这里就能看出，卢志强很早就想结交柳传志，对联想很佩服。

泰山会一个很大的特征是低调神秘，外界鲜有报道。在民营企业中，泰山会拥有超豪华的阵容，这个阵容几乎十多年都没有变过，一直维持在16个人，包括会长柳传志，理事长段永基，会员有万通集团冯仑、泛海集团卢志强、阿里巴巴马云、复星集团郭广昌等。泰山会为外界熟悉的一件大事是拯救史玉柱的巨人集团。巨人集团倒塌之时，段永基给予援手，支持史玉柱的脑白金重振雄风。2004年1月，段永基的四通控股以12亿元买下脑白金，并给了史玉柱 20% 多的四通控股的股权。2007 年，东山再起的史玉柱在公司提出"说到做到"的理念，这一理念正是来自泰山会的成员柳传志亲授。

在泰山会里，卢志强与柳传志可谓是一对非常特别的互帮互助的好兄弟。2004 年左右，泛海控股一举签了很多土地，令他们措手不及的是遭遇了"8·31"大限（当年国土资源部、监察部规定，8 月 31 日后，不得再以历史遗留问题为由采用协议方式出让经营性土地使用权，国有土地使用权必须以公开的"招标拍卖挂牌"出让方式进行），泛海控股资金链发生危机，柳传志带领联想及时出资帮助解决了危机。

2009 年，泛海控股战略入股联想控股，有报恩、援助联想这样一个意思。2009 年下半年，全球经济处在大危机的背景下，整个 PC 行业处于下滑的周期，联想的业绩不尽如人意，面临严峻的挑战。泛海控股以真金白银交易联想股权，为联想调整战略、重新布局提供充裕的"子弹"。联想控股牵手泛海控股，还有更深一层意义上的考虑，就是引入民营资本，有助于优化联想股权结构，完善法人治理结构。

不管是从短期的财务考虑还是长远的战略布局，联想控股牵手泛海控股都是一笔划算的买卖。对于这样一场交易，卢志强表示："经过十几年长期的积累，基本上联想把泛海看透了，泛海也把联想看透了；柳总把我看透了，我也把柳总看透了。"这样一句接地气的话，既道出交易桌面上的商业原理，又融入交易背后的情感因子。

在商业世界里，有很多时候，"同学"与"朋友"可以画等号，你的同学圈里有朋友，你的朋友圈里有同学，已经很难将两者完全隔离开。商学院有一种魔力可以将"同学圈"与"朋友圈"混搭在一起。在这样的圈子里，不管是以朋友还是同学称呼，总之当你出现危机时，以商学院主导的圈子里，都会释放出意想不到的力量。这种力量未必能扭转乾坤，但是总能延缓危机，给予你足够的时间调兵遣将、排兵布阵、纠正错误。

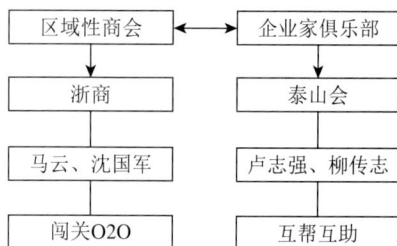

图 3-4 以朋友的名义

区域性商会、企业家俱乐部成为中国商业社会"朋友圈"的代名词，绝大多数企业家的朋友都活跃在这三个圈子。作为全球第一大商会的浙商，浙商核心成员的马云与沈国军的结盟，为中国零售行业、互联网行业闯关 O2O 提供了样本。作为企业家俱乐部中最低调的泰山会，成就了卢志强、柳传志的情谊，对方的公司在危机时给予资金帮助。

商业投资应该是基于理性的分析和实际的考量，希望上面这几个个案都是经过深思熟虑的战略决策，而不是纯然的讲究关系。否则，再强大的圈子，再深厚的感情，要是投资的前景黯淡、风险巨大，是否还要看在面子、感情上，还要无原则、无底线地出手相助？这可能会造成不好的结果，不但不能救对方，也可能会把自己搭进去，这也正是我们要警示的"朋友圈"险象。朋友圈里也经常出现互相借贷产生矛盾的例子，也有许多企业因为联保而产生连锁性的灾难，这也是值得我们警惕的。

● ○ ○ ──────────────────────────── **牛根生：10 亿元的救急**

2008 年 9 月，"三聚氰胺"事件曝光，三鹿遭遇灭顶之灾，还有一家公司差一点走到更换国籍的份上，这就是牛根生的蒙牛乳业（集团）股份有限公司（以下简称"蒙牛"）。1999 年，从伊利实业集团股份有限公司（以下简称"伊利"）出走的牛根生创办蒙牛，5 年之后，蒙牛在香港上市。直到 2008 年，成立近 10 年的蒙牛一直处于高速发展中，这离不开大量外资的支持。早期，摩根士丹利、英联、鼎辉曾先后向蒙牛注入了约 5 亿元人民币资金。为了更好获得外资资金，还有一个办法，将公司的股份抵押给外资投行。

在"三聚氰胺"事件之前，牛根生将持有的 4.5% 的蒙牛股份抵押给摩根士丹利。可是随着"三聚氰胺"事件的爆发，蒙牛股价暴跌。9 月 23 日，蒙牛在港交所复牌，当日即暴跌 60.25%，时任蒙牛总裁的牛根生和其他一些高管持股市值单日缩水就达 49.4 亿港元。股价下挫后，导致原先抵押的股权价格已经严重与价值不符，迫使牛根生必须要及时补足，否则被抵押的股票被动出售，蒙牛将面临外资并购风险。9 月 25 日，瑞银大量增持蒙牛股票，持股比例达到 12.23%。如果有人再收购蒙牛抵押在摩根士丹利手中的股权，外资就很容易取得蒙牛的实际控制权。

进入 10 月，牛根生参加了一场知名的企业家聚会，包括柳传志、傅成玉、俞敏洪等行业内领袖。他们的焦点都聚在"三聚氰胺"事件上，质疑蒙牛的产品是否也存在同样的问题。牛根生把蒙牛的困境告诉在场的各位企业家："蒙牛正在遭受前所未有的危机，在遭受牛奶下架、股价暴跌的连续打击之后，陷入现金流危机的蒙牛将可能被外资恶意收购。"

现场的企业家，听到牛根生讲述蒙牛的困境后，出于对牛根生的信任，表示愿意出手相救。就在当晚，柳传志召开联想控股董事会，48 小时之内就将 2 亿元人民币打到了老牛基金会的账户上。新东方董事长俞敏洪，打到账户 5000 万元人民币。分众传媒的董事长江南春为老牛基金会准备了 5000 万元人民币救急。连中海油总经理傅成玉也亲自打电话询问，并准备 2.5 亿元人民币，同时，还派人到企业了解情况，并承诺什么时候需要什么时候取。

此外，田溯宁、马云、郭广昌、虞峰、王玉锁等后来也都打电话，表示随时随地给予资金支持。还有香港的欧亚平联系王兵等长江商学院的同学，买了许多蒙牛股票，以拉升股价。早期预订访问蒙牛的周其仁教授，在事件发生后，他表示，预定行程不变，率团带来 40 位经济学家。

根据香港联交所交易记录，自 9 月 11 日内地三鹿婴幼儿奶粉事件曝光后，外资银行买卖蒙牛乳业股份显得十分活跃，一个月内大宗交易就有 15 起，当中瑞银 10 起，摩根大通也有 2 起。截至 11 月 3 日，香港联交所显示，摩根大通加上借出在内的所有股权为 9.78%，花旗为 8.8%，瑞银为 12.23%，而未来资产环球投资 (香港) 则持有 4.54%。这几家机构持股份额之和已超过了蒙牛管理层方面所持股份。只要摩根士丹利将 4.5% 质押股权卖掉，蒙牛就会落入外资手中。

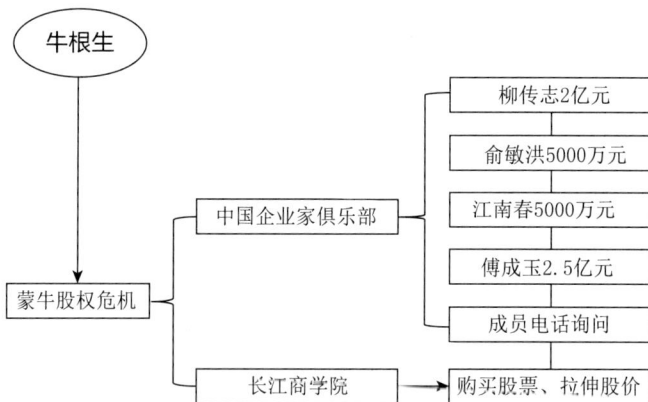

图 3-5 "牛、圈"的市场价值

当蒙牛处于股权危机的关键时刻，牛根生参加了中国企业家俱乐部一次内部聚会，讲述了蒙牛的困境。在座的企业家听后，当晚就给予资金上的支持，包括柳传志、俞敏洪、江南春、傅成玉等，还有一些中国企业家俱乐部成员打电话询问，表示随时给予资金支持。牛根生的另一个圈子长江商学院，在资本市场上通过购买蒙牛股票给予支持。

就在第二天（11 月 4 日），网易独家发布牛根生于 10 月 28 日写的《中国乳业的罪罚治救——致中国企业家俱乐部理事及长江商学院同学的一封信》求援的"万言书"，让外界了解到，牛根生是怎么化险为夷、解决资金困境的。据统计，牛根生获得近 10 亿元人民币的支援。在这封信中提到的"中国企业家俱乐部"正是牛根生背后华丽得让人羡慕的"朋友圈"。

创办于 2006 年的"中国企业家俱乐部"可以说是中国顶级的商业圈子，里面的董事皆是中国各行各业的商业领袖。俱乐部成员包括：中国顶级的经济学家吴敬琏、张维迎、周其仁，中国杰出的外交家吴建民和中国全球化的代表人物龙永图，以及最孚众望的商业领袖——联想的柳传志、海尔的张瑞敏、中粮的宁高宁、招商银行的马蔚华和万科的王石、TCL 的李东生、阿里巴巴的马云、蒙牛的牛根生、吉利汽车的李书福、复星集团的郭广昌、分众传媒的江南春、用友软件的王文京等。数据显示，俱乐部的理事直接控制和管理的公司每年共创造超过 2 万亿元人民币的销售收入，相当于一个省的 GDP 规模。

牛根生及时获得中国企业家俱乐部董事的支持，向外界展示朋友圈的巨大能量、商业圈子的温情。牛根生以长期以来积累的人脉、魅力、实力，赢得圈内人的认可，同时还打起了民族牌。不管是个人感情还是家国情怀，牛根生没有理由得不到朋友的支持。换个角度，患难见真情，圈内人共同努力解决蒙牛的危机，强化圈内人的感情，让彼此更加团结，使整个圈子变得牢不可破。直到今天，中国企业家俱乐部仍是中国顶级的商业圈子。

综 述

·················· ❋ ··················

　　我们的许多朋友，都是从小时候、学生时代就认识，长大后，朋友的感情被外部环境绑架，逐渐变质，曾经最信任、依靠的朋友，反而成为对你伤害最大的人。正是由于这种从小培养起的感情，往往让我们不好意思拒绝朋友，忽视朋友可能带来的危险。

　　孙膑与庞涓的关系形成、建立在成为朋友最重要的两个渠道，学校和职场。从学校进入"职场"后，面对权力的诱惑，庞涓放弃同窗之情。孙膑既没有看清庞涓的真面目，也不熟悉"职场"上残酷的规则，忽视了自己可能对庞涓构成的威胁。随着两人在"职场"中进入到敌对关系，特别是对方无视道德底线，所谓"朋友"就成了幌子，甚至让你掉以轻心。所以，当孙膑知道真相后大为惊讶。孙膑的遭遇留给后人一个朴素的道理：从任何情感层面上发展出来的朋友关系，如果朋友的人格经不起考验，彼此的关系就会产生质的变化，而产生令人意想不到、不胜唏嘘的结果，当你们处于职业上的对立面时，你可要小心了！

　　企业家的社会关系标签，怎样都逃不开植根于出生之地的商会、企业家俱乐部、商学院的同学这三类。衡量企业家的能量，一是他掌握的金融财富，二是他的社会关系资源，"朋友圈"的质量可以量化企业家的社会关系资源。特别是当整个国民经济不景气，行业变革、技术迭代的时候，企业随时可能陷入危机，这时，企业家的"朋友圈"就变得尤为重要。马云与沈国军联手闯关O2O，联想依托"朋友"的资金来摆脱危机。这些案例都面临着一样的现实，企业处在转型、变革的关键阶段，"朋友圈"赋予的价值，通过情感纽带节约企业的运营成本、沟通成本、时间成本，有助于他们更快把握住时机，提前锁定未来。

你的职位、所在的企业，决定你"朋友圈"的含金量。你的职位越高，越需要"朋友圈"，"朋友圈"含金量越高。作为领导人，尤其是行业领头羊中的领导人，你更需要有一个非同一般的"朋友圈"。这个"朋友圈"价值发挥的关键点是，圈内朋友有难时可以得到支持。中国企业家俱乐部对牛根生的援助，让我们看到一幕精彩、感人、奢侈的友情。整个商业世界的不确定性和跨界频繁，打破行业规则，使领导人无法预知对手的偷袭，这让"朋友圈"变得更加珍贵。领导人需要在有限的时间里，借助"集体"的力量，抵御对手不怀好意的进攻。

竞争残酷的商业世界，正是因为友情的存在，从而多了一份温暖、迷人和传奇。友情从来都不是商业中的小角色，从微软、苹果到阿里巴巴、海尔背后都有一段弥足珍贵的友情。多少年过去，你的财富、地位会变化，但当初那份朋友携手奋斗沉淀的感情会牢牢驻扎在心底。创业浪潮席卷中国的当下，友情更是串起了信任、机会和资本，为创业者铺设一条通往成功的捷径，为未来的商业世界创造更多可能。

险象 4 → 孤独的险象

我是孤独的，我是自由的，我就是自己的帝王。

——康德

一个幸福晚年的秘诀不是别的，而是与孤寂签订一个体面的协定。

——加西亚·马尔克斯《百年孤独》

生命从来不曾离开过孤独而独立存在。无论是我们出生、我们成长、我们相爱还是我们成功失败，直到最后的最后，孤独犹如影子一样存在于生命一隅。

——蒋勋《孤独六讲》

● ○ ○ ──────────────────────

孤独不是坏事。领导人孤独的时候才能静下心来深刻地思考，有自由意志地不受干扰地思考，独立地进行内心思想的交战，最后做出全面而准确的判断。在这个过程中，他必须面对孤独、驾驭孤独，甚至是享受孤独，喜欢思考的哲学家、政治家和企业家都有孤独的倾向并懂得如何在孤独中思考和工作。蒋勋说："孤独是生命圆满的开始，没有与自己独处的经验，不会懂得和别人相处。"

俄罗斯总统普京曾说："有一种说法，我也比较赞同，就是最高层政治家的孤独。"他指出，"**最高层政治家不应当让任何人接近自己，无论任何人都不行。不应当拥有自己的宠儿，而且不应当建立在个人好恶的基础上做最终决定，而是应当在专业和公正分析的基础上做决定，同时准备为所做的决定承担责任**"。

华为的任正非被称为"沙漠里的孤独狐狸"，他几乎从来不见媒体，不参加任何评选、颁奖活动，甚至华为的宣传活动他都一律拒绝。他在接受《中国企业家》访问时说："我为什么不见媒体，因为我有自知之明。见媒体说什么？说好恐怕言过其实；说不好别人又不相信，甚至还认为虚伪，只好不见为好。因此，我才耐得住寂寞，甘于平淡。我知道自己的缺点并不比优点少，并不是所谓的刻意低调。"他接着说："我个人与任何政府官员没有任何私交关系，没有密切的工作伙伴；与中国任何企业家我没有往来，除了联想的柳传志、万科的王石，在20年中有过两次交往之外；也没有与任何媒体、任何记者有交往。我个人的私人生活很痛苦，非常寂寞，找不到人一起玩。**和基层员工离得更远一些，为了公司能够平衡，我得忍受这种寂寞，忍受这种孤独。**"

就像康德讲的孤独和自由的关系，精神病学家安东尼·斯托尔(Anthony Storr)也曾说："**唯有在孤独中，我们才能深入内在的心灵花园，体验到那种忘形的一体感。**"

领导人倾向于孤独是一种常态、一种现实。至于领导人为什么会有这种倾向，有以下几个原因：

（1）领导人的境界和思维比跟从者更高、更深、更远，跟从者跟不上，也谈不到同一个层次。

（2）领导人已经发现了问题的本质，而跟从者还被表象所迷惑。

（3）领导人已看到了危机，而跟从者仍然还懵然无知。

（4）领导人讲述的观点，下面的人听不明白。

（5）领导人刻意和周围的人保持距离，不想被干扰和影响。

（6）领导人喜欢深刻地面对自己，不喜欢在未有定见之前和别人分享意见。

（7）领导人有许多信息和心中想法（例如：恐惧）不愿透露给别人。

孤独可能会造成什么险象呢？领导人可能会：

（1）自以为是，没有听取别人的意见，成为"独夫思考"，下属也会和领导人保持距离，使领导人觉得孤单无助。

（2）脱离实际情况，调研不深入，影响思考的质量。

（3）在决策上会刚愎自用。

（4）坐困愁城，感觉精神压力过大，没有办法跟别人分享心中的痛苦和寂寞，会影响领导人的身心健康和正常生活。

（5）难以营造很好的沟通效果，不利于团队建设。

（6）造成下属对领导人的依赖。

（7）领导人若承受不了孤独而妥协和讨好，可能会导致做出受欢迎但错误的决策。

面对孤独，领导人要有强大的内心才能将孤独的正能量放大，不要让孤独的负能量影响领导人的领导效果。能够承受孤独而又不感觉寂寞的领导人，最有可能进行高质量的思考和探索，最有可能产生深刻、具有创造性、让人耳目一新的观点和战略决策。

《百年孤独》的加西亚·马尔克斯也认可孤独在领导人身上的作用，他有一段比较玄乎的描述："**平庸将你的心灵烘干到没有一丝水分，然后荣光才会拨动你心灵最深处的弦。预感总是倏然来临，灵光一现，好像一种确凿无疑的信念在瞬间萌生却无从捕捉。**"

蒋勋在《孤独六讲》中说他是喜欢孤独和享受孤独的。他说："**孤独是一种沉淀，而孤独沉淀后的思维是清明。静坐或冥想有助于找回清明的心。因为不管在身体里面或外面，杂质一定存在，我们没办法让杂质消失，但可**

以让它沉淀。杂质沉淀之后，就会浮现一种清明的状态，此刻你会觉得头脑变得非常清晰、非常冷静。"

孤独的人也需要勇气，当经历了孤独而产生了独立观点时，领导人要有勇气"断贵独"，坚持自己的观点去作决策。

当大家众说纷纭的时候，孤独一下；当大家都人云亦云的时候，孤独一下；当大家都愁云惨雾的时候，孤独一下；当大家都兴高采烈的时候，孤独一下。孤独是冷静，是沉淀，是独立，是自由，是专心一致，是不被干扰。孤独的状态是领导人的一种常态。只要跟孤独签上一个"体面的协议"，我们就能面对孤独和享受孤独。

案 例

● ○ ○ ─────────────────────────────── 汉武大帝：巫蛊之祸

　　每当人们提到皇帝时，总会与"孤家寡人"这样一个成语联系起来。中国历史上，皇帝具有至高无上的权力，这种权威、特殊性，造就他们成为最孤独的一类人。再加上一个时间，皇帝的老年，更是将这种孤独推向极致。进入老年期的皇帝，受生理、心理影响，孤独的阴暗面开始滋生并被扭曲，往往会做出错误的决策，造成难以挽回的损失。即使历史上被公认的明君圣主，也逃不出晚年孤独的陷阱。晚年的皇帝最常出现的是多疑和对自己身体衰弱的无能为力，这其中非常典型的皇帝，当属汉武大帝——刘彻。

　　汉武帝堪称"雄才伟略"：政治上，发展了封建专制主义的政治体制；军事上，多次派卫青、霍去病出击匈奴，屡获大捷；外交上，命张骞出使西域；文化上，废黜百家，独尊儒术。汉武帝的"成绩"创造了中国历史上第一个盛世——"汉武盛世"。可是到了晚年的汉武帝，犯了中国皇帝们的通病——追求长生不老。这带来的后果，担心生病，认为是别人用巫蛊之术（用桐木刻成仇人模样，插铁针于其上，再恶语诅咒后埋于地下，传说能使仇人罹祸）诅咒他才导致得病。这引发汉武帝人生的一大悲剧：巫蛊之祸。

　　汉武帝晚年，巫蛊之术盛行。"巫蛊之祸"始于征和元年（公元前92年）冬至征和二年春（公元前91年）。当时丞相公孙贺为儿子赎罪，以抓捕阳陵大侠朱世安为条件弥补儿子的罪行。朱世安被抓后，为报复公孙贺，在狱中还给汉武帝上奏折，主要内容是说公孙贺的儿子公孙敬声与阳石公主（卫皇后的女儿）私通，公孙贺在皇上经常出入必经之路埋了木偶，用恶言诅咒皇上。汉武帝知道后要求严查，私通属实，并查到公孙贺的妻子埋了小木人。最终，公孙贺全家被杀，接着许多皇亲国戚都被杀，包括诸邑公主、阳石公主和卫青的长子长平侯卫伉等。

公孙贺的个案变成一群人的灾难，而这只不过是巫蛊之乱的开始。巫蛊之乱扩大化背后主使者是一个汉武帝宠信的酷吏——江充。这时的汉武帝已年老体衰，随时都会驾崩，太子刘据将继位。在处理公孙贺案时，江充已得罪了太子、皇后，担心太子继位后被杀。于时，江充想利用汉武帝的多疑，把巫蛊引向太子刘据。

由于刘据性格和顺谨慎，和汉武帝性格有着不小的差别。汉武帝觉得刘据不像自己的儿子，太子逐渐受冷落，特别是在卫青病逝后，太子的地位更是岌岌可危。征和二年七月，甘泉宫避暑养病的刘彻怀疑周围有人用巫蛊诅咒他。江充知道皇帝的心思，就让胡巫檀何对皇帝说："宫中有蛊气，不除，皇上的身体始终不会好。"接着江充带领人马，先从后宫嫔妃处开始搜查，依次延及太子宫、皇后宫，到最后，皇后、太子连安床之处都没有了。挖完木人后，江充对手下说："在太子宫挖出的木人最多，还有很多帛书，都是大逆不道的咒语。我马上要奏报皇上。"

刘据知道江充要诬陷自己，可是皇帝却对江充很信任，这让他不敢去找皇帝澄清。于是，他找太子少傅石德，石德说："公孙贺丞相父子、两公主及卫氏皆因此致祸，如今巫师和江充掘地得到证据，不知是他们预先放置的，还是真的就有，现已无以自明。如今之计，只有先假传皇帝诏令，收捕江充等入狱，再严加审问，查出其奸计。况且，陛下现在甘泉宫养病，皇后和家吏请安问候都无法奏报，陛下生死存亡亦未可知，奸臣如此嚣张，难道太子忘了秦朝扶苏的教训了吗？"

刘据采用石德的建议，派门客佯称皇帝使者，一举处死了江充等人。接着他派心腹将情况告诉卫皇后。卫皇后让他把江充的余党全部除掉，于是将皇后御厨车马射士派给他，打开宫中武器仓库，将武器发给士兵，搜捕江充党羽，造成长安大乱。汉武帝了解情况后，知道儿子不是长有反骨的那种人，说："一定是太子害怕了，又恨江充无状，才会有此变故。"于是，派了一个宦官召太子来甘泉宫做解释。不巧的是，这个宦官一直打太子的小报告，怕太子会杀他，他就不敢去见太子。

他回来谎称："太子已经造反，还想斩臣下，我是逃回来的。"刘彻听后大怒，派兵镇压太子的部队，调集兵马进军长安。两方的军队在长安大战五日，以伤亡数万、刘据战败逃出长安结束。随后，汉武帝将太子一家、太子门客、少傅石德等几乎杀尽。汉武帝还把皇后玺绶收回，随之皇后自杀而亡。没过多久，太子行踪被发现，在走投无路的情况下，自杀而亡。

随着太子一家死亡殆尽，汉武帝开始反思，再加上大臣的上书，重新派人调查"巫蛊之乱"。一年之后，汉武帝了解了事情的真相，知道太子无辜，全都是江充利用巫蛊陷害太子。于是，汉武帝诛灭了江充家族，将江充同党苏文烧死在黄门外的横桥柱上。汉武帝为了表达对太子的愧疚，在太子殉难处，修筑了"思子宫"和"归来望思台"。

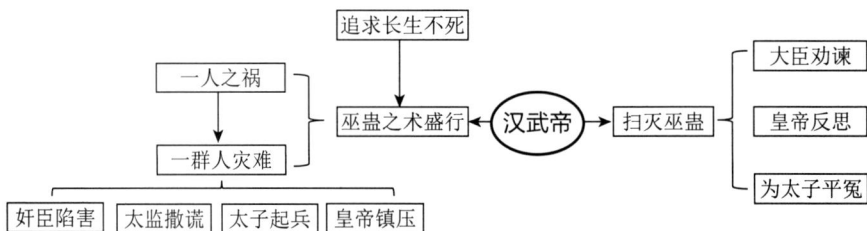

图 4-1 "孤家寡人"的晚年之失

> 晚年汉武帝追求长生不老，造成巫蛊之乱。巫蛊之乱初期，原本只是一个罪犯引发了丞相一家的灾难。但在奸臣的陷害下，巫蛊之乱从宫外引入宫内，太子却成了罪魁祸首，被迫起兵造反，导致一群人蒙难。太子死后，丧子丧妻的汉武帝清醒了，在大臣的劝谏下，为太子平冤，彻底清除巫蛊之祸。

"巫蛊之乱"造成的老年丧子、丧妻一直让汉武帝陷于深深自责与忏悔中。征和四年（公元前 89 年）三月，刘彻登泰山封禅时，召见群臣说："朕自即位以来，所作所为甚狂悖，使天下愁苦，今追悔莫及。从现在起，凡有伤害百姓，靡费天下财物的事情，一律停止。"两年后，汉武帝后元二年（公元前

87年）二月十四日，刘彻驾崩。

汉武帝年老体弱、闭目塞听、听信谗言，这些都是造成一个人不能忍受孤独和寂寞的原因，从而会产生不安全感和不自信感，以致做出错误的判断，造成追悔莫及的结果。

1986 年的某一天，已经闭关近百天的史玉柱终于成功了，研发出电脑软件 M-6401，赚取了人生的第一个一百万元。当他把这一成功跑着分享给妻子时，妻子却留给他一张纸条："我们离婚吧！"一个只想过普通生活的女人与一个雄心勃勃想做大事的男人组成家庭，这段婚姻想要走下去很难。离婚之后，消沉了一段时间的史玉柱开始将所有精力集中在事业上，1991 年创办了巨人公司。

1992 年，成立不到两年的巨人集团，资本金已超过 1 亿元，流动资金数百万元，成长为中国电脑行业的领军者。巨人集团的掌门人，仅仅只有 30 岁的史玉柱第一次站到事业的巅峰，被评为"中国十大改革风云人物""广东省十大优秀科技企业家"。这时史玉柱决定要建巨人大厦，早期的计划是建 38 层。

1992 年下半年，一位中央领导人来巨人视察，并参观巨人大厦的工地，他对史玉柱说，这座楼的位置很好，为什么不盖得更高一点？这句话，让史玉柱改变了主意，他将 38 层升到了 54 层。没多久，有消息传来，广州要盖全国最高的楼：63 层。之后有人建议史玉柱要将楼建成 64 层，成为全国第一高楼，为珠海争光。最终，1994 年初，巨人大厦定在 70 层。

根据巨人大厦早期的规划，38 层的大厦，需投入资金 2 亿元，工期两年，这对于史玉柱来说并没有多大问题。当 38 层变成 70 层，预算变成 12 亿元，工期延长到 6 年。只是到了第 4 年，巨人集团的危机就全面爆发了。

1993 年，西方国家向中国出口计算机禁令失效，康柏、惠普、IBM 等电脑公司涌入中国，巨人集团的好日子自此结束了。有危机意识的史玉柱，提出巨人"二次创业"的总体目标：跳出电脑产业，通过扩张向产业多元化转型。

在向多元化产业转型的过程中，巨人集团的财务危机浮出水面。许多人看到，已陷入困境的巨人集团，无法再向巨人大厦输血。好事不出门，坏事传千里，一传十，十传百，几乎珠海市的每个角落都在传巨人大厦无法完工的消息。当年，买了巨人大厦楼房的债权人，开始涌进巨人集团要房子，可当时巨人大厦只是才完成了地下工程。

1997年1月12日，在巨人集团总部，巨人集团的代表律师对闹事的数十位债权人和基于爆料的诸多媒体记者表示："如果你们不想解决问题而是来闹事，你们就闹去，作为企业行为，任何事情向社会曝光都没问题。如果你们要曝光，可以先曝光，然后再谈，我们不怕曝光。"巨人集团仅安排律师出面调停，各种关于巨人集团的不利言论频出。但是，此时的史玉柱却保持了沉默，拒媒体、债权人、管理层等外界于千里之外。

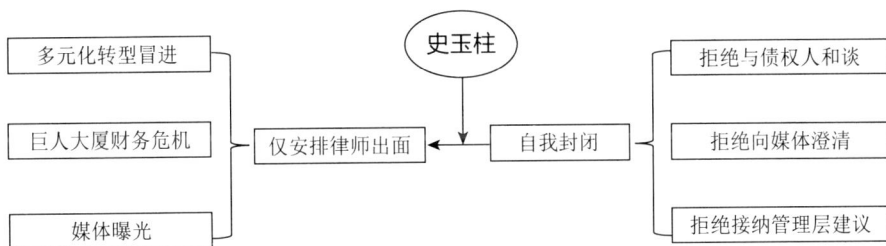

图 4-2 窒息的"史氏空间"

巨人集团出现债务困境后，史玉柱性格使然，一再拒绝与合作方、媒体沟通，不接纳管理层的建议，仅安排律师出面解决所有问题。自我封闭的史玉柱一意孤行，将一个原本并不大的企业困境变成无法化解的危机。

吴晓波在《大败局》中这样记录："在那些腥风血雨的日子里，史玉柱一直躲在巨人集团总部四层的总裁办公室里。史玉柱将办公室、书房、卧室、会议室、秘书室集于一体，构成了一个封闭的300平方米的'史氏空间'。当危机全面爆发的时候，史玉柱就躲在这个'孤岛'上，拉下所有帷幕，拒绝与任何外界接触，整日在不见一丝阳光的大房子里孤寂地枯坐。"

和巨人集团疯狂地砸广告不同，史玉柱本人很低调，深居简出，不善于和外界打交道，甚至很少看到关于他有什么朋友的报道。做重大决策的时候，他总是把自己关起来，一个人冥思苦想。由于在办公室来回走动，办公室的地毯变得坑坑洼洼。在平时，史玉柱这种状态、性格不会带来多少负面影响。可是，当巨人集团的形象首次在媒体接连不断地报道下已损失殆尽的情况下，史玉柱仍然无动于衷，没有一次与外界对话。

他曾对对巨人集团还抱有一丝希望的员工说，"我们不必主动去找任何一位记者，我们的名声已经这样糟了，坏到了不能再坏的地步，还能怎样？"其实，当时巨人集团的危机没有报道的那么严重，只要 1000 万元就能解决问题。1000 万元就能让停滞的巨人大厦再次启动，债权人就安心了，诸多矛盾就能慢慢化解，然而史玉柱拒绝向外界求援。那时候，巨人集团还有 1.2 亿元良性债权，但是最后也没能收回。

本来有两次机会，让巨人集团走出困境，史玉柱都没有把握住。除了巨人集团本身的管理问题，更为关键的是，史玉柱"孤傲、清高、不愿低头"的性格。在巨人集团晚期的常务副总裁王建曾评价史玉柱说，"他最大的缺点是清高，最大的弱项是与人交往。"

和汉武帝的多疑与追求长生不老不同，史玉柱的孤独主要表现在内向、孤傲、不喜欢跟别人讨论自己所面对的问题，只是独自一人想方设法、坐困愁城。这可能是性格的问题，也可能是习惯的问题。总之，孤独的险象在史玉柱面对危机的时候副作用大过正能量。

宗庆后：祸福相依

1991 年，杭州娃哈哈集团有限公司（以下简称"娃哈哈"）一个叫胡文雄的业务经理去哈尔滨开拓市场。他在哈尔滨尝试了一种新方法，向当地经销商许诺，给对方 3 个月的时间，去推广娃哈哈的产品。如果经销商不成功，可以无条件将货退给娃哈哈，娃哈哈会给予经销商相应的损失。这对于经销商来说，是一笔很划算的买卖，于是他们就卖力去跑销售。3 个月之后，让胡文雄与经销商惊喜的是，娃哈哈产品大受欢迎。哈尔滨的火爆销售带动了整个东北市场，之后众多经销商找上门来。这件事让宗庆后意识到建立自己的销售网络的重要性，自此娃哈哈建立了一个全国性的如蜘蛛网的销售网络，覆盖到中国各个角落。

娃哈哈采用的销售模式，简单讲就是"先发货，后付款"，娃哈哈先为经销商垫付货款。有的经销商会拖两三天付款，有的可能会拖两三个月。考虑到市场销售，但是，娃哈哈已经失去了对某些大经销商的控制，被拖欠的货款已超过 1 亿元。除此之外，这些大经销商随意涨价，破坏娃哈哈的游戏规则，损害了娃哈哈的品牌利益。

1993 年底，经销商欠款恶化到影响公司的生死存亡，这让宗庆后无法再忍。他表示："这么好的产品，交给谁卖都会赚钱，你赚了钱，却不能顾及企业的发展，这样的经销商我宁可不要！"宗庆后开始对经销商硬起来，思考必须拿出"款到发货"的方法，消除经销商欠款的危机。习惯旧模式的销售经理认为宗庆后的想法不可行。

有个叫丁培玲的经理表示："这个钱不回来的话，你不发货啊？你不发货生意没了，市场也没有了。"宗庆后命令她："必须得这么做，不款到发货，我们就会死。一开始肯定会遇到问题，只要坚持下去，后面会慢慢好起来的。"宗庆后凭借自己对市场的敏锐度、独一无二的商业嗅觉，认定他的决策是正确的："凡是我认定的东西，不管有多少人反对，我都会坚持，都会顶住。因为我预见了前面的风景，看透了未来的关窍在哪里。而这种预见，这种看透，并非偶然，它们建立在我对市场的无数次缜密而细致的观察、调查和思考之上。"

在战略上，宗庆后以强硬，甚至是孤注一掷的气势，下定决心解决经销商欠款问题；在战术上，宗庆后集合众人的力量，拿出具体的解决办法。在整个方案制定过程中，宗庆后一方面高高在上，毫不退缩；一方面又与经销商打成一团，极力沟通劝谏。经销商表示："你这个不行，没有你这么干的，你这么干的话，我们就不做你的货了。"宗庆后对他们说："你不做我的货，我也得这么干！我也是没办法啊。你先别着急，听我把道理给你讲讲。"

虽然他苦口婆心把道理讲给经销商听，但是经销商并没领他的情。可是他已决定的事，没人能改变。他相信只要娃哈哈的产品好，有市场，有钱赚，经销商早晚都会接受新的销售模式。于是，宗庆后放手一搏，在1994年初，将新的销售模式抛给了经销商。他给这种销售模式取名为"联销体"。

"联销体"规定娃哈哈的特约一级经销商要提前付款作为保证金（即年销售额度的10%左右作为保证金一次打到娃哈哈账户上），娃哈哈为此支付利息。每月进货前，经销商必须结清货款，娃哈哈才给予发货。销售结束后，娃哈哈返还"保证金"及给予红利。另外，娃哈哈制定严格的价差体系，将各省区分公司对应的经销商统一划分一级、二级、三级，每一级都有对应的销售价格，严禁各地经销商向区域外市场销售娃哈哈产品。

1994年，"联销体"推出后遇到很大的阻碍，但这不会阻碍宗庆后的决心。他对经销商说："你不做我的货可以，我一定要做'联销体'。不按照我的模式去做，你结清我们前面的货款就可以了，我们终止合作，你的经销权就没有了。"由于"联销体"早期进展不顺，在1994年经销商大会上，订货情况只有往年60%多的增幅，而之前都是翻倍。

"联销体"推广在熬过几个月困境之后，开始向好的方向发展，经销商逐步接受"联销体"模式。进入 1995 年,"娃哈哈纯净水"在市场上大获成功,许多经销商都想从娃哈哈拿货。宗庆后对他们说:"你加入我们的联销体,我给你付利息。我们把市场做好了,你有钱赚,货也有保障。""联销体"模式最终赢得了市场的认可,后来,这种模式被很多公司学习,"联销体"逐渐成为行业内规则。

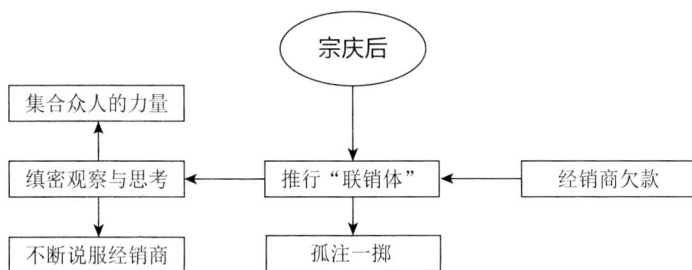

```
                    ┌──────────┐
                    │   宗庆后   │
                    └──────────┘
                          │
┌──────────────┐         ▼
│  集合众人的力量  │
└──────────────┘
      ▲
┌──────────────┐     ┌──────────────┐     ┌──────────────┐
│  缜密观察与思考  │ ◄── │  推行"联销体"  │ ◄── │  经销商欠款   │
└──────────────┘     └──────────────┘     └──────────────┘
      │
┌──────────────┐     ┌──────────────┐
│  不断说服经销商  │     │   孤注一掷    │
└──────────────┘     └──────────────┘
```

图 4-3 宗庆后的"大棒 + 萝卜"

娃哈哈遭遇"经销商欠款"的问题,宗庆后很好地把握住节奏,成功推出"联销体"解决。在公司内部,与员工讨论,让员工明白他的意图,坚决执行他的命令;在公司外部,他不遗余力向经销商解释推出"联销体"的原因,说服经销商接受。

宗庆后说:"'联销体'是娃哈哈独有的竞争优势,它的核心是为消费者提供便利,这是娃哈哈品牌竞争制胜的关键所在。"网易创始人丁磊的一件趣事证明宗庆后的这一论断。丁磊有一次带女朋友去新疆旅行,女朋友想喝可口可乐,他跑了许多店铺都没有找到可口可乐,店铺里只有娃哈哈的非常可乐。回来之后,有一次他碰到宗庆后,问他"如何把娃哈哈卖到全国各地",宗庆后告诉他,靠"联销体"。

宗庆后有很多实战经验,能够了解市场运作和经销商的经营方式,所以,当他的"联销体"提出时,虽然碰到很多人的反对和抵制,但是,他却能够独排众议。他认为,产品的质量、品牌的优势和经销商有利可图是问题的本质所在,经销商到最后一定会接受"联销体"不同以往的经营模式。这种领导人的孤独和见地是需要勇气和冒险精神的,当然,前提是宗庆后能够独立思考,而且非常有自信。孤独的险象在他身上发挥了正能量。

1992 年，华为通过自主研发的 HJD48 交换机，在短短一年内，销售额突破 1 亿元。这看起来很不错的业绩，并没有带给任正非多少轻松感。当时中国的程控交换机市场被日本 NEC 和富士通、美国朗讯、德国西门子、比利时贝尔、瑞典爱立信、法国阿尔卡特和加拿大的北方电讯共 7 个国家电信寡头瓜分，业内称为"七国八制"。在人生低谷开始创业，就喊出"中华有为"的任正非，显然不会做一个旁观者。

就在同年，解放军信息工程学院院长、年仅 38 岁的邬江兴教授，成功研发出了万门级 04 数字程控交换机，打破西方国家"中国人永远无法造出大型程控交换机"的断言。这个消息让深藏恢宏抱负和家国情怀的任正非，点燃了一腔热情，提出研究程控交换机的计划。

当时的深圳，正处于股票、房地产狂潮中，各种浮躁、投机取巧之风四处弥漫，就连科技行业内巨头四通集团、联想集团都在投资房地产。而处于这股潮流正中心的任正非，却没有让华为涉及股票和房地产。原本可以一夜暴富，任正非却投入千万资金，做可能血本无归的研发，俨然一个现代版的"堂吉诃德"。

为了更精准地确定研发方向，1992 年秋天，任正非带着几名业务精英开启了首次美国之行。在一周的时间里，他们先后参观了波士顿、拉斯维加斯、达拉斯、纽约、圣克拉拉等城市。同时，参观了德州仪器和 IBM，这两家公司分别占地 6 万英亩和 400 平方公里，这个规模让任正非大吃一惊。

任正非考察的最后一站是圣克拉拉，圣克拉拉作为美国 IT 产业、尖端工业的重心，深深震撼着任正非的心灵。到晚上，看到圣克拉拉的核心硅谷灯火通明，让他联想起正是一批一批硅谷精英、一批一批科技巨头成就了繁荣的美国。他在《赴美考察散文记》中写道："在硅谷我们的感受最深，仿佛每根脉搏都在震荡。看到了我们科研方法还十分落后，研究管理水平还十分低下，效率还远远赶不上发达国家。值得庆幸的一点是，我们的员工个人素质都不比美国公司差。因此，赶上美国，十分重要的一条就是改善管理。"

他参观纽约中心公园时，触景生情，引发对当时中国发展现状的思考，他写道："我们的国土与美国大致相等，但西藏、新疆就占去大部分，云贵高原的大山又占去一部分，余下不到一半的国土，却盛着 12 亿人民。教育经费的缺少，文化素质的低下，盲目地繁殖人口，连田边地角都挖光了，如何还有山林、草地？"

这次美国之行，让任正非从爱国之心到创业梦想都经历了一次全新的洗礼，坚定了技术立身的决心，全力进行技术攻破。他回国之后，组成以郑宝用、李一男为核心的攻关小组，以美国 AT&T 五号机为标准，研发程控交换机技术。进入 1993 年后，宏观经济调控，央行控制银行贷款发放，几家深圳银行停止了向华为贷款。本就需要巨大资金支持的程控交换机研发，一时陷入现金流周转的困难。

任正非一方面通过实施内部员工持股的方式，大家共同承担责任、利益共享；一方面以高利贷的方式向大企业借款，利息高达 20%~30%，其中有一笔 33% 的年利率融到 5900 万元，这笔资金让华为摆脱了困境。为了解决资金困境，华为内部有个政策，谁能为公司借来一千万，谁就可以不用上班，而且工资还照发。

任正非认识到这是一场输不起的战役，秉承一颗"置之死地而后生"的决心，想尽一切可能的办法，激发出员工勇往直前的信念。在一次动员大会上，任正非站在 5 楼会议室的窗边沉静地对全体干部说："这次研究如果失败，我只有从楼上跳下去，你们还可以另谋出路。"

任正非说过："每周工作 40 小时，只能产生普通劳动者，不可能产生音乐家、舞蹈家、科学家、工程师、商人……"也正是这时，被外界所熟知的"床垫文化"在华为诞生，华为人付出远超别人的时间、精力和代价。午休的时候，华为的员工直接睡到垫子上；晚上的时候，他们也不回宿舍，累了就睡在床垫上，醒了继续干。华为员工自豪地说道："床垫文化意味着从早期华为人身上的艰苦奋斗，发展到现在思想上的艰苦奋斗，构成华为文化一道独特的风景。"

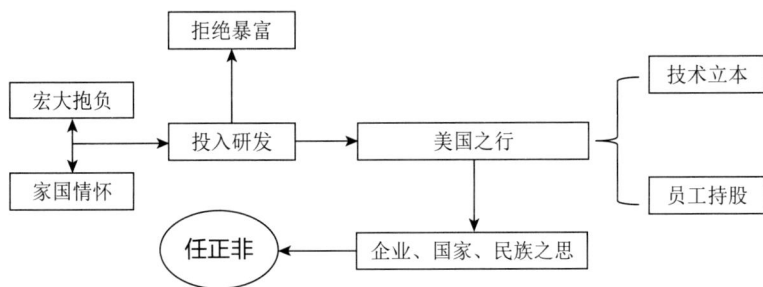

图 4-4 志在"中华有为"的任正非

　　任正非内心里蕴藏着家、国家、企业三股力量，造成他非同一般的孤独气质。早期创业以技术研发为本，拒绝外界一夜暴富的诱惑，表现出他独树一帜的思考力、前瞻性。任正非美国之行的深入反思，奠定了华为技术为本、员工持股的企业发展思路。这和他长期以来的家国情怀紧密相关，这也打开他一展宏大抱负的篇章。

　　最终，在投入了上亿元、经历了无数次失败后，华为推出了 2000 门网用大型交换机设备 C & C08 机，拥有自主知识产权。1994 年 10 月 25 日，第一届北京国际通信展开幕，华为成为中国唯一一家通信设备商，现场任正非向外界宣称："10 年之后，电信设备市场将会三分天下，西门子、阿尔卡特和华为。"就在整整 20 年后，2014 年华为实现全球销售收入 2882 亿元人民币，超越爱立信，成为全球第一电信设备商。

　　1993 年，华为推出交换机设备 C & C08 机，进入到高速发展的阶段。与之形成反差的是，随后的 10 年，任正非与华为以极为低调的形象示人。直到 2003 年，华为进入大众类通信产品领域，一些华为的广告才开始在媒体上出现。又过了 10 年，2013 年，从不接受采访的任正非，先后在新西兰与法国接受媒体采访。自此，任正非越来越多地出现在人们的视野里。在他的带领下，2017 年，华为全球销售收入预计高达 6000 亿元，远超于 BAT（百度、阿里巴巴及腾讯）的销售总和近 2000 亿元。

综　述

领导人的孤独，一不小心就可能走到"孤立、封闭"的险境，汉武帝与史玉柱就犯了这样的错误。晚年的汉武帝痴迷于长生不老，这让他与群臣之间建立了厚厚的隔离墙。在思考上被虚幻遥控、自我陶醉；在决策上专横、刚愎自用，使得小人胡作非为。当汉武帝一被孤立，他的信息就闭塞，造成对太子的误会，使巫蛊之乱不可收拾。最后，他以开放的心态，听取大臣的意见，为太子平反昭雪，这恰恰证明领导人的孤独与外界的沟通、交流是不矛盾的，而是相辅相成的。

当巨人集团处于困难期的时候，史玉柱高高在上，将自己封闭起来，把员工与客户都隔离出自己的办公空间，使得他看问题的角度停留在"办公桌"上。他缺乏与员工的交流，收不到员工的反馈意见，这让他看问题的角度变得狭窄，公司只有倒闭一种结果。一向清高的史玉柱，与客户沟通成了他的短板，原本并不算多大的问题演变成使公司破产的境地。如果史玉柱充分聆听外部不同的声音，就不用一个人绞尽脑汁想对策，状况就变得拨云见日。

史玉柱应该好好向宗庆后学习，宗庆后一方面独立思考、强行推出"联销体"；另一方面，在推广过程中积极与员工、客户沟通，保障"联销体"落地。宗庆后以"大棒＋萝卜"的方式，展示领导人的"孤独"如何在职场中燃起"熊熊之火"。如果说宗庆后的孤独是一种"大众化"，那么任正非的孤独就是一种"文艺范儿"。任正非的孤独只可远观，不可触摸，甚至无法学习到。任正非将儿子、军人、企业家三种身份融为一体，内心藏着家、国家和企业三股力量，携孤独前行，打造了屹立在行业巅峰的华为帝国。

险象 5 → 精力耗尽的险象

身体是革命的本钱。

——毛泽东

● ○ ○ ────────────────────

青岛啤酒彭作义的壮年断翼，均瑶集团王均瑶的英年早逝，还有很多领导人精力提早耗尽而出局的案例，这里就不多说了。领导人精力耗尽的可能性是非常高的，原因如下：

（1）工作量大，工作时间长。

（2）工作中的难与烦所产生的厌倦感。

（3）工作的高要求和高期望值产生的压力感。

（4）舟车劳顿。

（5）成功的企业家大多身兼数职，除企业正常的工作以外，还有行业协会的工作，政府、人大、政协的工作等。

（6）没有足够的休息时间，或者休息质量不高。

（7）生活作息没有规律。

（8）饮食不健康、营养不平衡、烟酒过量、熬夜工作、夜生活不节制。

（9）缺乏运动，缺乏休闲放松。

（10）没有养生，没有按时体检。

（11）对工作失去兴趣与热忱，甚至感觉到厌烦，每天跟自己不喜欢的人和事打交道。

（12）遇事忧虑、不安、紧张、急躁、烦恼，不能够以正确的心态面对挫折和失败。

（13）凡事想不开、看不惯、放不下，计较、揪心、纠结、生气、暴怒等。

（14）逞强、逞能、经常与人争竞，不授权、自撑、自扛。

（15）内向、不善于疏导烦恼与压力，悲观、失望、对自己失去信心，对未来没有期待，失去了工作的意义和冲劲。

这些问题的解决办法其实很直接，也并不难，只是领导人一旦工作起来就忘我，虽然知道很多调整和处理的方法，但往往很难长期身体力行。劳逸结合、张弛有序的道理大家都知道，然而，克服生活惯性与惰性的决心和能力却不强，以至于任由悲剧发生。15点中的最后5点很重要，这些大多数是心理上的因素，若这些情况可以得到舒缓和修复，领导人将会有健康的心理和阳光豁达的工作心态。当一个人能够胜任并愉快地工作，感觉到工作有意义的时候，就可以推迟精力耗尽的险象出现。

我在和企业家接触的过程中，遇到过有学生在工作现场因心脏病猝发而死亡的；有企业家中年中风，不良于思、不良于行的；有领导人因为病重而提早退休的；有经理人因厌倦了工作而意兴阑珊的；有管理者由于不能舒缓压力而郁郁寡欢的。还碰到两个年轻人，其中一个大学毕业后创业，一年后获得天使基金投资，估值不低，前景大好。小伙子意气风发，把父母从河北接来上海定居。但是他没有规律、拼命式的工作方式终于导致他在那年冬天患上了感冒。他拒绝看医生，自己买药吃，情况时好时坏。一个月后就诊时发现是肺炎，但为时已晚，在医院加护病房待了三天后撒手归西。他死后，他父母来咨询我一些如何关闭公司的事情，至今，他父母伤感的眼神和勉强的社交笑容仍然让我印象深刻。另一个年轻人是一个职业前景广阔的职业经理人，阳光精干，但因拼命工作和经常熬夜而染上了淋巴癌，经药物治疗后初愈，便急不可耐地去游泳，结果导致二次感染，最后也是医治无效而魂归天国。多可惜呀！如果他们早一点认识到精力耗尽的险象，知道珍惜自己的身体就是珍惜事业和忠于理想，知道自己对家里的一家大小都有责任，他们就一定会有更好的选择和作为，追求目标和理想的过程也一定会更加精彩。

案　例

资料显示，20 世纪 90 年代，青岛啤酒股份有限公司（以下简称"青岛啤酒"）产品主要有三个销售方向：一是出口，二是特供，三是外轮供应（外国轮船来到青岛，只要求喝青岛啤酒）。当时的青岛啤酒，依托出口、特供，定位于高端品牌。走高档路线的青岛啤酒，普通的消费者是无能力享受的。

但是进入 90 年代后期，几十家国外啤酒厂商进入中国，国内冒出近 1000 家啤酒厂。青岛啤酒的美好日子一去不回，"皇帝闺女不愁嫁"的好运就此结束，青岛啤酒在残酷的市场竞争中败下阵来。祸不单行，青岛啤酒委托投资失利，国际形象大受损失。1996 年，彭作义临危受命，任青岛啤酒总经理，承担起拯救青岛啤酒的重任。

想不到 5 年之后，青岛啤酒官方消息称："彭作义当天下班后到石老人浴场洗海澡，因心脏病突发而猝死海中。"2001 年 7 月 31 日，56 岁的彭作义下班后到青岛石老人海滩游泳，下水的时间大约是傍晚 6 点左右。但是不久，司机就发现，彭作义似乎出现了问题。当他把彭作义从海里拉到岸上，并送到医院的时候，已经回天乏力。医生最后鉴定，彭作义在游泳的时候，心脏病突发死亡。彭作义身边的人说，他从小就在海边长大，水性很好，而且身体一直都很健康，从来没有犯过心脏病。对于这次突如其来的意外，可能是因为太累了。根据基本的医学常识，饮食不讲究、过量饮酒、精神压力大、情绪长期紧张、极度疲劳等容易造成突发心脏病。平常看起来一直精神抖擞的彭作义，突发心脏病的根源归结于极度疲劳。在短短的 5 年时间里，看看彭作义所做的工作，我们就知道他是怎样的疲劳。

由于彭作义接手青岛啤酒时，青岛啤酒内外交困，从地方政府到中央，都在盯着彭作义，看他能用什么方法将青岛啤酒拖出泥潭。在这个位置上，他要面临的压力，可不是常人能承受的。可以说，从他接掌青岛啤酒起，就在身体上埋下了突发心脏病的因子。他要解除这种压力，唯一的手段，就是用实际行动，让青岛啤酒焕发容光。这种实际行动，最终把他推到死神的面前。

彭作义上任后，首先拿出的实际行动，是开展两个月的调研，确定了青岛啤酒的"金字塔"战略：塔基是拥有90%以上消费群体的大众消费市场，塔尖的高档啤酒市场所占比例则不超过10%。青啤必须从塔尖上走下来，满足更多消费者的需求。

以此为战略指导，彭作义提出"让青岛市民喝上当周酒，让全省人民喝上当月酒"的响亮口号。为此，青岛啤酒斥资2000万元购进上百辆绿色依维柯厢式运输车，奔波在山东省的各个城市之间，以"新鲜度管理"，把最新鲜的啤酒直接送到了消费者手中。按彭作义的说法，让全国各地的消费者都能像青岛人一样方便地享用最新鲜的青岛啤酒是青啤人最大的心愿。

这还只是彭作义的"小试身手"，他真正的大动作是通过一系列收购快速抢占全国市场。1998年，青岛啤酒提出了"大名牌发展战略"，在全国展开了大规模的"跑马圈地"。彭作义在任的5年里，青岛啤酒收购41家啤酒企业，这也为他在业内赢得"中国啤酒行业的彭大将军"的称号。在企业的经营行为中，收购是流程最复杂、处理矛盾最多、耗费时间最长的。而彭作义却做到平均1年收购8家企业。

这样的效率，彭作义要在怎样的环境下才能实现？要在怎样的状态下做出决断？要拿多少时间留给工作？要拿多少时间保持精力旺盛？"拼命三郎"是外界对他的一个"爱称"。人们看到彭作义在商场的冲锋陷阵，看不到他深夜时疲惫的身影；人们看到彭作义在酒桌上与同行把酒吟欢，看不到他一个人在办公室时坐愁行叹。青岛啤酒收购不成压力大，收购成了压力更大。任何一个企业家，摊上收购这种事，压力至此"不离不弃"。

彭作义摊上的这种"压力"，5年内41次叠加，要是一般人早已招架不

住。彭作义顶住了 41 次，可是他没有等到第 42 次。在这 41 次背后，彭作义
少了什么？休息、睡眠、饮食、运动……可能还有更多隐藏的疾病也已扎下了
根。他的猝死，可以让我们将那些缺少的东西归结为一点——"极度疲劳"。
5 年之内一系列收购行为，奠定青岛啤酒未来在啤酒行业的领导地位，改写了
国内啤酒行业格局，这一系列的变化，彭作义是第一功臣。

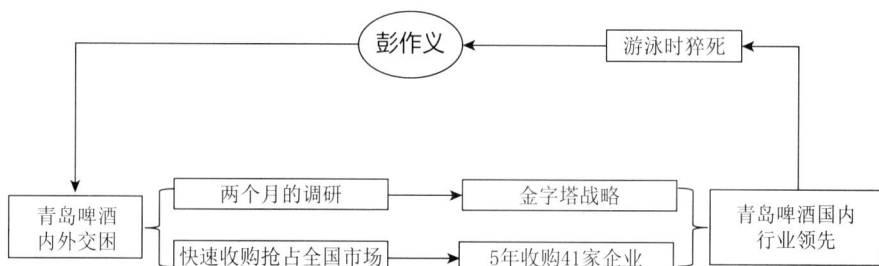

图 5-1　青啤的"拯救者"和"牺牲者"

　　临危受命的彭作义，为让青岛啤酒走出危机，先是通过两个月大密度
的调研，制定"金字塔"战略；然后确立以收购的方式抢占全国市场，这
两项工作在 5 年中严重透支了彭作义的身体。彭作义以牺牲自己的健康为
代价，换来了青岛啤酒在国内啤酒行业领导人的地位。

青岛啤酒在一份《青啤公司总经理彭作义不幸逝世》的材料上说，彭作义
"在青啤公司面临严峻市场形势"的情况下加盟青岛啤酒，他与公司董事长李
桂荣一起在研究与分析了国内啤酒市场形势和公司现状后，果断调整公司经营
发展战略，下大气力逐步建立了覆盖全国市场的销售网络，打开了青岛啤酒的
市场销路，同时积极推行了高起点发展、低成本扩张的发展战略，使青岛啤酒
的企业规模及市场份额迅速扩大，保持和扩大了青岛啤酒在国内市场的领先地
位并抢先占据了国内市场制高点，基本完成了公司在国内市场的战略布局。

2004 年 11 月 7 日 19 时 48 分，王均瑶因患肠癌，肺部感染后病情突然恶化，最终因呼吸衰竭抢救无效，在上海去世。更早之前的 2003 年 7 月 20 日，王均瑶因肠癌住院，8 月底，做了直肠切除手术。一年之后，2004 年 6 月中旬，王均瑶感到身体不适，被确诊为肠癌晚期，7 月入院治疗。这时的王均瑶仍拖着疲倦的身体去公司主持工作。

资料显示，王均瑶所担任的社会职务有：第十届全国政协委员、中华全国工商联执委、中华全国青年联合会常委、中国光彩事业促进会常务理事、中国青年企业家协会常务理事、上海青年联合会常委、上海市浙江商会会长、上海温州商会常务副会长、浙江省青年联合会常委、浙江省工商业联合会常委、浙江省青年企业家协会副会长、温州市青年联合会副主席、温州市青年企业家协会常务副会长、温州市企业家协会副会长等。一个 38 岁的企业家担任如此多的社会职务，实属罕见。

根据公司内网显示：王均瑶最后一次公开露面是 2004 年 9 月 17 日出席"上海市第十一届杰出青年"的颁奖典礼。后来，细心的人发现，这条新闻上照片的秘密，这张照片背景的大红条幅上写的是"第十一届上海十大杰出青年评选会"，而非"颁奖会"。杰出青年的评选会是当年 5 月份的事情，王均瑶并没有出席 9 月 17 日的颁奖会。所以说，自 6 月王均瑶入院后再也没有公开露面，再一次收到王均瑶的消息，就是病逝。

王均瑶患的是肠癌，这并不是绝症，是可以治好的，手术并不复杂。可是肠癌的病症并没有引起王均瑶的重视。在做切除手术时，他轻松地告诉集团同事："小手术，无大碍。"他出院的当天下午 6 点半到了公司，长嘘了一口气，兴奋地说："离开公司这么长时间，真是憋死人了，我要好好地感受办公室的气氛。"随后，他开始审阅当天的《均瑶新闻》。

　　虽然已经做过一次手术，但王均瑶并没有将健康放在心上，没有听医生叮嘱，注意饮食，定期做体检。有一次出差赶时间，他就叫秘书泡了一碗方便面，三两下吃完就拎上包匆匆出发了，临走还不忘风趣地留下了一句"味道好极了"。类似的场景，早已成为王均瑶习以为常的生活习惯。这背后，是王均瑶繁忙的工作。做了切除手术后，他仍亲率浙江商会代表团赴欧洲考察。查出复发后，他仍坚持率百名浙商上崇明岛考察，并坚持开完理事会。

　　均瑶集团西南区总经理李枝名说，"他玩儿命工作的操劳程度非常人能比……作为一个老总，方方面面的事情都要自己去打点，能不累吗？"一位早期就跟他出来闯荡的"元老"表示："跟了王均瑶这么多年从没看他开除过一个人。他事必躬亲的性格，使他过于繁忙，以至于积劳成疾、英年早逝。"从14岁开始，王均瑶就闯荡商界。经过多年的奋斗以后，从最初组建首家民营包机公司，到建立国内最大的民企液态奶企业，再到打造均瑶集团，最终形成航空、乳业和置业投资三大板块的全国性集团公司。到了38岁，王均瑶就已在全国内地各城市及香港地区拥有二十多家全资独立法人公司，集团总资产35亿元，员工4000人。

　　王均瑶最常说的一句话便是"均瑶集团要做百年老店"。有一次他还对同行说："我的梦想是做到李嘉诚那样的事业，不知能不能实现。"王均瑶不是简单地说说而已，而是拿出了实际行动。在第一次手术后，看到他马上投入到工作中的情景，足可以理解他对实现梦想的投入，这种投入是以牺牲健康为代价的。浙江电子集团总经理项青松表示："王均瑶太劳累了，他的命运很有代表性，大家都是白手起家，每天工作在18个小时左右。凌晨三四点钟起床，晚上10点以后才睡觉，不得不这么干。"

　　王均瑶又何尝不知道，仅靠一人是做不完全部工作的，而且还会对身体造成伤害。为此，他也探索让均瑶集团脱离家族式管理的模式，自己淡出管理层，把企业交给职业经理人。然而，均瑶集团当时的现状不足以支撑他实现这一愿望。据均瑶集团副总裁李涛回忆："王均瑶生前想淡出管理层，进行家族制企业改造，但最终他没能抵住来自家族各方的压力。"那段时间，员工经常看见他一个人坐在那里发呆，一坐就是两三个小时。也许，他完成家族企业改革，就能逃出死神之手。

除了家族内部的压力，王均瑶还面临外部银行的压力。王均瑶在生病住院期间，一直对外隐瞒病情，其中一个原因是，他个人生病可能会造成均瑶公司动荡，引起贷款银行的警惕。当时，有银行已经专门成立针对均瑶集团贷款的小组来评估均瑶集团的风险。均瑶集团快速扩张的主要资金支持，源于银行贷款。这些资金并没有支撑起公司的业绩，比如在乳业板块中，2004年3.5亿元的销售收入仅仅带来1000万元的净利润。在航空板块中，由于政策的限制，16亿元的销售收入仅为集团带来4000万元左右的利润。多元化的均瑶集团，面临着严峻的竞争形势，作为掌舵人的王均瑶，压力集中在他身上，迫使他必须保持百分之百的斗志。

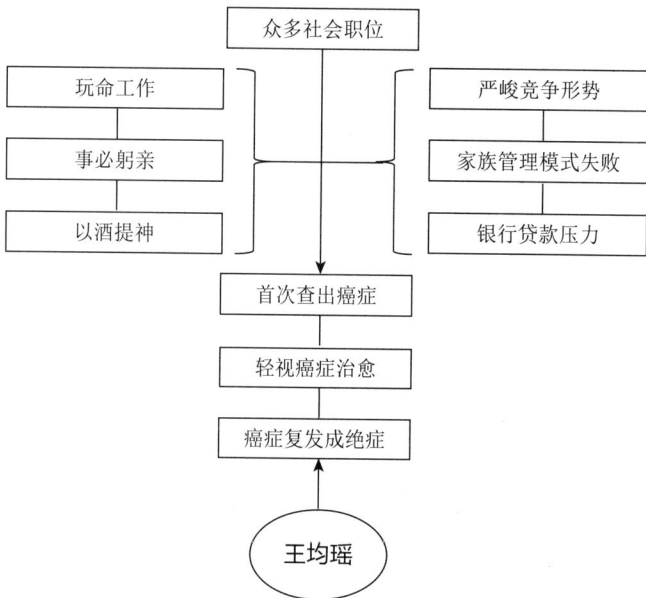

图5-2 王均瑶工作与健康的失衡

集众多社会职务于一身的王均瑶，在工作中玩命，这是勤奋，也有着某种无奈。他曾经试图摆脱传统家族企业的管理模式，探索现代化的企业管理，但是不理想。严峻的行业竞争，银行贷款的压力，让他无法停下脚步，导致癌症。原本，他是有治愈的机会的，但繁忙的工作加上对疾病的忽视，让他最终遗憾地离开了人世。

再加上众多的社会职务，忙碌的王均瑶留给同事的形象是：常常累得倒头入寝，靠身就睡，在疲劳之后，他就以酒提神。这显然是一种恶性循环的生活状态。2004 年 11 月 7 日，这种循环终于停止了。回望他二十多年的职业生涯，用他自己的话来说，像他这样上天入地跨行业经营，就是创新，而创新一定要动足脑筋，有不一样的想法，而想法不一样最累，最累才能最有成果。很多人看他做到现在的样子都说不错，这不错两个字里是他二十多年的酸甜苦辣。

2004 年 11 月 12 日，王均瑶追悼会在上海龙华殡仪馆举行，现场的一副挽联："一代骄子胆大包天名扬海内外；半世奇才领军浙商魂牵黄浦江"，对年仅 38 岁的他做出了较为中肯的评价。十多年后的今天，再次回看王均瑶，除了留下遗憾以外，似乎再也没有什么值得我们大书特书的。如果王均瑶还活着，我们可能会看到一个成熟的现代家族企业家，延续着他的江湖传奇。

2015 年 3 月，张锐在接受某媒体采访时表示："自己确实很焦虑，每天吃不好睡不好，晚上睡前会担心资金链断了怎么办，早上又打起精神鼓励自己说，自己的产品解决了那么多人的痛苦，这么有价值，一定会拿到钱，只是缘分不到。" 2016 年 10 月 5 日，年仅 42 岁的张锐再也不需要焦虑，不用忙碌，因为当天他因突发心肌梗死去世了。进入移动互联网时代以来，张锐去世是国内 IT 医疗行业的一个重大损失。

2011 年春天之前，张锐曾任《京华时报》新闻中心主任、网易副总编辑、网易新闻客户端创始人。张锐的父亲是医生，他从小到大在医院环境下长大，上大学时学的生物学，他对医疗行业有难以割舍的情结。随着移动互联网时代的到来，他看到了颠覆医疗行业的机会，从小就叛逆的他，以一个外行人身份进入医疗行业，这也从一开始就注定，他要想在移动医疗行业立足，就要付出超出同行难以想象的时间和精力。

2011 年 7 月，张锐与曾供职于"网易有道"的曾柏毅、时任香港伽马集团中国区总经理李光辉和协和医院心血管内科医生卢杰，组建起了春雨医生的骨干团队，在海淀区 768 创意园的一间 120 平方米的办公室里开始了创业历程。在公司成立初期，春雨医生实行"996 工作制"，即每天早 9 点到晚 9 点，每周工作 6 天。作为创始人，张锐的工作时间远超于此。

作为一个外行的张锐带领着"春雨医生"历经了 6 年努力，使之成为国内 M-health 的第一品牌。2016 年 6 月，春雨医生公布的数据显示，春雨医生平台集聚了 9200 万名激活用户，拥有 41 万名公立二甲医院以上的专业医生，每天处理 33 万个医疗问题。张锐取得这些成绩后，并没有停下脚步，而是变得更忙。平常接受记者采访时，他总是约到饭点，边吃边说，抽烟的频率更高，咖啡喝猛了手还会抖，"空中飞人"成了他的生活常态。即使这样，他还感叹，还有好多想干的事，时间不够怎么办！

互联网创业公司，面对的一大问题就是融资。春雨医生成立 6 年来，一共融资 4 次。2011 年 11 月份，完成 A 轮 300 万美元融资。2012 年 9 月，完成 B 轮 800 万美元融资。2014 年 8 月，完成 5000 万美元的 C 轮融资。2016 年，完成 12 亿人民币 Pre-IPO 融资。由于移动医疗作为全新的商业模式，获得投资人认可并不容易，而且盈利前景不清晰。每次融资对于张锐来说都是一项艰难的工作，体力、心力都遭受着巨大的考验。

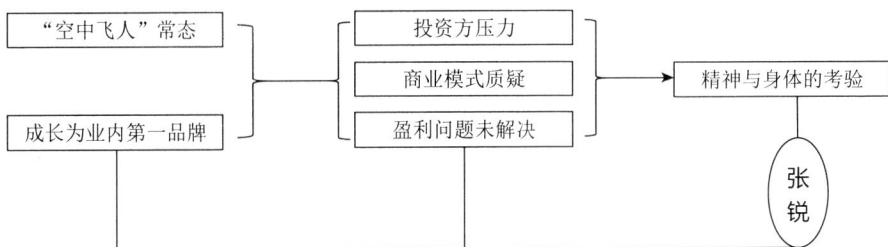

图 5-3 一个创业者的遗憾

作为外行的张锐在创业之后，在精神与身体遭受双重考验下，将春雨医生做到业内第一。可是，春雨医生商业模式仍受到质疑，盈利前景不明朗，张锐顶着投资方的压力，一刻也没有停下来，直到他再也走不动，只留下他未完成的健康医疗事业。

资料显示，特别是在 2012 年 B 轮融资时。张锐在两个月里，常常失眠，半夜两三点给人发邮件，探讨产品设计或者商业模式。一大早，又跑到各大投资现场，跟投资人阐述春雨的商业价值。同样的内容，每天至少要讲两遍，还要回答各种八竿子打不着的问题。

创业 5 年，春雨医生盈利问题仍未得到解决，商业模式质疑声越来越大，投资方不断向张锐施压。张锐感慨，拿人的手短，处处受制，他已经背离了初衷，又骑虎难下。他开始焦虑，他说，"熬夜成了常态，经常通宵赶工作，没有自己的时间，顾不上生活和家庭"。按时吃饭也成了奢侈，抽烟越来越凶猛，语速也越来越快。整个行业竞争更加激烈，春雨医生一些员工担忧于公司前景和他们高强度工作换来的回报不匹配，跳槽到对手的公司。

2015年的春雨医生，面临着内外交困的局面。同年10月，一篇《论春雨医生的倒掉》在网上传播开来。张锐承担的压力，从精神上反馈到身体上，两边的鬓角全白了。他父亲说，这是自主神经紊乱。就在去世前几个月，张锐受投资方的压力，决定将春雨医生分拆上市。这件事背后，从侧面反映了张锐承担了怎样的压力，最后做出了退让。可惜的是，他的身体没有给他足够的时间看到春雨医生的上市。

一名叫顾晓波的员工，在张锐死后，为他写了一篇名为《地狱算什么，再往上爬十七层就可以看到天堂了》的文章。在文中，他写道，"张锐的死，让他一步进入了天堂，远离了如地狱般的创业之路。希望在天堂，他好好享受，听着最喜欢的那首歌——李宗盛的《山丘》：'想说却还没说的很多，攒着是因为想写成歌，让人轻轻地唱着、淡淡地记着，就算终于忘了也值了。说不定我一生涓滴意念，侥幸汇成河……'"

李开复：死亡学分

2012 年 12 月的某一天，李开复和他的小女儿李德亭在威尼斯旅行，中午品尝冰激凌时，李德亭收到某个好友得了肺腺癌晚期的消息。受到这条信息的刺激，她让父亲李开复抽空要做一次身体检查。旅行结束，李开复回到台湾，继续忙碌着工作，并没有把女儿的话放在心上。而李德亭一直叮嘱他做检查，在拖了几个月之后，他终于去医院做了检查。

做完检查，当天给出了初步报告，显示他身体没有太大问题。三周之后，一份更详细的检查报告出来了，医生让他赶紧复查，以确定他腹部的阴影是良性肿瘤还是恶性肿瘤。来回几次检查，医院没有给出一个最终的结果。接下来的两个月，他换了一家医院，去不同的科室做检查，包括核磁共振、全身 CT（电子计算机断层扫描）等。

按李开复自己的话来说，当时他的心情是，"我躺在那儿，一动也不敢动，心底充满无限的悲哀和恐惧。从未把健康放在心头，一向以追求最大成就自许的我，此刻才明白，现在的自己就连做一个简简单单的'平人'都很难，遑论其他！"

检查上的反复折腾，李开复已不耐烦了。因此，在他做完最后一项检查后，他焦虑地马上去问医生结果。事实是，一周之后，结果才能正式出来。在他的软磨硬泡下，医生把初步情况告诉他。医生说："这太不寻常了！一般人如果有毛病，顶多两三个亮点，你居然……你自己看！"电脑屏幕上，出现 26 个亮点。在他眼里这一个亮点代表一个肿瘤，第二天，他做了最坏的打算，开始准备遗嘱。

一周之后，复查报告出来了，也没有给出个最终的结果。医生的意思是，"不一定是恶性肿瘤，仍有可能是炎症"。按照医生的安排，接下来做腹部穿刺，即先要用一根中空的针管插到腹部定位，再向针管里插入一个细针，去抽取肿瘤里的细胞组织，来来回回做了二十多次。

这个阶段，他的心情跌至谷底。他反思道，"我不得不承认，是自己过去没日没夜地拼搏，把身体拖进了恶疾的深渊。"在病情还没最终确定的情况下，他开始跟神明讨价还价："拜托再给我一次机会，只要让这场病赶快过去，我一定痛改前非，尽力弥补。我虔诚地祈求上苍，只要让我躲开癌症，我绝对早睡早起，改过向上。若是真的躲不了，也请让我的病情减轻些，给我机会重返生活，弥补过去的缺憾，包括对母亲、妻子和两个女儿的亏欠。"上帝眷顾了李开复，他是幸运的，后来他获得了弥补的机会。

在做检查的第一天，他参加了一个宴会。宴会上，碰见了富士康董事长郭台铭先生。郭台铭告诫他："开复啊，自己的健康千万不能大意。这样吧，当年为了救我弟弟，我和台湾最优秀的血液肿瘤科专家都成为朋友了，我来安排，你马上去找他们。"在郭台铭的联系下，李开复转到台大医院。医生为他做了腹腔镜手术，取出了肿瘤样本，做了组织培养。两天后，诊断报告出来了，主治医生确定是淋巴癌第四期。李开复还有点怀疑，医生向他解释："你的情况有点特殊，你的癌细胞全部集中在下腹腔，并没有扩散到横膈膜以上，骨髓也没有感染，但肿瘤的数量实在太多了，严格说来，还是要归类为第四期。"值得安慰的是，淋巴癌四期与肺癌、肝癌四期完全不一样，治愈希望还是很大的。同一时间，前一家医院报告也出来，显示是淋巴癌四期。至此，李开复最终接受了自己患淋巴癌的现实。

接下来的一年多，李开复在医生、家人、朋友的帮助下，开始了奋力一搏的治疗。李开复双管齐下，中西医结合治疗。

但是，经过各种五花八门的疗法之后，病情并没有得到缓和。最后，在他自己的网上搜索、研究和医生的帮忙下，终于确定了治疗的方向——靶向治疗和化学治疗。在治疗的过程中，他的身心都受到了极大的摧残，如果没有坚强的意志和过去打下的基础，一般人是不容易接受和承受的。

两个疗程治疗过后，还出现了不少副作用，比如血管萎缩、硬化，最后，必须在身体里安置活动式人工血管。

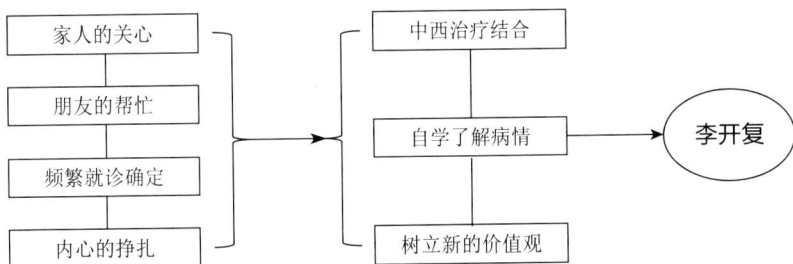

图 5-4　与"死神"打过招呼的经验

　　李开复前期的病症确定，经历了内心的挣扎，也获得亲戚的关心、朋友的帮助，这些让他做好了接受长期治疗的心理准备。整个治疗过程中，李开复从身体到精神获得了一次重塑，从初期茫然到后期的乐观，让他开始重新审视人生。

　　每个月一次的靶向治疗和化学治疗，都是一次生与死的考验。但是，在连续 6 个月的治疗之后，终于迎来重生的一天。当时，疗效成功之后，李开复深情地写道："终于重新来到蓝天白云下，整个世界都是新鲜、芳香的。重生的喜悦，让我心里莫名其妙地充满感恩，感恩天地、感恩世界、感恩身边的每一个人。"整整经历了 17 个月的生死徘徊，2015 年春节前夕，李开复乘机回京，重返工作岗位。

　　"重生"之后的李开复，放弃过往惯有的人生之路，重新看清楚了自己。就像他说的，"我的心不会停留在过往的追寻上，我会随时提醒自己，让心更开放，以便倾听、探索更广大的未知事物，在机缘成熟的时候，尽力做我能做的事。"于是，一种崭新的生活方式出现在李开复的面前：每天保持足够的睡眠，做适当的运动锻炼身体，多吃有营养的食物。李开复树立了一种崭新的价值观："放下过往的'墓志铭'情节，拔除身上的'骄傲'，真正在意的是，能否让身边的人感受到我的温暖、善意；我是否能够不问智愚优劣、毫无差别地对待每一个跟我有缘相见的人。"

综　述

　　有人做过一个有趣的统计：中国历史上的皇帝被杀害率为 31%，活不到 40 岁的高达 50%，寿命超过 60 岁的只有 15%，最后得出一个结论，皇帝是中国历史上危险性非常大、死亡率非常高的职业。这样一组数据、一个结论从侧面验证，领导人的健康是一个不能小觑的问题。从彭作义、王均瑶到张锐，他们的任何一个决策都可能将公司带入险境。为了避免出现这样的情况，最好的办法就是投入到忙碌的工作中，去解决公司的问题，避免任何可能的风险。这就给他们的健康造成双重挑战：繁忙的工作、巨大的精神压力。

　　李开复是幸运的，像他如此幸运的领导人是罕见的。先是女儿督促，让他提前发现病情，再有朋友帮助得到一流医生提供治疗方案，还有家人陪伴走过整个治疗过程，更有他自己从惧怕、迷茫到学习的一个逐步成长的治疗心路。李开复的痊愈给领导人健康问题带来了福音，为领导人在面对疾病时提供了一个范例。

　　李开复癌症的整个治愈过程告诉我们：领导人要重视自己的健康，养成定期做检查的习惯。在发现问题之后，领导人冷静对待，积极医治，而不要因为一时忙碌牺牲未来更多的工作时间。面对疾病时，领导人保持积极向上的乐观精神，身与心治疗一样重要。恢复健康，再次走上工作岗位后，领导人要审视自己的管理方法，找到工作的全新意义，开始一种和以前不同的生活方式，学会平衡工作与休息。最后，请记住一句话："**身体是革命的本钱！**"

Part 2

领导角色的升华

险象 6 → 权力太大的险象

权力应该被用来限制权力。

——孟德斯鸠

● ○ ○ ────────────────────────────

夏尔·德·塞孔达·孟德斯鸠男爵生于 1689 年 1 月 18 日，卒于 1755 年 2 月 10 日。他是法国启蒙时期的思想家、律师，也是西方国家学说和法学理论的奠基人。有人说孟德斯鸠是一位百科全书式的学者，他在学术上取得了巨大的成就，得到了很高的荣誉，他是法、英、德三国的皇家科学院院士。曾经当过律师和波尔多议长的他讲出了本文开篇的引言，可见他对权力有很深刻的理解。

权力和水一样，我们可以说"水可载舟，亦可覆舟"，也可以说"权可载舟，亦可覆舟"。领导人是宿命式的和权力分不开，驾驭权力、享受权力是领导人的特权，为权力所累、被权力所害是领导人可能会面对的后果。所以，权力是要被限制的，使用权力是要有约束的。孟德斯鸠这句话"权力狂"恺撒是听不进去的。恺撒大权独揽的时候曾说："**权力和纲纪是不能同存共荣的。**"孟德斯鸠这句话也不适合因个人的某些不幸遭遇而对别人心怀不满、充满歧视、心胸狭窄、复仇心切、无德而掌大权的小人。克劳德兰纳斯有句备受争议但也有实证的话："**出身卑贱的小人一旦大权在握，就会比谁都凶。**"

领导人的地位越高，权力就会越大。而行使权力的过程中所产生的痛快感和英雄感，推动人、事、物朝着自己想要的方向前进的使命感和成就感，都会给领导人很高的满足感。领导人一旦拥有权力之后就不想再失去权力，他会恋栈权力、依赖权力。

职位越高，在位越久，领导人的权力就会越大，会产生下列险象：

（1）运用权力愈发老练，得心应手，以致认为自己无所不能，自信心爆棚，而不理会别人的感受和意见。

（2）权力太大以致权力边界不清，可能会习惯性的假公济私或因公徇私。这种现象在东方讲"情"的社会里特别普遍。

（3）权力没有受到制约或不愿受到制约而习惯性地滥用职权。

（4）不尊重权力的来源。比如，董事长不尊重监事会和股东大会，总经理不尊重董事会等。

（5）权力和责任不对等，权力太大而责任太轻，或者是只要权力而不想承担责任。

（6）权力和工作成效不匹配而造成渎职。

（7）权力太大会是很多人想要巴结的对象，于是，会使自己暴露在许多诱惑之下，一旦把持不住，非常容易"一失足成千古恨"。

（8）权力太大造成领导人天不怕、地不怕，肆无忌惮地为所欲为。于是，许多违规、违理、违德、违法的事都敢做，铤而走险的事也敢贸然行之。

要避免权力太大的险象，领导人应该：

（1）建立正确的权力观，清楚地体会领导的三个要素，理解权力、责任和服务的三角关系。高高在上的权力的两个支柱是责任和服务，若是责任和服务搞不好，权力肯定坍塌。

（2）领导人要尊重授予他权力的来源，善于运用手中的权力（合理、合法、合规），接受权力要受监督，确保权力要出成果。若做不到这四点，就要有心理准备，权力分分钟会被终结。习主席在 2012 年 12 月 4 日的纪念现行宪法公布实施 30 周年大会上的讲话中提道："有权必有责，用权受监督，失职要问责，违法要追究"。这是很好的归纳。

（3）将权力用在为下属和周围的人提供"服务"，当一个服务型的领导，而不只是积累自己的权势、财势和人脉。

（4）行使权力要有畏惧之心，尽心、尽力、尽性、尽意，如履薄冰，不可掉以轻心。有一句古话这样讲"惧则思，思则通微；惧则慎，慎则不败"。常有敬畏、畏惧之心，自然就不会有太出位和太出格的行为。

权力要和德、责相匹配，行使权力需要自重，也需要制约。职权的底线不能突破，道德的底线不应逾越，法律的底线不容侵犯。其实，对有责任感的人来说，权力太大也是一种压力，不一定是一件惬意和快乐的事。

最后，用查·科尔顿和莎士比亚的两句话来总结权力太大的险象："**要想知道掌权的痛苦，就该去问那些当权者；要想知道它的乐趣，就应该去问它的追求者。**""**虽然权势是一头固执的熊，可是金子可以拉着它的鼻子走。**"

案 例

● ○ ○ ————————————— **吕不韦：谨记"一人之下，万人之上"**

　　从古至今，统治者都有着至高无上的权力，当权力的使用与初衷背离，意味着统治者将会走向歧途，最终被万民推翻。在王朝的权力中心，权力仅次于统治者的当属丞相（相国、首辅大臣）。"一人之下，万人之上"是对丞相的权力、地位最高的赞扬。这也警示丞相手中的权力尺度，如果越权了，等待丞相的，只有皇帝的"赐死"。

　　在中国历史上，找出一个集杰出的商人、投资家、政治家为一身的人物，吕不韦一马当先，甚至是唯一的。可是，吕不韦最终的结局却很悲惨，可以说最后是被他的"儿子"嬴政杀死的。吕不韦之所以落得如此下场，一个很重要的原因是，吕不韦权力过大，再加上扮演着嬴政"仲父"的角色，作为当时权力最大的臣子，他直接威胁到皇帝的权威。

　　公元前250年，秦庄襄王继位，吕不韦被任命为相国。三年之后，公元前247年秦庄襄王去世，嬴政继位。由于在秦庄襄王时代，吕不韦表现出色，得以继续担任相国，并被称为"仲父"。在辅佐两代秦王期间，实际上吕不韦才是秦国的掌舵人，从外交、政治、军事到经济，做得风生水起。比如，在对韩、赵、魏的打击过程中，在靠近齐国的魏地建立了东郡。东郡的建立是军事与政治上的双重胜利，使六国南北切分为二，给予六国合纵抗秦的可能性以致命一击。

　　吕不韦一系列的功绩，形成一个庞大的政治集团，为他赢得了丰厚的政治资本。在嬴政年幼时，这不会产生多大问题。随着嬴政成年，开始掌权，这对于嬴政就成为一种威胁。嬴政小时候，就目睹了王朝权力争夺的残酷，意识到掌握权力的重要性，何况他心中怀有一统天下的大志，又怎会让权力旁落他人。

吕不韦权力之大，有两个明显的地方。一是，吕不韦门下有三千个食客。这些食客本是吕不韦为秦国储备和挑选的人才，这对于嬴政来说，确实是一种威胁。二是，《吕氏春秋》的面世。公元前239年，吕不韦组织食客，编写了《吕氏春秋》，仅从名字上看，就彰显了吕不韦的影响力。从客观上讲，不管是三千食客还是《吕氏春秋》，对秦国的统治、嬴政本人都是没有威胁的。可是，皇权是不容侵犯，不可以分享的，吕不韦释放出的权力越大，皇权的空间就越小。臣民只认吕不韦，不识嬴政，这又恰恰发生在嬴政马上要独立亲政的时候（公元前238年），因此，嬴政急于摆脱吕不韦的影子。

吕不韦在权力的尺度把握上，犯了一个严重的错误——不收敛，过于张扬。《吕氏春秋》面世后，吕不韦将书悬挂到咸阳市门，发话"悬千金其上，延诸侯游士宾客有能增损一字者予千金"。这本书主要目的就是为了约束嬴政，而且又搞如此大规模的宣传造势，所以更加引起嬴政的反感与警戒。《吕氏春秋》从一开始酝酿、完成到出版，一系列过程彰显出吕不韦权力的优越性。吕不韦权力从政治、军事延伸到文化层面，笼络到的不仅有将军、士兵，还有文人、谋士等秦国的各个阶层，这是最高领导人所不能容忍的。

公元前237年，吕不韦被嬴政免去相国，随后被遣出京城，迁往河南封地。他回到封地，并没有安稳地过日子，而是与各地诸侯、朝臣打得火热。按照当时的职场形势，秦国的相国卸任之后会去其他诸侯国任职。看吕不韦这一架势，他也有可能去其他诸侯国任职。这一方面，说明吕不韦的权力并没有消解，如果去他国担任相国，权力反而会更大，从而影响秦国的统治，这是嬴政不想看到的。

另一方面，吕不韦没有审时度势。既然已经被解职，代表他的权力要上交给嬴政。可是他在封地的作为，显然是在彰显手中的权力，有向嬴政示威的意思。他似乎在告诉嬴政，即使自己离职，仍可以笼络众多的群臣，处于一个与嬴政对等的地位。嬴政会怎样想，要真正解除吕不韦手中如此大的权力，只有将其杀掉。这样，吕不韦离死期也就不远了。如果我们用现在的话来说，吕不韦只有"有权而不恋权，到位而不越位"，才能够"得其所，善其终"。

吕不韦在河南封地，上演了一场短暂的"权力的游戏"。等来的是嬴政的"处决令"："君何功于秦？秦封君河南，食十万户。君何亲于秦？号称仲父。其与家属徙处蜀！"司马迁用六个字描述吕不韦心理的变化："自度稍侵，恐诛"。吕不韦已经意识到，嬴政要将他杀掉。在当晚，他将鸩毒放进酒中，饮酒自杀而亡。

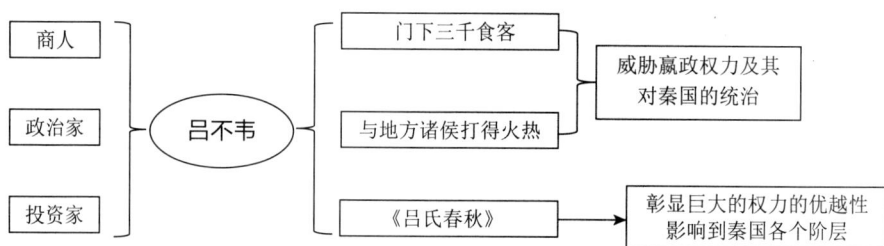

图 6-1 "一人之下"的吕不韦

从商人、政治家到投资家，吕不韦在这三个身份上都取得了巨大的成功。这些成功支撑他有足够的理由与实力，养活三千食客、编写《吕氏春秋》，即使在遭贬后，仍能与地方诸侯打得火热。吕不韦这些动作，彰显了巨大的权力的优越性，引发了嬴政的不满，威胁到嬴政及其对秦国的统治，最终他被迫以自杀结束一生。

其实，吕不韦死得有点冤，他是用手中的权力造福秦国。但是，当一个人拥有超乎常规的权力后，本身就是一个危险。可分配的权力是有限的，当一个人占有过多的权力后，等于剥夺了他人手中的权力。特别是下属的权力过大，不管他自己怎么想，对于上司来说，都是一种潜在的威胁。如果上司是个野心家，下属的权力越大，早晚都会得到与吕不韦同样的下场。

一个人拥有巨大的权力后，应该清醒地认识到，如果想要延续获得权力之前的理念指导，就要学会驾驭权力，防备被权力吞噬。权力有它本身的属性，权力应该和职位相称，权力应该与责任匹配，任何一方偏离都是悲剧的开始。

　　当一个人获得巨大的权力，实际是面临人生最具危险性的一种考验，考验的是如何掌权与放权。如果你现在刚刚"加官晋爵"，仍处在扬扬得意的氛围里，我建议你，在入职的时候重新学习掌权，离职的时候学会放权。

出井伸之与索尼公司第一次接触，就上演了颇具戏剧性的一幕，并幸运地见到了公司的创始人。这种幸运延续到他执掌索尼，大贺典雄近乎一意孤行地将索尼公司交到了他的手里。出井伸之在执掌索尼公司的过程中，依仗大贺典雄赋予的权力和自己一心要变革索尼的勇气，不断清除异己，巩固、加强个人权力。出井伸之权力的膨胀，并没有为索尼变革打开新局面，而是让索尼一步步陷入泥潭。也许当出井伸之与索尼公司的命运交叉时，对于出井伸之是幸运的，对于索尼公司却是不幸的开始，让我们从一次索尼公司的面试讲起。

这是索尼公司的一次普通面试，其中的一个应聘者提出了一个无理的要求，要见更高级别的面试官。最后，他居然真的见到了公司创始人井深大和盛田昭夫，而且公司还答应聘用他，那一年是 1960 年。35 年后，这个"初生牛犊不怕虎"的应聘者成为索尼公司的掌舵者，他就是出井伸之。

1995 年，时任索尼总裁的大贺典雄，宣布继任者为出井伸之时，索尼中许多人都没听说过出井伸之。认识他的人，对他的印象也不好，认为他爱唱反调、为人倨傲、语言刻薄等。更让人困惑的是，出井伸之在公司 35 年的职业经历，没有取得任何突出的表现，当大贺典雄提出让出井伸之担任公司总裁时，绝大多数人都反对。

大贺典雄一再表明，公司是经过层层筛选后才确定任命出井伸之为继任者的，他们通过整整一年的时间，权衡各个备选人，最后还是认为他最合适。大贺典雄的逻辑是什么？一是不看重继任者过去的业绩，而是看重对方的未来；二是索尼处在十字路口，要走向新的未来，需要的领导者要有远见和勇气，具备超前行动、执着等特质。出井伸之为索尼开拓欧洲市场，在公司全球广告宣传上表现不凡，让他成为大贺典雄心目中的理想人选。

1995 年 3 月，大贺典雄正式向外界公布由出井伸之担任索尼总裁。出井伸之明白掌管索尼这样一家公司绝不容易。按他的意思，索尼是由创始人的愿景所推动的公司，创始人个人的愿景是基础和标准，索尼的思维方式建立在个人关系和友谊的基础上。然而出井伸之要带领公司走向职业化管理，需要掌握更大的权力，才能向传统发起挑战。

作为一向支持他的大贺典雄，在他上任前就为其清除了部分障碍。大贺典雄一个一个召见高管，这些高管职位比出井伸之高，也是出井伸之的上司。高管们与大贺典雄谈完话后，都被安排到索尼分公司，出井伸之最大的竞争对手岩木健更是被清除出了核心管理团队。这让上任后的出井伸之的权力免受威胁，他也尽量保持与从大贺典雄手中接手的顾问团队间的尊重。

两年之后，顾问团队大多数成员到了退休的年龄，逐步离开核心管理团队。出井伸之有了理由选择年轻人替代这些"老人"，组建一个新的团队，并忠诚于他。1997 年 5 月，出井伸之将 30 名公司董事清除出索尼董事会，并将自己任命为 CEO，重组之后的董事会，制定整个公司的"管理政策"并对运营管理层进行监管。

出井伸之对董事会进行了看似合理化的调整，实际上是在清除异己，巩固自己的权力。在调整过程中，大量管理人员开始忧心忡忡，他们的利益被剥夺，被调离核心管理团队。时任索尼欧洲董事长兼首席执行官杰克·舒马克（Jack Shumaker）就是一个例子。

1975 年，杰克·舒马克被盛田昭夫派遣前往德国，搭建索尼业务，成为欧洲区首个外国人经理。在之后的 20 年时间里，他将索尼德国业务从 7000 万做到 7 亿德国马克。然而出井伸之却认为他缺乏领导索尼欧洲业务的活力和魄力，迫使他于 1998 年 12 月"退休"。其实，杰克·舒马克离法定的退休年龄还差 7 年。如果盛田昭夫还在任，杰克·舒马克是不可能退出公司的。与杰克·舒马克有相同遭遇的还有索尼美国的负责人米奇·舒尔霍夫（Mickey Schulhof）。两者不同的是，米奇·舒尔霍夫比杰克·舒马克更倒霉，在出井伸之上任 8 个月之后就被清除出公司。

最初结识时，出井伸之与米奇·舒尔霍夫两人彼此欣赏。随着米奇·舒尔霍夫权力增大，出井伸之认为他变得自负、膨胀。两人在公司经营策略上存在不小的分歧，比如是否进入家用电脑市场、娱乐业品牌如何打造等。在一次会议上，米奇·舒尔霍夫提出将美国所有洛斯剧院的名称换成索尼，让消费者意识到索尼在娱乐行业的地位。出井伸之却表示反对，他认为有些剧院位于贫困区，要是这些剧院的名称也换成索尼，将会造成索尼品牌资产的流失。

随着米奇·舒尔霍夫的辞职，索尼美国公司变得群龙无首。然而出井伸之并不着急安排接替人员，而是施展个人权威，亲自掌管电子业务。奇怪的是，出井伸之在美国做出的一系列调整，集中在米奇·舒尔霍夫招来的人员上，主要是两个副手，一个是索尼电子公司总裁，一个是索尼软件公司总裁。两人先后离开公司，原因似乎都是出井伸之无法容忍他们。1997年春，出井伸之为了填补米奇·舒尔霍夫离去产生的职位空缺，招聘霍华德·斯金格（Howard Stringer）担任索尼美国公司总裁。

自此，出井伸之对索尼美国权力掌控进入到一个新局面。他显然不满足在索尼美国内部彰显权力的优越性，而是借用霍华德·斯金格在美国的资源优势，赢得美国商界的关注，进入美国最顶层的商业圈子。通过霍华德·斯金格的幕后运作，出井伸之参加了1997年娱乐和通信业界巨头夏季避暑盛会。他是首位被邀请的亚洲人，在这个圈子里，有股神沃伦·巴菲特（Warren Buffett）、新闻传媒集团总裁鲁珀特·默多克（Rupert Murdoch）、英特尔CEO安迪·格鲁夫（Andy Grove）、微软创始人比尔·盖茨等。

参加完这次聚会后，霍华德·斯金格表示："他散发出来的权威感极富西方特征。根本不像松下或丰田的主管领袖，他有着法国风范，融合了诸多权威和个人独特的风格，他成功成立企业权力的核心，因而他们喜欢他，真诚地对待他，他让人看了真的感觉很不一样。"

出井伸之在全球商界知名度日益增长，大贺典雄对此感到十分骄傲。因此他没有质疑出井伸之对旧的团队的清除，继续向出井伸之释放出更多的权力，任由他自由发挥。出井伸之表示："大贺典雄最令人赞叹的一点是，他不会干涉事务。即使他不赞成某事，也会站到一旁，任由我推行他不赞同的事情，因为他已经做出了选我担任总裁的决定，所以这是我的职责。"

在关于索尼是否进入家用电脑业务上，大贺典雄认为，家用电脑业务仅限于便携式电脑就可以，如果开拓台式电脑，必是赔本的买卖。大贺典雄给出了一个深思熟虑的答案，而当时年壮气盛的出井伸之却认为，台式电脑可以为未来的网络服务布局，所以他毫不让步。经过 18 个月的争执，大贺典雄做出让步，但结果正如他预测的那样，笔记本电脑继续盈利，而台式电脑处在亏损状态。

大贺典雄为何如此宠爱这个"门徒"，如此尊重这个后辈的选择，他到底是怎么想的？索尼五位副总裁之一的金田嘉行表示："在索尼历史上，大贺先生是个超人，但是现在他知道时代已经发生了巨大的改变，因此，出井伸之才是领导变革的核心人物。他能够将自己手中的控制权移交给出井伸之，即使在他看来出井伸之的决定并不完全正确。而且因为他充满了自信，所以能够屈从于出井伸之而不感到任何双方对抗的意味。"

随着大贺典雄释放的权力越来越多，出井伸之并没有表现出感恩，反而更加骄纵，进一步激化两者的矛盾。起初，大贺典雄任命出井伸之为总裁兼首席运营官，自己担任首席执行官。出井伸之知道后十分恼怒，拒绝在美国采用首席运营官头衔，他认为这会妨碍他手中权力的运用。这时，出井伸之对于大贺典雄还是选择隐忍，后来他就开始指指点点，表示自己的不耐烦。

在索尼美国管理人员眼里，两人处在一种"富有创意的紧张关系"中。美国员工注意到，当大贺典雄开始谈论自己的观点时，出井伸之会做出各种动作，心不在焉地左顾右盼。大贺典雄的权力越来越仅有象征性意义，而权力越来越大的出井伸之，仍没有拿出可观的业绩证明自己，这让他在索尼内部引起很大的非议。

随着出井伸之权力越来越大，他变得越来越激进。在 1998 年 10 月技术博览会上，他在主题演讲中提到电子产品的硬件业务即将过时，在"网络时代"硬件的独立价值将荡然无存，索尼必须创建新媒介、体育、金融交易、购物等新业务，甚至在虚拟网络社会中以订购者的身份进行互动的数码化身。出井伸之对索尼的思考、规划，与公司的传统路线相违背，要想落地必须得到公司保守力量的支持。然而面对这些保守力量，出井伸之不善于改变他们的看法。权力的膨胀，让出井伸之没有耐心说服这些人认可他，也让双方的距离越来越远。

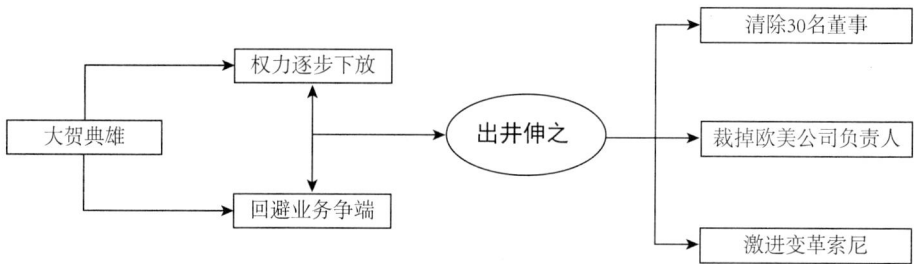

图6-2　出井伸之：暗度陈仓

　　大贺典雄将索尼的未来交到出井伸之手中，为了支持他，一步步将权力下放给他，并尽可能回避两者在业务上的争端。出井伸之通过重组董事会，更换欧美市场负责人，清除异己，巩固自己的权力，实现激进变革。出井伸之如愿获得了无限的权力，可是索尼的命运在他手中走向了暗淡。

　　留给出井伸之的时间并不充裕，1999年3月，他迈出打造新索尼的第一步，重组电子公司，形成三个新的业务部门：家庭网络公司、个人信息技术网络公司及核心技术与网络公司，而且都具有独立的董事会和管理委员会。同时，索尼成立战略性集团总部，打造初具雏形的控股公司。索尼新的组织架构逐渐成形，集团总部的位置竟然从原来在三家支柱公司（电子、娱乐、保险和金融）之上调整为相平行。

　　在出井伸之心中，从核心能力到组织架构，索尼都要经历一次深刻的变革。用他自己的话来说："我们现在眼中的索尼或许不得不消失。"出井伸之依仗着在权力上的优势，试图创造一个新索尼，这本身并没有错。然而，天不遂人愿，不管是索尼深厚的创始人文化，还是互联网行业的成熟度，都不足以支撑他的梦想。在出井伸之执掌索尼的最后三年，索尼的业绩一年比一年差。2003 年，索尼公布的财报显示其利润锐减 98%，电子产品的利润率下降到约为 1%。2004 年，索尼的利润跌到了十年来的最低点，将消费电子业的王座拱手让给了三星。2005 年，索尼业务仍没有起色。随后索尼开始了历史上最大规模的人事调整，出井伸之黯然下台。他离开索尼时，并没有带给公司一个美好前景，而是一个不确定、不清晰的未来。

作为伯乐的大贺典雄，认为出井伸之存在的最大问题是："他对盈利不具备像我一样的敏锐感觉，他必须更加努力地追求利润。"直到出井伸之离职，他仍没有实现大贺典雄的愿望。大贺典雄一点点释放出权力，出井伸之凭借新的组织架构巩固个人权力，随性发挥，野心勃勃试图创造一个新的索尼。结果是，出井伸之的梦想无法照进现实，却将索尼带向了失败的深渊。

刘成敏：微信诞生背后的权力之谜

2010年10月，一款名叫Kik移动即时通讯软件上线。15天之后，这款软件就赢得100万用户下载，引起业内众多同行的关注，其中就包括深圳市腾讯计算机系统有限公司（以下简称"腾讯"）广州研发部总经理张小龙。张小龙在研究Kik后发现，它会对QQ造成致命的威胁，认为腾讯应该研发类似的产品。为此，他连夜给马化腾写了封邮件。

在邮件中，他写道："每个时代都有划时代的产品，顺应移动上网的趋势，腾讯也应该推出自己的产品。"马化腾收到邮件后，很快就给予答复："马上就做。"多年之后，张小龙回忆当时的场景时，他说："整个过程起点就是一两个小时，突然搭错了一个神经，写了这个邮件，就开始了。"

不到一个月，2010年11月19日，在腾讯1亿元资金支持下，张小龙带着十几名成员，在一个10人大小的会议室（广州华景路1号南方通信大厦的10楼）里正式启动一个新项目——微信。2011年1月21日，微信1.0版正式上线。此时微信面对的局面——对内、对外两线作战。对外，有小米的"米聊"、盛大的"有你"、奇虎的"口信"等同类产品，与微信在市场上展开搏杀。对内，面对无线事业部（旗下拥有手机QQ、Q信）的施压。相比较外部严峻的竞争压力，微信在公司内部面临更加复杂的情况，而权力的博弈成为微信突出重围，最后走向成功不可忽视的一条线索。

在微信产品开始的同一个阶段，腾讯内部有三个团队做同类的产品，除了张小龙团队之外，另外两个团队是无线事业部的手机QQ团队和Q信团队。这两个团队隶属于腾讯无线事业部，无线事业部的负责人是刘成敏。刘成敏是腾讯的创业元老，位居高层，而张小龙属于中层，在微信开发之前，两人并没有多少交集。

刘成敏旗下的无线事业部，是腾讯收入的重要板块。这块收入是建立在无线事业部与运营商紧密的关系基础上，通过运营商收取增值业务费中的分成获得收入。而微信的许多功能代替手机 QQ，损害无线事业部与运营商的利益。无线事业部 Q 信团队研发的产品类似微信，为此刘成敏延缓该产品的开发。他解释："我们有运营商方面的压力，微信可以抢运营商的地盘，我们不行。"

微信的官网域名内测时曾用：next.qq.com，中文意思是"下一个 QQ.com"，这可谓是明目张胆的"以下犯上"，革手机 QQ 的命。因此，这一命名及时被公司高层叫停。这也在一个侧面反映出微信从一开始就对腾讯一些部门形成利益威胁。张小龙就说过，"在做微信的初期，最大的对手并不是米聊或其他外部的竞争者，而是手机 QQ"。

微信在市场还未爆发前，张小龙与刘成敏的冲突常常成为腾讯内部的谈资。根据《博客天下》的报道：刘成敏在高层会议上公开反对开发微信；刘成敏直接打电话给张小龙希望他停止更新微信版本，张小龙怀着发布最后一个版本的心情，授意下属推出带语音的微信 2.0。正是因为微信 2.0 版带有的语音功能，带动微信用户急剧攀升，从而为微信迎来曙光。

在张小龙与刘成敏博弈的过程中，幸运的是，张小龙获得公司内另一位高层、元老级人物、首席技术官张志东的支持。张志东帮张小龙争取 QQ 关系链和 QQ 弹窗广告等资源，并对微信产品的缺陷提出修改建议。更为重要的是，马化腾的充分授权，给予张小龙及团队研发产品的主导权，可以根据市场的需求，自由决定产品的走向。

微信与手机 QQ 是天生的竞争关系，阴谋论的盛行，往往将两者之间演绎成你死我活的关系。特别是在微信取得成功后，刘成敏离开腾讯之际。外界认为，刘成敏离职的关键原因是，不适应移动互联网时代的腾讯发展需求，也可能是为当年"打击"微信所付出的代价。

2004 年，腾讯上市时，刘成敏的无线事业部为公司创造 90% 的收入。更为值得赞赏的是，当时 SP（服务提供商）市场处于混乱状态，充斥着大量的低端产品，而刘成敏要求无线事业部始终保持产品质量，使手机QQ成为SP领域"骨灰级"产品。进入移动互联网时代，刘成敏带领无线事业部成功转型，打造手机浏览器、手机管家等重要产品，是腾讯从PC端延伸到移动端不可忽略的一步。

这些成功，让刘成敏成为腾讯举足轻重的、掌握腾讯"生杀"大权的关键人物之一。拥有巨大权力的人常犯的错误，就是自信心爆棚，不理会别人的感受、意见。刘成敏恰恰相反，他每个月都有一个"Open Day"和员工面对面直接聊天。他常常深入一线，因此认识旗下绝大部分的产品经理和内容编辑。腾讯无线的人统计过，从2011年底到2012年的一年多时间里，刘成敏连续做了35场与员工交流的"Open Day"活动，平均每10天就要和员工交流沟通一次，来说服他们走精品路线。

外界习惯听那些张小龙与刘成敏冲突的故事，却对刘成敏给予张小龙及微信团队的支持视而不见。这是因为，他们忘了刘成敏与张小龙之间不管怎么争执，但两者出发点是一致的，就是做对公司有利的事。而许多权力过大的人走向"不归路"，往往都是走不出只为一己私利的旋涡。

基于公司长远发展的角度，刘成敏给予微信研发诸多扶持。在微信损害电信运营商的利益后，刘成敏出面解释、做工作，缓和微信与电信运营商的矛盾。刘成敏让无线事业部将手机QQ的离线服务、同步电话号码功能开放给微信；同时，无线事业部扮演微信的推广渠道，通过应用商店"应用宝"将微信置于前排位置。刘成敏延缓Q信的研发，考虑缓和与电信运营商的矛盾，这也变相为微信减少一个竞争对手，为微信研发提供更多的资源。

刘成敏与张小龙的产品哲学是一致的，遵从"做减法"的理念。刘成敏认识到微信的价值，自愿担当微信的宣传员。作为北京海淀区的政协委员，他在开政协会议的时候，曾主动要求给政协委员们做半小时如何使用微信的培训。他将此事告诉了张小龙，张小龙给他了一个PPT，他重新做了修改后，才给政协委员们讲。

116

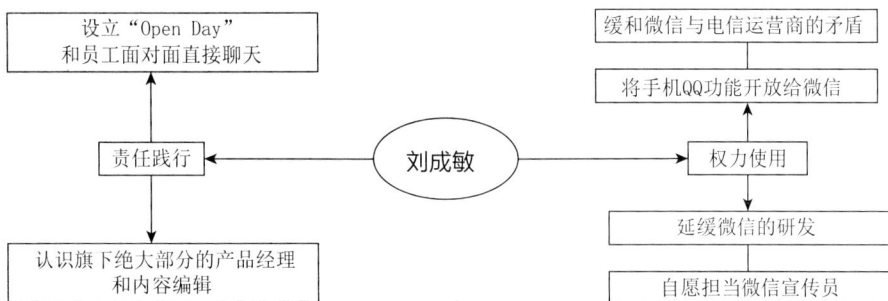

图6-3　平衡权力与责任的刘成敏

　　作为腾讯高层的刘成敏，妥善应用手中的权力。在本部门设立"Open Day"，和员工面对面直接聊天，认识旗下绝大部分的产品经理和内容编辑，与员工分享想法，获得员工的意见反馈。面对与其具有竞争关系的微信，他从大局考量，通过手中权力，给予相当大的支持，延缓本部门同类产品的开发，开放本部门产品的功能，协调微信与外部的关系，成为微信取得成功的幕后功臣之一。

　　"成王败寇"成为外界解读2013年初刘成敏离开腾讯的逻辑。极少有人想起作为微信内部竞争者的他，为微信崛起做出的贡献。刘成敏在微信中扮演的角色，给权力过大的人树立积极正面的形象。从个人角度来看，在巨大权力面前，刘成敏保持着清醒的头脑，承担起与权力相对应的责任，肩负起腾讯向移动互联网迈进的责任。由于微信的存在，反而促使他在权力使用上，更加谨慎、敬畏，给员工创造更多的成长空间，带给无线事业部产品全新的面貌。

　　站在公司的角度，腾讯互联网思维的企业文化、产品至上的组织导向，将权力过大可能产生的弊端扼杀在摇篮里。腾讯通过文化、制度上的优越性，将人性的某种阴暗面压制住，预先设定权力使用的轨道。面对权力过大带来的种种恶劣影响，腾讯给我们带来了自信，相信权力过大本身并不是问题。管理者站在员工、产品、市场的角度思考问题，让员工与管理者实现平等对话，防止管理者"一言堂"的现象滋生，让权力在自由、民主的空间里流动。

综　述

··················　　⌘　　··················

这个世界上，权力是有限的，通往权力的道路，无不是靠一堆堆"白骨"堆砌而成。职位定义权力的大小，当你的权力大到与职位偏离，威胁到统治者的地位，灾难就降临到你的头上，吕不韦正是没有逃出这种噩运。

出井伸之与吕不韦的相似之处是，两人都获得了至高无上的权力，而权力使用是否得当又与帝国的命运息息相关。他们备受争议，难以简单地用对与错定义他们的历史地位。一心想打造新索尼的出井伸之，手上的权力成了一把双刃剑，即让他随心所欲地推动变革，同时又被权力冲昏了头脑，最后失去了对权力的驾驭，让索尼的变革以失败收场。从出井伸之到吕不韦，我们可以看出在一个组织的特殊时期，领导者的权力要最大化，但是，与此同时更需要谨记的是敬畏权力，合理使用权力。

作为现代职业经理人表率的刘成敏，定义如何将权力转化为领导力，真正解除权力过大带来的险象。刘成敏在对待 QQ、微信上，展现出一种将愿景转化为持续行动的能力，这背后离不开的正是他手中掌握的权力。正如沃伦·本尼斯所说：**"愿景就是领导者的商品，权力则是他们手中的货币，领导力就是对权力的妥善应用。"** 刘成敏在权力应用上最大的亮点，是通过手中的权力最大化实现与员工的信息、资源共享，以服务的姿态支持公司的发展变革。这在某种意义上说明，权力过大本身并不是多大的问题，而是在于领导人如何使用权力。

从吕不韦、出井伸之到刘成敏，横跨上千年，他们在各自领域内，都拥有令人艳羡的权力。可是到最后，命运各有不同，吕不韦是可怜的、出井伸之是可惜的、刘成敏是可赞的。至高无上的权力，何尝不是每个人穷其人生、费尽心思追求的，最终的归宿也逃不出他们三个人所代表的不同命运。大多数人，权力过大带来的只是不幸；少数人，权力过大等来的将是荣耀加身。权力的诱惑，引导着多少职场的小兵成长为企业的中流砥柱，是企业这个江湖上永不落幕的精彩！

险象7 ⊖ 做出迎合众人决定的险象

> 自反而不缩，虽褐宽博，吾不惴焉；自反而缩，虽千万人，吾往矣。
>
> ——《孟子·公孙丑上》

做出迎合众人的决定本身不是一个错误，但是，倘若在作决定时已经知道这个决定不是最好、最稳妥、最有效的，那就是错误了。董事长为了使议案能在董事会里获得通过而做出不利于公司整体发展的决定；领导人在压力之下做出不理性的决策；领导人为了得到大家的支持和喜爱而牺牲了某些正确的原则……

被大家所接受、支持、拥护和爱戴是每个领导人都想追求的，这就有可能给领导人带来险象，而且，这种险象可能会造成严重的后果和后遗症。

在企业界，乔布斯当年被排挤出董事局不能说明大多数股东和董事是对的，而乔布斯是错的。但是，我们也不能说乔布斯斗争的方式方法是合适和有效的。会做出迎合众人决定的领导人的"优点"是：尊重他人、兼听则明、集思广益、从善如流、注重和谐；而"缺点"是：愿景模糊、自信不足、原则性不强、欠缺勇气、方法太少、软弱妥协。因此，面对必须做出不受欢迎的决定时，领导人应该秉承辛弃疾的话："谋贵众，断贵独"。

辛弃疾的"谋贵众，断贵独"要求领导人在作决定之前要广泛地听取相关人士的意见以便分析、甄别和比较各种论点，但是作结论和决策时，要有自己的独立判断，不要人云亦云、优柔寡断、延误时机或迎合大众。

孟子在两千多年前也给领导人开出面对可能会做出迎合众人决定时的药方。孟子说："**自反而缩，虽千万人，吾往矣。**"孟子强调当领导人和别人意见相左时，应该先反思和反省。"自反"，就是反躬自省，回归自己的内心，检验自己的内力。"缩"，就是正直有理。如果经过彻底的反思反省，认为自己是对的、代表正义的、长期对大家都有好处的，那就是面对千万的异议和反对者，也应该义无反顾、勇往直前。大家看看，"虽千万人，吾往矣。"这是何等的悲壮、何等的气魄！

不过，在"虽千万人，吾往矣"的气魄之前，如果"自反而不缩"，在反躬自省后认为自己是错的、不正直的，那"虽褐宽博"，就算反对的人再少，地位和身份再低，甚至反对的人是一些人言微轻的贩夫走卒，也应该引起我们的重视，不要置之不理，掉以轻心。孟子反躬自省的原则也可以是做出迎合众人决定之前的反思参考。

要做到辛弃疾和孟子的境界，可以以孔子的四绝作为修养指南。《论语·子罕》有云："**子绝四：毋意，毋必，毋固，毋我。**"孔子认为，君子要弃绝这四种毛病：意、必、固、我。"毋意"，不凭空臆测、不急于先下结论，听言论、找实证；"毋必"，不全盘肯定，也不全盘否定，要鼓励自由意志、独立思考，要有怀疑精神，凡事要留有余地；"毋固"，不固执拘泥，思想不要老化、僵化，要有创造力，要接受新事物、新观点，不要故步自封。"毋我"，不要自以为是，要知道自己也可能是认识有错或思考不充分。更要明白自己虽然可以独立思考和决策，但也要为别人负责，不然，就变成自我意识太强而我行我素，最后可能独断独行和刚愎自用。

做出迎合众人的决定，迎来掌声和鲜花是容易的，也是愉快惬意的。做出不迎合众人的决定，面对质询和异议是困难的，也是揪心纠结的。但是，如果我们能有理想、目标和原则，能"四绝"，能"谋贵众、断贵独"，能"自反而缩"，那就"虽千万人，吾往矣"。

案　例

●　○　○ ─────────────────── 加兰蒂亚银行：现金的诅咒

1988 年 8 月 19 日，加兰蒂亚银行合伙人马塞尔（Marcel）给所有拿提成的人发了一封信，写道："大家可以买新车、新房或在海边租房。然而，在工作中，我们的大脑属于公司，我们所有的时间和精力也应该奉献给公司。管理你自己钱并在上面浪费时间，看起来可能更有利可图，但这只意味着目光短浅。更重要的是将我们的智慧、时间和精力奉献给公司，而不是只盯着自己的小金库里的那些钱。作为拿提成的人员，其自身利益与银行的成功和收益是呼吸与共的。直到今天，那些埋头苦干、一心一意努力为公司工作的人都已经获得了非常好的回报。"

不得不说，马塞尔很有先见之明，预料到当公司的业绩创了新纪录，员工突然暴富会造成的负面影响。可是马塞尔的警告，并没有引起多少人的注意。几年过后，加兰蒂亚银行非常成功，业绩骄人。在公司合伙人和员工的一再要求下，马塞尔也缺少合适的理由拒绝，给予他们分红就顺理成章了。加兰蒂亚银行的很多员工一夜暴富，造成的后果让人措手不及。

马塞尔这么描述这种后果："现金开始进入他们的口袋，有关打造伟大企业的梦想不复存在。"其中一个合伙人马塞洛·巴巴拉（Marcelo Barbara）对拥有太多钱产生的副作用表述的更清晰："我是最后一个买进口车的，我有一辆带空调的红色帕拉蒂，每个人都笑我，然后钱越来越多了，我在同一天买了一辆沃尔沃和一辆奥迪，然后买了我现在所住的顶层豪宅。那是一个极度富有的年代。但我认为大家手里所积累的财富绊倒了银行，从而使公司失去了重点。"

1990 年，负责加兰蒂亚银行经纪部门的瓦尔（Wahl）与负责企业融资部门的哈达德（Haldad）矛盾公开化，加兰蒂亚银行开始失去重点，与成为伟大企业的目标也越来越远，拉开了走向衰落的大幕。1978年，哈达德加入加兰蒂亚银行，先是担任银行的首席经济学家，后来成为负责企业融资的合伙人，到最后成为公司的CEO。

哈达德对公司一个很大的贡献是，为公司聘请了一批顶级经济学家。正是这些顶级经济学家的加入，帮助公司在越来越复杂的金融市场继续保持与时俱进，帮助公司探索新的金融领域。加兰蒂亚银行合伙人雷曼（Lehman）表示："哈达德及其经济学家，为加兰蒂亚带来了文雅及理论氛围。"加兰蒂亚银行成为巴西第一家开展复杂金融工程业务的银行，这与哈达德的努力有着巨大的关系。很多人认为哈达德领导加兰蒂亚银行理所当然，然而有一个人特别反对，就是公司的老将瓦尔。

瓦尔的第一份工作在圣保罗银行。由于圣保罗银行严格的等级制度，只有在银行供职时间很久的人，才有机会晋升，这让瓦尔感觉很不适应。当时他姐姐的男朋友在加兰蒂亚银行做经纪人，问他是否知道有谁愿意努力工作来赚钱。瓦尔立即表示自己愿意，不久他就进入了加兰蒂亚银行，从圣保罗市中心圣本托街的一间小办公室做起，凭着在交易方面数年的努力，1989年他接管了交易部门。

哈达德是资深的经济学家，学识渊博、行事谨慎。而瓦尔对学习没多大兴趣，在进入公司之前，放弃了法律课程，随后又放弃了大学学业。1987年，在马塞尔强烈的支持下，他才到哈佛大学注册了一门快速课程。哈达德与瓦尔在学术背景、做事风格上的差异，再加上部门间的利益、权力的争夺，造成两人矛盾激化。1992年，交易部门一次违规操作，让瓦尔输给了哈达德。

1992年2月12日，加兰蒂亚银行交易部门持有卖期权的资格，当股价下跌时才能盈利，如果股价上涨就会亏损。当时股价正在上涨，加兰蒂亚银行又不得不结算这笔交易，这就给公司造成巨大的亏损。加兰蒂亚银行交易部门为了控制股价的变动，在12点半与1点之间，加兰蒂亚银行和塔拉里科公司开始以低于市场的价格相互买卖股票。交易所发现了这个不寻常的交易举动后，中断了交易，并要求相关公司做出解释。随后新闻媒体对这次操作市场的操纵事件做了广泛的报道。

作为交易部门的第一负责人瓦尔，受到了来自公司内外的攻击。圣保罗证券交易所和巴西证券交易委员会打算借这件事，惩罚傲慢又不可战胜的加兰蒂亚银行，并当成一个反面教材警示金融业。在公司内部，最高兴的莫过于哈达德，他表示："对我们来说，每个人都是交易员，从部门到交易台再到总监，无一例外。"这一表示，反驳了瓦尔非直接参与操作交易的解释。

瓦尔再多的解释都变得毫无意义，加兰蒂亚银行高层面对企业内外的咄咄相逼，不得不暂时将他送到了哈佛大学。不久，圣保罗交易所给出最终的调查结果，认定这是一次市场操纵行为，给出的惩罚是，要求必须撤换掉参与该事件的人。瓦尔被迫在美国待了六个月，当他回公司后，已经不可能再待在原来的岗位，原来所负责的业务也被分到其他三个人手中。加兰蒂亚银行提供的工作岗位变得不适合他了，于是瓦尔决定离开公司。

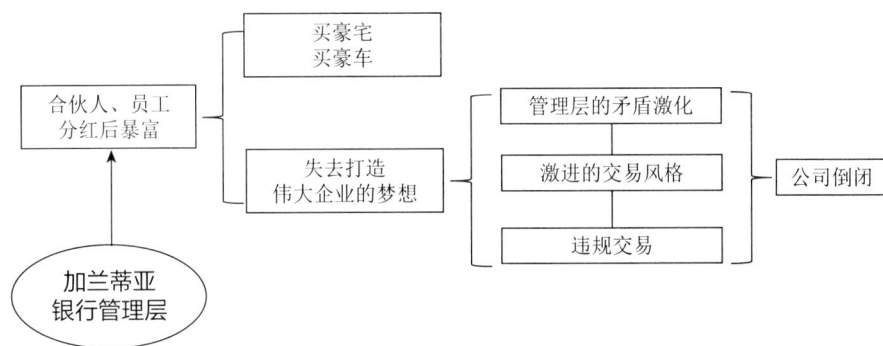

图 7-1　加兰蒂亚银行的覆灭

随着加兰蒂亚银行的业绩创新高，从合伙人到员工都获得了不菲的分红。在财富暴增后，他们把主要精力放在买豪宅、买豪车上，失去了打造伟大企业的梦想。接下来，企业的一系列问题开始出现，管理层因为利益争夺激化矛盾。员工为了获得更多的财富，采用激进的交易手段，为回避风险违规交易。在内忧外患的情况下，公司走向了倒闭。

随着老将瓦尔的离开，普拉多（Prado）与埃里克（Eric）成为加兰蒂亚银行的新一代银行家。虽然瓦尔离开了，但是留给这家银行的交易风格却被保留了下来。普拉多与埃里克大胆的交易风格，对僵化制度的厌恶，一点都不啻瓦尔。他们不把哈达德放在眼中，自作主张，不将任何信息告知哈达德，也不在意自己的行动是否会对上司造成影响。瓦尔离开加兰蒂亚银行时非常有钱，据猜测有1500万美元。他的后来者，想当然地认为模仿他的交易风格，就能够赚得盆满钵满，对于是否能一直待在公司变得不重要了。

1998年6月9日，瑞士信贷第一波士顿银行以6.75亿美元收购加兰蒂亚银行。总结加兰蒂亚银行从辉煌走向倒闭的关键原因是公司的巨大成功让所有人得意忘形，年轻合伙人只关心个人财富，却不在乎这家企业是否健康发展。而这一切又是从哪开始的呢？当公司业绩开始不断向好，公司领导者一味答应为员工分红的请求，尽可能笼络员工，让他们短时间内财富暴增，失去了前进的动力，为公司自我毁灭埋下了种子。

漫威公司：从黄金时代走向黑暗时代

漫威前编辑乔·达菲（Joe Duffy）如此评价漫威20世纪90年代初期："向创作者支付体面的薪水，并让我们分享利润，这种做法带来了那个黄金时代。不过那个黄金时代也同样带来了毁灭自身的种子。"突然之间，人们赚到了许多的钱，他们热衷于买房买车，也会帮朋友买车，甚至还会用钱让专业球队的啦啦队队长成为自己的女朋友。这已经成了一种病。赚到的钱越多，他们的欲望也越大。只拥有一间属于自己的公寓，或者一栋小别墅已经满足不了他们了。他们看待金钱的方式忽然就变得跟摇滚明星和电影明星一样了。

当漫威的创作者获得了丰厚奖金，并没有把精力投入新一轮创作中，而是开着用奖金买来的法拉利去兜风，去泳池玩耍。关于漫威的谈资，不再是公司创作的作品，而是公司的员工怎么快活。漫威的创作走进了一个泥潭，无法自拔，没什么新颖的作品，在对手面前无力抵抗。它的老对手DC公司，在1992年11月创作的漫画《超人之死》，卖得如火如荼，在当期达到了400万的销量，自1987年以来DC公司再次成为销量最高的漫画出版商。

这时的漫威作品无缘销量榜前5名，仅有一部作品挤入前20名。漫威实在找不到好的故事，只能将过去的故事重新包装。比如漫威将14个章节组成的《大屠杀》交叉合作的故事分散到了5部不同的蜘蛛侠系列作品里。另一部作品《致命诱惑》则分散在6部不同X战警系列中。当漫威拿不出质量上乘的故事时，只能在数量上做文章了。

漫威的高管托德·麦克法兰（Todd Macfarlane）表示："漫威之所以是漫威，是因为他们拥有最优质的产品，然而许多年后的现在，他们拥有的只是数量最多的产品，不是最好，而是最多。"漫威所表现出的疲态，不可能因为一位高管的发声而改变，残酷的事实摆在面前，很多员工变麻木了，还不自知。一位漫威编辑对一位读者来信写道："如果你是一个对特殊封面不感冒的铁杆漫画粉丝，那么请不要失望，我们也会印制普通的 1.25 美元版本！在这个充斥着销售花招和高价刺激的时代，我们希望能继续发行优秀的精神食粮！"

更糟糕的是，漫威停止了对发行新作品的探索。漫威有一个传统，用销量低的作品试探内容的创作方向、读者的口味。这一时期，漫威变保守了，扼杀了许多创作者的才华，法比安·尼谢萨（Fabian Nicieza）就是其中的一位。他创作的漫画《流浪者》，是他基于民众对艾滋病的恐惧的深刻理解，将故事中的流浪者描写成一位艾滋病人。他很清楚这样的故事，展现出了广阔的创意，足够吸引读者的眼球。

当他把《流浪者》上交到高层审核时，高层表示漫威宇宙旗下的所有作品都不可能进行这样的试验，漫威宇宙系列才是他们销量的核心组成部分。法比安·尼谢萨反驳道："不是这样的，在漫威宇宙的出版物产品线中，你必须区分出手上各个角色的重要程度，然后才能理解对于特定的角色能做些什么，不能做些什么。"最后，法比安·尼谢萨没有说服对方，作品被毙掉。

当法比安·尼谢萨走出办公室后，与两位同事聊天，说了一句意味深长的话："如果 1996 年比尔·贝文思（Bill Bevans）就坐在这个位置上，那么当斯坦·李（Stan Lee）要求创作黑豹时，也一定会被他枪毙的。"比尔·贝文思就是否定他的那位高层，斯坦·李则是漫威的掌舵人。漫威高层的愚蠢决定，接下来让他们付出了沉重的代价，在五年时间里，漫威发行部在总销量的比重就从 90% 降到 30%。甚至计划在未来，漫画在公司中比重仅占 10%。

漫威在作品创作上无任何进展，管理层却希望收购或合作新公司进入新的领域。漫威收购玩具设计公司 Toy Biz。Toy Biz 高层阿拉德（Arad）担任了漫威动画剧《X 战警》的挂名制片人。他最重要的任务是专门监督所有动画、真人电视和电影项目的开发，架起了漫威与好莱坞的桥梁，成了漫威进入电影业的功臣。

阿拉德对漫威进入电影业胸有成竹。他表示："在棒球比赛里，如果你的打击率能达到30%，那你就已经是超级球星了，而我的打击率高达80%。"
事实上，许多漫画公司在电影行业跑在了漫威前面，阿拉德的如意算盘并没有
打好。资本市场马上给了漫威重重的一击，1993年底漫威股价大幅下滑超过
了60%，而之前的两年表现一直很平稳。股价大幅下滑正是对漫威没有把注
意力放在漫画上的惩罚，它的灾难才刚刚开始。

1994年上半年，漫威漫画的销量下降了36%，外界对公司的抱怨到达了
一个高峰。在圣诞节过后，漫威炒掉了几十个人，这是自1957年后首次裁
员。没有最糟，只有更糟，当年漫威全年亏损了4800万美元。1995年1月3
日，4725名漫威员工失业了，还包括上任不久的两位主编。当时编辑部一个
又一个员工被叫到办公室，告知被辞退了，有的人甚至当场昏倒了，这是漫威
历史上的黑暗时刻。

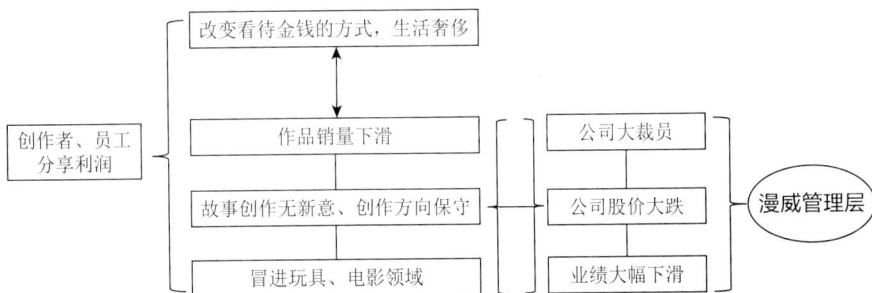

图7-2 漫威的"黑暗时光"

进入黄金时代的漫威，员工开着豪车去兜风，去泳池玩耍，生活方式
发生了巨大的变化。好景不长，漫威的作品在业内销量下滑明显，管理层
也不愿探索新的创作方向。漫威压缩漫画的业务比例，进入到玩具、电影
行业。这并没有提升漫威的业绩，公司遭遇大裁员，股价大跌，进入到一
段衰退期。

从20世纪90年代初期到中期，仅仅5年左右的时间，漫威从黄金时代走
向了黑暗时代。一个无法回避的原因是创作者、员工、管理层在高额薪水面前
迷失了，造成公司接连犯错误，从故事的创作、业务的选择到对待读者的态度
都走了弯路。漫威领导者原本出于好意，希望照顾到创作者的情绪，给予他们

优厚的奖励。但是，让人意想不到的是，这种做法反而让他们走向了歧途，漫威由此也跌到了谷底。后来，凭着培育的一代又一代的粉丝，依靠影市场的曙光，漫威再次崛起，那就是漫威的另一个故事了。

李彦宏：内外有别

2000年3月，李彦宏将紧挨北京大学的北大资源楼仅剩的420和406两间空房租下来，作为百度公司的办公室。李彦宏和5名技术人员在面积较大的420办公，行政、财务、出纳安排在406。百度开业时，李彦宏只规定了两条办公室纪律，一是不准吸烟，二是不准带宠物。

两个月之后，百度拿到了第一个客户——硅谷动力。为此，李彦宏高兴地组织了一次自认为挺盛大的新闻发布会。就在这次发布会上，李彦宏遇到了一点麻烦，做应用展示时，网络掉线，无法演示。待记者提问环节时，却根本没有记者提问，当时记者还不明白百度到底是做什么的。简单来说，百度初期的业务模式是为门户网站提供搜索服务，也就是门户网站上的搜索条其背后服务的提供方是百度。

一年之后，包括新浪、搜狐、TOM、21CN在内的众多门户网站都成为百度的客户，百度几乎垄断国内搜索市场。虽然百度在搜索市场越做越大，但是却挣不到钱，做的事情都是在为别人作嫁衣，百度本身在消费者中也没有名气。李彦宏发现百度的商业模式出了问题，不甘心做幕后英雄的他，计划推动百度转型。

在2001年度百度董事会上，因病在身的李彦宏，在百度深圳分公司的办公室通过电话会议，提出要做独立搜索引擎网站，开展竞价排名的计划。出乎意料的是，他的提议遭到董事会强烈否定。董事会认为，百度对搜索行业还不熟悉，竞价排名模式还不清晰，竞价排名不能马上赚钱。贸然进入，会给百度带来巨大的风险。董事会的担心并不为过，百度转行做搜索门户，也是和几大门户网站为敌，公司的主要客户将转瞬流失。

这时的李彦宏并没有听从董事会的建议，一向冷静、理智的他变得强硬起来，坚持自己的观点，百度一定要转型做独立搜索引擎服务。他对着电话那头吼道："不让百度做独立搜索引擎网站，那就别干了。"最终董事会同意李彦宏转型做独立搜索引擎，并同期推出竞价排名模式。事后，股东告诉李彦宏："是你的态度，而不是你的论据打动了我们！"

2001年9月，李彦宏引进了DFG与IDG两家风险投资基金，获得了1000万美元的投资。当月的22日，百度正式推出独立搜索引擎网站www.baidu.com。李彦宏没有去迎合投资人，关键在于他坚信百度做独立搜索才能立足于未来，同时马上行动起来，牢牢把握住机会。八年之后，他在央视《青年创业中国强》的活动中，分享百度成功秘诀，写下了："认准了，就去做；不跟风、不动摇。"

李彦宏与投资方博弈时，采用的是强硬、执着的策略；在公司内部，李彦宏打出的又是另一套决策战术——听多数人的意见，和少数人商量，自己做决定。即尽可能听取公司内外专业人士的意见，然后与执行工作的核心人员或利益相关者讨论，最后他自己站在整个公司的角度，做全盘考虑，做出决定。我们通过下面这个故事，看看李彦宏是如何践行的。

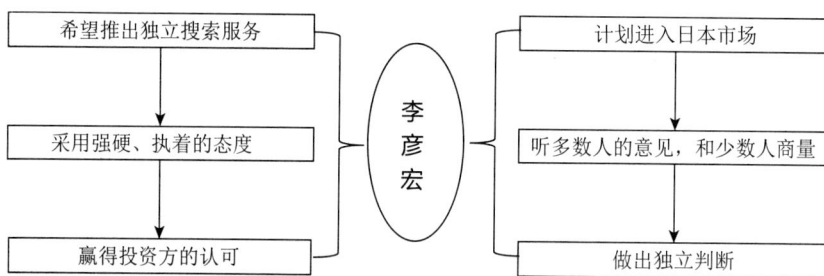

图7-3 李彦宏的双重标准

百度创办初期，李彦宏提出发展独立搜索服务，遭遇到董事会强烈阻碍。已打定主意要做独立搜索的李彦宏，以强硬、执着的态度迫使投资方答应了他的提议。关于百度进军日本市场，李彦宏采取"听多数人的意见，与少数人商量"的策略，与高管商讨调研，听取项目小组的建议，最后独立做出判断。

2006年某天中午，李彦宏与百度元老之一的任旭阳一起吃午饭，谈到百度的国际化问题，他问任旭阳："你觉得我们现在进军日本如何？"任旭阳在听完李彦宏的分析后，心里颇为认同，但还是问了一句："这将是百度有史以来最大的投资项目，怎么能保证决策的正确？"

李彦宏说："这件事要分三步走。听到的意见越广泛，前期的调研越充分，就离正确决策越近。"很快，李彦宏迈出了第一步。当年 6 月，李彦宏和任旭阳一起去日本考察，连续拜访了多家日本互联网公司，向七八家国际化成功的中国企业取经。回国后，任旭阳整理出调研结果交给李彦宏。调研结果证实了李彦宏的判断是正确的，日本是百度迈出国际化第一步的最佳选择。

接下来，李彦宏开始走第二步。百度从产品、技术部门抽调骨干组建日本项目小组。在小组讨论中，成员质疑百度进入日本的能力。李彦宏给他们分析了未来 5 年的形势，并提出了 2012 年划洋而治的计划。另外，任旭阳将前期考察走访的情况向成员做了概述，然后引导组员讨论进军日本的步骤和细节。同时，李彦宏找到进军日本的首席代表人选——陈海腾。

百度进入日本的时间还未定，李彦宏发了邮件询问任旭阳的意见。任旭阳反问："内部意见对于进军日本似乎还存在分歧，怎么办？"李彦宏反问："前期听取各方意见后，你的判断是什么？"任旭阳说："现在正是走出国际化这一步的最佳时机，虽然一定会面临不少的难题，但日本肯定是最合适的第一落点。"

李彦宏接着说："我同意你的看法，听了多数人的意见，与少数人商量之前，决定还是要自己来做，因为你才是掌握最全面情况的人。"任旭阳明白了什么时候该启动进入日本的计划了。2006 年 7 月，李彦宏宣布进军日本的计划。年底，百度日本办事处开张，派了一名首席代表去日本寻找办公地点和人才，自此日本成为百度布局全球的第一颗棋子。

2010 年初，刘强东向媒体放话："5 年内我们不会涉足在线图书市场。"根据之前刘强东常有"食言"的举动，外界反而会认为京东集团计划进入图书市场。当时的图书市场又是怎样的？已在网上图书市场耕耘 10 年的当当网、亚马逊占据前两把交椅，当时国内在线图书的市场规模约有 100 亿元，当当网的规模在 15 亿元~20 亿元，卓越网的规模在 10 亿元左右，剩下的被各种出版社旗下的网站占着很小的市场规模，也就是说整个在线图书市场有 70% 的蛋糕等着分割。

70% 的市场蛋糕还不足以支撑京东进入图书市场。以 3C 产品（计算机、通信和消费类电子产品）起家的京东，要进入图书领域，在分类、仓储、物流上都需要做重大的调整，建立新的系统、新的仓库也是必不可少的，这对京东盈利形成威胁。何况还有当当网、亚马逊两大巨头挡在前面。基于以上原因，当刘强东提出进入图书市场的计划，引起了高管们的强烈反对。

刘强东对高管说："你们讲的都有道理，但我还是要做，因为用户喜欢一站式购物，图书也比 3C 产品的需求大，不提供图书的话，就无法吸引更多用户，这是京东不能接受的。"不过他也给团队吃了一颗定心丸，承诺只投资 1000 万，要是亏光了就罢手。刘强东要进入在线图书市场还有一个原因，那就是当当网和亚马逊已经不局限于图书市场，将双手迅速伸向京东的 3C 领域。

当时，京东商城总裁战略助理、职业电子商务人刘爽表示："'人无远虑，必有近忧'，我们不能允许视线范围内的竞争对手如此野蛮地成长，他们既然可以进攻我们的领地，我们当然也可以把战火烧到他们的城门前，围魏救赵，减轻他们对我们的 3C 和百货构成的威胁。"

奉行"最好的防守就是进攻"的理念，刘强东显然不会坐等对手蚕食自己的市场。他想通过进入图书市场赚取流量，为 3C 产品扩展更广的路子。刘强东坚决要进入图书领域，还有一个更深层次的考虑，图书是全球 B2C（Business-to-Customer，商对客）领域的标配，是 B2C 的始祖门类，是网上销售的象征，立志于将京东打造为"中国的亚马逊"的刘强东怎么会放过这块市场？

刘强东说服京东高管后，从亚马逊中国挖来了石涛担任图书品类的副总裁。按照刘强东的要求，半年之内，石涛要搭建起团队，完成后台系统研发，与物流系统的对接及供应商的签约。在初期，刘强东每周都要听取图书部门汇报，如果有问题提出来，就立刻解决，比如图书页面、后台系统等。由于刘强东时时关注，图书部门快速成长，仅仅 3 个月就签约了 500 家出版商，亚马逊中国上线初两年内也就签约了 200 多家。

2010 年 8 月，刘强东又从亚马逊中国挖来高燕负责图书后台系统开发。由于图书的分类复杂，需要对京东之前的分类进行修改，而这又需要刘强东批准才能修改。因此，改一次就要刘强东审批一次。当次数多了，他就问为什么，图书部门解释之后，他就授权给副总裁审批。3 个月之后，加上高燕，总共 4 个人就完成仓储、后台系统的搭建。

就在图书上线的前期，横向支持还存在问题。石涛向刘强东建议，京东开一次会，将相关体系运营、配送、仓储、IT、财务等人召集在一起，做上线前的决策会。刘强东接纳了他的建议，在他的办公室召开了几百人的视频大会，解决了收货、上架、发货等三四十个细节问题。石涛凭借亚马逊的经验，以为完成这些事要不少于半年时间，而刘强东之前已对后台系统和架构都非常了解，仅在两小时内就解决了问题。2010 年 11 月 1 日，京东图书正式上线。2014 年 6 月，京东就在图书品类上超越了亚马逊，成为市场第二。

今天，当人们提到京东时，首先想到的不是家电、图书、商超、金融，而是物流。物流已经成为京东立足于行业内的撒手锏，不断细化的物流服务，成为京东标杆性的创新产品，将整个电商行业用户的门槛提升到一个新高度。但谁又会想到为京东带来无上光荣的物流，是在初期启动时，刘强东顶住了投资人的反对，坚决推行的战略规划。

在京东自建物流之前，从国内到国外，整个电商行业，都没有考虑自建物流，仓储一体。当时国内物流行业充斥着各种丢货、暴力卸货、监守自盗等现象，服务质量普遍较低，已让国内消费者很失望。这反而让刘强东看到了希望，提出了一个融资的天文数字——10亿美元自建物流。当时，刘强东面对投资方最重要的问题是，建设物流对京东盈利造成的威胁。

京东的早期投资人徐新，为京东建物流算了一笔账：一个城市送20个单子会亏钱，送到2000个单子才能盈亏平衡。从20单到2000单，受时间长短、区域差异的影响，京东必然面临长时间亏损。当时投资方没有彻底想通，存在一些反对声。由于刘强东坚持要做，投资方相信刘强东对商业有着特别强烈、敏锐的嗅觉，所以，勉强同意了刘强东的要求。

于是，接下来的10年，京东累计融资上百亿元建立物流，已形成亚洲一号、快递网络、青龙系统等核心竞争力的物流系统。截至2015年，京东物流体系已经能够满足98%的京东自营商品配送。国家邮政局2016年10月邮政业消费者申诉情况通告显示，每百万件包裹中京东物流的延误仅有0.09件，丢失损毁仅为0.02件，仅0.21件受到客户申诉，这三项指标均低于行业平均水平的十分之一，获评行业最佳用户体验。

用户在晚上11点前下订单，就能在第二天下午3点前收到货；用户在中午11点前下订单，就能当天收到货，即京东推出的"211限时达"服务。"211限时达"的难度在于，确定哪些是11点前下的订单，然后确定配送范围，优先处理。这对京东的技术管理系统、员工作业方式都带来了不小的挑战。管理层认为"211限时达"服务成本过高，操作难度太大，达不到预期效果，反而造成消费者投诉。

这时，刘强东站出来力挺"211限时达"，他认为京东要在各方面超越同行，建立起很好的口碑，就必须树立行业标杆。自2010年，京东推出"211限时达"，5年之后仅这一项服务，就为京东建立同行难以企及的口碑，让京东物流远远走在同行的前列，连续不断升级消费者的购物体验。

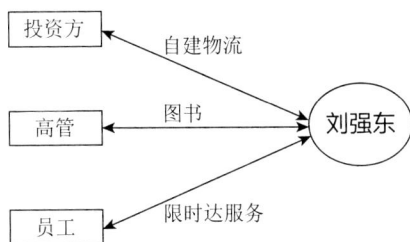

图 7-4　京东帝国的独裁秘密

引以为傲并为消费者所熟悉的京东服务的背后，有刘强东"一意孤行"的决策。顶住投资方的压力，刘强东推出自建物流的战略；当京东要计划进入图书市场时，引起高管激烈反对，已下定决心的刘强东执意上线图书业务；京东计划推"限时达"服务，员工认为很难做到，以树立行业标杆为目标的刘强东，经过周密的安排，保障"限时达"成功推出。

作为京东掌门人的刘强东，不管是面对外部的投资方，还是面对内部的管理层，他用自信、天赋、坚决，将自己的决策贯彻到公司的日常运营中。更值得学习的是，从大的战略规划到小的业务战术，刘强东总能做出不同于常人的决策，为用户体验制造了一个又一个惊喜。走到今天的京东，刘强东"一意孤行"的决策是不可忽略的篇章，彰显京东非同一般的魅力！

综　述

································   ●   ································

　　在企业中，领导者想要获得员工的喜爱与支持，最直接、最简单的办法是提高员工的薪酬和福利水平。基于员工的迫切需求，领导者往往在毫无设防的情况下，掉进了迎合众人的陷阱。其中，加拉蒂亚银行、漫威公司的案例，就是基于一个特殊的背景——公司处于发展的高峰，需要兑现对员工的利益承诺。这是建立在个人财富的爆发上，让很多人失去理性的判断，即使是领导者在面对财富与名声时也会忘乎所以。

　　马塞尔的警告信，前漫威编辑乔·达菲的描述，两者惊人的相似。员工在突然获得大量财富后的状态，以及接下来公司的发展走向，犹如进入一种"癫狂"的状态。想象一下，当员工急切地向领导者表示某种要求时，领导者又沉浸在员工的欢呼鼓舞，又何尝不像一种"癫狂"。也就是说，领导者迎合众人那一刻呈现出一种病态，在不知不觉中，慢慢浸入公司的文化中，轻则如漫威走入低谷，重则如加兰蒂亚银行走向倒闭。

　　每当我们提起中国人的优良品质时，勤劳总会挂在嘴边。这种品质尤其体现在春节期间，我们还能看到快递员上门服务。其中，快递服务最好、最快的，当属京东快递，其之所以能够做到如此高效、精准，源于在公司关键时刻，刘强东排除万难，坚持自建物流。

　　物流是中国人已离不开的线下服务，而搜索是中国人离不开的线上服务。搜索几乎成为我们进入互联网世界的第一道门，百度正是这道门的核心建设者之一。与刘强东相似的，正是李彦宏顶住投资人的压力，坚定走上搜索这条道路。从刘强东、李彦宏身上，我们清楚地看到领导人避开做出迎合众人决定的险象、做出独立前瞻性的判断是何等重要。

领导人要避开做出迎合众人决定的险象，面临的挑战是如何进行有效的决策。按常识来看，有效的决策是从相互冲突的观点、矛盾、意见中产生的。领导人做决策时，既要坚持自己的认识，还要吸收他人的观点，把握住独立思考与迎合众人的界限。李彦宏、刘强东在"一意孤行"的背后，隐藏着将众人的观点整合到自己决策中的大智慧。领导人决策时既需要勇气，敢于应对众人的质疑；又需要智慧，将众人与自己的观点融会贯通，最终做出有效的决策。这就是在本节开篇的时候，我们强调过辛弃疾的一句话："谋贵众，断贵独。"掌握"谋"和"断"的矛盾和冲突，又能够理性地做到平衡和统一，就能够避免领导人产生"做出迎合众人决定的险象"。

险象8 → 被误解和不被赏识的险象

驿外断桥边，寂寞开无主。已是黄昏独自愁，更著风和雨。

无意苦争春，一任群芳妒。零落成泥碾作尘，只有香如故。

——陆游《卜算子·咏梅》

风雨送春归，飞雪迎春到。已是悬崖百丈冰，犹有花枝俏。

俏也不争春，只把春来报。待到山花烂漫时，她在丛中笑。

——毛泽东《卜算子·咏梅》

作为企业领导人，我们应该知道被误解是一种常态。股东会误解我们、董事会会误解我们，更多时候，还会被上司误解、被下属误解、被客户误解、被员工误解、被朋友误解、被家人误解、被社会误解等。被误解的感觉很不好，这是一个人际关系的问题。一个人被误解之后可能会有以下反应：

（1）选择好的时间，对相关的人把相关的事解释清楚，这是正面、理性的处理方式。道理很简单，但是对很多人来说不容易做到。

（2）请第三方代为解释和处理。这方面的问题主要是第三方人选的选择，身份、地位、能力、意愿和承诺是主要考虑的因素。

（3）淡定面对，淡化处理，束之高阁，不予理会，以后不再接触或减少接触。

（4）急于消除误解，解释不清，事件越闹越大，误会加深。

（5）由误解引发冲突、对立，矛盾加剧并公开化。

（6）由于害怕被误解，或妥协立场，或放弃原则，或扭曲行为，或拒绝接触。

（7）委屈接受，心有不甘，可能在未来的某个时期集中爆发，造成难以调和，甚至到无可挽回的地步，最终关系破裂。

除了前两项，因被误解而引起的各种遐思和冲突，很容易破坏人际关系。许多股东之间的纷争、董事之间的矛盾、部门之间的误会，领导人要正面面对，并且加以解释，如果解释不通，也要有自信地等待更好的时机来消除误解。如果置误解于不顾，置误解于不屑，很可能会激发更大的矛盾和冲突，导致覆水难收的结果。

领导人也可能因为得不到别人的赏识，对自己的能力和贡献产生怀疑，导致信心动摇，丧失工作激情和动力，也可能因此失去工作成就感而意兴阑珊甚至是萌生退意。所以，领导人应该对自己有信心，按照自己的原则和节奏去做事，不要太在意别人的议论，更不要只注重别人对自己的赏识。只要做得对、做得好，不被赏识只是暂时的，最终的赏识和奖励必将到来。领导人不要只让别人为自己摇旗呐喊，要懂得自擂战鼓，按照自己的鼓声和节奏前进，不要因为不被赏识就意气消沉，必须要有自信，要懂得自我激励。

被后人尊称为"唐宋八大家"之首的韩愈，也曾有过不被赏识的阶段。当初，他初登仕途而不得志，曾经三次上书宰相求擢用，但结果是"待命"四十余日，而"志不得通"，"足三及门，而阍人辞焉。"之后，韩愈又投奔了几个节度使，却始终得不到重用，面对官场的黑暗，终日郁郁寡欢。就在这样的情况下，韩愈写成了《马说》这篇传世的经典文章。文中他用讽刺、反问、感慨、抑扬的方式，表达了对封建统治者不能识别人才、不能重视人才以至埋没人才的强烈不满。**"千里马常有，而伯乐不常有"**，虽然说明了得不到别人赏识是一件十分正常的事情，但是，如果"策之不以其道，食之不能尽其材，鸣之而不能通其意"，就随便地下"天下无马"的判断，那么就真的是"真不知马也"！

明代的冯梦龙在《喻世明言》卷五中写道："眼见别人才学万倍不如他的，一个个出身显通，享用爵禄，偏则自家怀才不遇。"文中的主人公才华横溢，自幼精通书史，广有学问；志气谋略，件件过人。但是，"只为孤贫无援，没有人荐拔他。分明是一条神龙困于泥淖之中，飞腾不得。"因此，每天就郁郁地叹息：**"时也，运也，命也。"**为此，他时常去喝闷酒，并且总是一醉方休，哪怕有上顿没下顿，只要有酒就都无所谓。每次酒醉过后，总是狂言乱叫，发疯骂坐，左邻右舍都被他吵得不耐烦，没一个不讨厌他，偷偷地在背后骂他是"酒鬼"。即便如此，他对自己的才华还是信心满满，依然饱读诗书。**"酒肉穿肠过，才情心中留。"**终于，一次偶然的机会，他的才气竟被太宗皇帝发现。之后，因为受到太宗皇帝的赏识，言无不听，谏无不从，不到三年，就做到了吏部尚书。

被别人误解和不被别人赏识是难受的、不堪的，但是，领导人不要因此和别人争斗、辩论，应该要洁身自好，努力做好自己该做的事，纵使有"群芳妒"，也要像陆放翁一样，虽然"已是黄昏独自愁"，但还是"只有香如故"。到最终，误解化了，赏识来了，也不可沾沾自喜而自以为是，应该效仿毛主席在"咏梅"词中描写的境界，**"俏也不争春，只把春来报"**，虽然经历了**"悬崖百丈冰"**，仍然能够促成**"山花烂漫时"**，而且还能够豁达地**"在丛中笑"**。

案 例

● ○ ○ ────────────────────────── 苏轼：坎坷仕途

大江东去，浪淘尽，千古风流人物。

故垒西边，人道是，三国周郎赤壁。

乱石穿空，惊涛拍岸，卷起千堆雪。

江山如画，一时多少豪杰。

遥想公瑾当年，小乔初嫁了，雄姿英发。

羽扇纶巾，谈笑间，樯橹灰飞烟灭。

故国神游，多情应笑我，早生华发。

人生如梦，一尊还酹江月。

——苏轼《念奴娇·赤壁怀古》

宋神宗元丰二年（公元 1079 年），因与王安石变法派的矛盾，四十三岁的苏轼被贬湖州。上任后，他例行公事，给皇上写了一篇《湖州谢上表》。这篇文章中有这么几句："陛下知其愚不适时，难以追陪新进；察其老不生事，或能牧养小民。"这本是普通的几句牢骚话，却让同僚（变法派）扣上"愚弄朝廷，妄自尊大"的帽子。

接下来，事情进一步恶化。监察御史舒亶、御史中丞李定等人，从苏轼过往的诗句中断章取义，给他制造了莫须有的罪名。比如"读书万卷不读律，致君尧舜知无术"是指他讥讽皇帝；"岂是闻韶忘解味，迩来三月食无盐"是指他讽刺新政。苏轼上任才三个月，就被御史台逮捕，史称"乌台诗案"（乌台，即御史台，因其上植柏树，终年栖息乌鸦，故称"乌台"）。

狱中的苏轼，认为自己必死无疑，给弟弟写下了"与君世世为兄弟，再结来生未了因"的诀别诗，写了《狱中寄子由》。按规定，狱卒将苏轼的文章呈交给皇帝。皇帝看后大为感动，被苏轼的才情折服。再加上当时，王安石等众多朝廷官员求情，皇帝打算对苏轼从轻发落，贬其为黄州团练副使。

黄州团练副使相当于现代民间的自卫队副队长，这个职位卑微无实权。初期，苏轼到任后心情很低落，曾说："黄州真在井底。"但天性乐观的苏轼，很快走出郁闷的心情，带领家人开垦一块坡地，种地补贴家用，"东坡居士"便来自于此。充足的时间，让他多次游览黄州城外的赤壁山，写下了流传千古的"赤壁三绝"——《赤壁赋》《后赤壁赋》和《念奴娇·赤壁怀古》。

元丰八年（公元1085年），宋神宗去世，十岁的宋哲宗继位，高太后垂帘听政，起用旧党领袖司马光为相，作为旧党的苏轼升迁为登州太守。仅上任五天，苏轼就被召回朝中，接连升迁，先后升为起居舍人、中书舍人、翰林学士知制诰、知礼部贡举。旧势力掌权后，将王安石新法尽废，变法派的人物皆被打压。苏轼看不惯司马光的这一做法，腐败现象加剧，与他的民本思想相违背，再次向皇帝提出谏议，引起了保守势力的极力打压和诬陷，在变革派与保守派都无立足之地，他自求外调。

出任杭州太守一年零七个月后，元祐六年（公元1091年），苏东坡被召回朝廷，担任了七个月的吏部尚书，然后出任颍州、扬州太守，再任兵部尚书一个月、礼部尚书九个月。这种频繁的调动，反映了新旧两种势力斗争的激烈，在这中间，苏轼扮演着制衡的角色。由于高太后的庇护，苏轼的官运总体还算不错。

直到高太后去世，绍圣元年（公元1094年）宋神宗亲政，重启先帝的事业，继续推行新政，原来投机变法的章惇、吕惠卿、蔡京等人被重新起用。可是苏轼被认定为司马光派。朝廷以苏轼起草制诰"讥刺先朝"的罪名，撤掉他翰林侍读学士等官衔，先贬英州，接着在一个月内连续三次降官，最后贬为建昌军司马惠州，在这里他住了两年零六个月。

这时的苏东坡已年过六十，有过被贬黄州的经验，这次便以一种随遇而安的心态看待被贬，从当地特殊的风情中寻找乐趣。当时的惠州是个不毛之地，苏轼将中原的秧马、水力碓磨等科技带到此地。"花褪残红青杏小。燕子飞时，绿水人家绕。枝上柳绵吹又少，天涯何处无芳草"的千古绝唱就是苏轼在这一时间段完成的。

有一回，苏东坡写了一首《纵笔》小诗："白头萧散满霜风，小阁藤床寄病容。报道先生春睡美，道人轻打五更钟。"大意是讲一个白发老头在春风吹拂的午后躺在藤椅上酣睡，还听着房后寺院和尚的敲钟声。这首诗被他的政敌宰相章惇知道了，认为苏东坡在惠州过得太舒服，于是上奏宋哲宗，说他讥讽朝廷，请求再贬海南。于是花甲之年的苏东坡被贬海南儋州。他将家属留在惠州，只携带幼子苏过去了儋州。

资料显示，在宋朝，放逐海南是仅比满门抄斩罪轻一等的处罚。政敌还给苏东坡下了"三不"禁令：不得食官粮、不得住官舍、不得签公事。在适应了岛上的生活后，苏轼开始带着岛上的人挖井取水、上山采药、开办学堂、传播文化。他还为海南培养出第一个进士姜唐佐，这是海南在宋代一百多年里的第一个进士。到今天，儋州还存在东坡村、东坡井、东坡田、东坡路、东坡桥、东坡帽等。

元符三年（公元1100年），宋徽宗继位大赦天下，苏轼复任朝奉郎。他离开海南时，写下了《别海南黎民表》："我本儋耳人，寄生西蜀州。忽然跨海去，譬如事远游。平生生死梦，三者无劣优。知君不再见，欲去且少留。"在海南生活了三年的苏轼，已将儋州当成了他的第二故乡。建中靖国元年七月二十八日（公元1101年8月24日），苏轼在常州（今属江苏）病逝。葬于汝州郏城县（今河南郏县），享年六十五岁。宋高宗即位后，追赠苏轼为太师，谥号"文忠"。

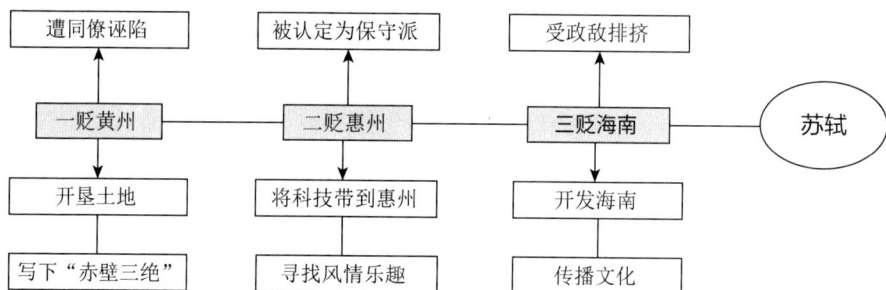

图 8-1　越挫越乐观的苏轼

　　"三贬"勾勒出苏轼的政途。一贬，受政敌诬陷，被贬黄州，在黄州经历一段从初期的黑暗到后来的潇洒生活，写下千古诗词。二贬，被认定为保守派，被贬惠州，由于有了被贬的经验，有了充分的心理准备，既造福于惠州又享受惠州的自然风光。三贬，受政敌排挤，被贬海南，开发海南，传播文化。苏轼天性乐观，一次又一次被贬，没有消磨他的意志，反而成就了一位伟大的文学家。

　　苏轼虽然在一甲子的人生中有多次的不被赏识、多次的被误解、多次的被贬官、多次的被放逐，但是，生性乐观的他，坦然面对、淡然处之，每个阶段都能够写出很好的文章和诗句，又能够很好地生活，为所在县域的老百姓带来新知识、新技术、新文化。这种"穷则独善其身，达则兼济天下"的情怀，非常难得。国学大师林语堂给了苏轼全面的总结：无可救药的乐天派，伟大的人道主义者，亲民的官员，大文豪，新派画家，大书法家，造酒实验者，工程师，假道学的反对者，静坐冥想者，佛教徒，儒学政治家，皇帝的秘书，酒鬼，厚道的法官，坚持自己政见的人，月夜游荡者，诗人，或者谐谑的人。

埃隆·马斯克：假期会害死你

1999 年 2 月，年仅 27 岁的埃隆·马斯克（Elon Musk）将 Zip2 公司以 3 亿美元卖给惠普，获得 2200 万美元的资产。不到一个月，他用 2200 万美元中的 1200 万美元创建新的金融企业 X.com，纳税之后，就剩 400 万美元。X.com 联合创始人何艾迪说道："他承担个人风险的意愿达到了近乎疯狂的地步，当你选择这么做的时候，要么大获成功，要么最后一无所有。"

埃隆·马斯克进入金融业时有个粗浅的认识：那些银行家在金融领域所做的事情都是错的，他可以比其他人都做得更好。他创办 X.com 的目的就是要颠覆金融业，这意味着从一开始他就要受排挤，忍受巨大的痛苦。埃隆·马斯克组建了一个豪华的团队，找来了两个在金融领域经验丰富的加拿大人——哈里斯·弗里克（Harris Fricker）和克里斯托·佛佩恩（Christopher Payne）。

创办初期，团队内部常常出现摩擦，尤其埃隆·马斯克与哈里斯·弗里克两人存在不小的分歧。哈里斯·弗里克认为埃隆·马斯克对外发表的关于反思整个银行系统的言论不切实际，简直愚蠢至极，因为公司当时举步维艰，他说的一切还只是镜花水月。最后，两人矛盾闹到不可调和的地步。

仅在公司成立 5 个月后，哈里斯·弗里克对埃隆·马斯克说，要么让他担任 CEO，要么他把公司里的每个人都带走，然后成立一家属于自己的公司。埃隆·马斯克说，"我才不吃胁迫这一套，你赶紧去成立新公司。"接着哈里斯·弗里克与核心工程师离开 X.com，公司就只剩几位忠心的雇员。

因为红杉资本著名投资人迈克·莫里茨（Mike Moritz）的支持，几周之后，许多工程师加盟到 X.com。1999 年 11 月，公司创建了世界上第一家网上银行，感恩节前夜，X.com 正式向公众开放。X.com 开发了一个非常超前的创新功能，在网站上输入对方的电子邮件地址，就可以转账给对方，颠覆了缓慢的银行体系。仅仅几个月，就有20万人接受这个理念，在X.com注册了账户。

当X.com高歌猛进时，另一家互联网金融公司也在崛起，是由麦克斯·列夫金（Max Levkin）和彼得·蒂尔（Peter Thiel）创办的Confinity公司。Confinity公司设法使Palm Pilot掌上电脑的持有人通过红外端口来支付。两家公司展开了激烈的竞争，先后花数千万美元做促销活动、数百万美元防御黑客攻击来吸引客户。2000年3月，两家公司决定由竞争走向合作。Confinity由于每天花10万美元去鼓励新用户，导致现金储备枯竭，而X.com却有充足的现金。埃隆·马斯克牵头，决定将两家公司合并，成为新公司最大股东，新公司名字仍沿用X.com。

合并后的公司，虽然获得1亿美元的融资，但是在企业文化、公司技术方向上的融合成为一道过不去的坎。X.com技术基础设施偏向于微软的数据中心软件，Confinity喜欢Linux等开源软件。公司仅仅合并两个月，双方的矛盾已不可调和，彼得·蒂尔被迫辞职，麦克斯·列夫金因技术分歧也要决定离职。随着用户激增，X.com的技术问题愈加明显，公司网站每周都会崩溃一次。会员增多，交易量暴增，并没有让X.com取得收益，反而亏得更厉害。这时X.com已处于危机中，人们将罪责归于埃隆·马斯克身上。

需要说明的是，两家公司合并后，埃隆·马斯克并不是新公司的CEO。X.com投资人找来了经验更为丰富的金融人士财捷集团的比尔·哈里斯（Bill Harris）担任CEO，彼得·蒂尔任CFO（首席财务官）。可是两人在公司业务上存在巨大的分歧。随着比尔·哈里斯将25 000美元作为政治献金献给民主党的事情公开，双方彻底走向分裂。在这种局面下，彼得·蒂尔离职，比尔·哈里斯被董事会换掉，埃隆·马斯克重新回来担任CEO。在某种程度上，他的这次回归成了X.com遭遇危机的"替罪羊"。

此时的埃隆·马斯克还正打算开启一次悉尼蜜月之旅（2000年9月），他怎么都不会想到一场政变正向他袭来。麦克斯·列夫金带着一群X.com员工在硅谷的芬妮与亚历山大酒吧，谋划一场堪称硅谷历史上最为臭名昭著的互联网政变。他们怂恿董事会，解除埃隆·马斯克的职务，请彼得·蒂尔回来担任

CEO。当时忠于埃隆·马斯克的阿肯布兰特说，"我简直不敢相信，我发疯似的给埃隆打电话，但他在飞机上。"当飞机落地的时候，董事会已同意"反叛者"的提议，赶走埃隆·马斯克。

埃隆·马斯克听说后，马上乘下一班飞机回公司。他曾自嘲："整个假期这件事都让我沮丧。"一开始，他试图反击，让董事会收回决议。可是当他看到公司没有他，仍能继续往前走，他的态度开始转变。他说："并不是我多想当 CEO，而更多的是，我觉得有一些重要的事情应该去做，如果我不是CEO，我不确定是否会有人去做这些事情。"

2001 年 6 月，彼得·蒂尔将 X.com 改名为 PayPal。此时，在公司几乎没有话语权的埃隆·马斯克表现出出乎意料的克制，没有任何反对与抱怨。他以顾问身份留任公司，并通过注资成为 PayPal 的最大股东。不久 eBay 向 PayPal伸出橄榄枝，由于他的坚持，PayPal 卖出一个好价格，2002 年 7 月以 15 亿美元卖给 eBay，并有望成为独立公司实现上市。在这笔交易中，埃隆·马斯克净赚约 2.5 亿美元。

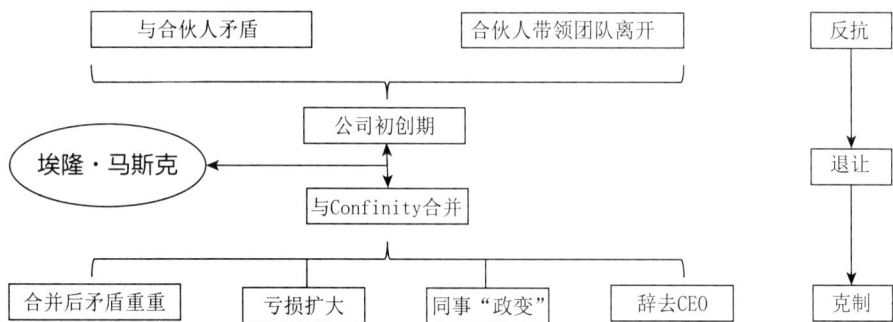

图 8-2　埃隆·马斯克的心态历练

埃隆·马斯克在创业初期，由于与合伙人的矛盾，导致合伙人带领团队离开。在公司合并后，他又遭遇到员工、管理层的背叛，被赶下 CEO的位置。基于公司大局的考虑，他在经历这些遭遇后，逐渐变得成熟，心态从反抗、退让到克制，有力推动 PayPal 以高价卖给 eBay，让他获得不菲的收益，为他的汽车梦、航空梦打下了基础。

从 X.com 与 Confinity 合并后到 PayPal 最后卖给 eBay 期间，埃隆·马斯

克在 PayPal 的作用与价值一直在遭受员工和外界的误解与批评。2004 年，Confinity 的一名员工写了一本《PayPal 战争》的书，里面用大量篇幅诋毁埃隆·马斯克，导致外界质疑他是否是 PayPal 的联合创始人。最终，他于 2007 年专门写了一封邮件，向外界解释了他作为联合创始人的 7 个证据。

一个很有趣的现象是，书中那些诬蔑埃隆·马斯克的内容，都是通过 PayPal 的员工来证明书中内容的荒谬。同时，又是这些员工认为埃隆·马斯克对于公司的品牌、网络、欺诈问题处理不当。事实是，正是由于埃隆·马斯克的引导，才让 PayPal 成为 9·11 事件后第一家重磅的上市公司，他设想了许多早期技术，包括结合分类目录、地图和网站的垂直整合技术等在后来成为互联网发展的支柱。他在新能源汽车、航天领域的成功，再一次证明他在产品创新、企业管理、商业模式上非同一般的才华。

● ○ ●——————————————————————— 李一男：二流的人生

2000 年某天，任正非带领所有"总监级"以上的高层在深圳五洲宾馆举行一次豪华的欢送会。是谁有如此大的魅力，让一直低调、神秘的任正非做出如此非同寻常的举动？正是这场欢送会的主角——李一男。1993 年，从华中理工大学硕士毕业的李一男加入华为，仅半个月，他就被升任为主任工程师。两年之后，他被提拔为总工程师。而加入华为的第四年，年仅 27 岁的李一男成为公司最年轻的副总裁。有华为内部说法称，任正非一度对李一男以"干儿子"相称。

2000 年，华为推出内部创业计划，离职员工通过手中的股权兑换相应价值的产品，与华为签订一份协议，作为华为产品代理商进行创业。当时有一批中高层离开华为去创业，李一男是其中职位最高的一位。他通过华为的股权分红和结算拿到了价值 1000 万元人民币的设备，创办了港湾网络，销售华为设备和自己的产品。

李一男离开华为，还有几个细节值得人们重视。李一男与任正非存在着技术发展道路上的分歧。任正非认为移动通信领域技术的未来是 3G（第三代移动通信技术），而李一男更加偏向于第二代移动通信技术。一向以技术擅长的李一男，被任正非调离了研发部门，去负责市场的产品部。虽然任正非的本意是想让李一男获得更好的锻炼，在未来肩负更大的责任，但李一男似乎并没有理解任正非的良苦用心，这是他离开华为自主创业不可忽略的一个因素。

《环球企业家》杂志认为，李一男的出走，直接原因是李一男与郑宝用（华为元老之一、华为公司研发奠基人）之间的矛盾激化。任正非认为自己无法协调好二人之间的关系。这时李一男自主创业，将这些矛盾短时间内一一化解。可是这其中的伤痕再也无法弥合，暗示了未来任正非与李一男走向决裂的命运。

港湾创办的第一年就获得近 2 亿元的年销售收入，此时的李一男已不甘心做华为的分销商，决定背弃与华为的承诺，转向自主研发，这超出了任正非的意料。更多意料之外的事情涌现在任正非面前，李一男从华为挖走大批高管，引入风险投资基金，开发路由器、交换机等产品，与华为开展面对面的肉搏。李一男的这一做法对华为内部创业产生了恶劣影响，造成华为先后超过3000人出走创业，模仿李一男，对华为业绩造成了不小的影响。

任正非曾对李一男给华为造成的恶劣影响这样描述："2001至2002年华为处在内外交困、濒于崩溃的边缘。你们走的时候，华为是十分虚弱的，面临着很大的压力。包括内部许多人，仿效你们推动公司的分裂，偷盗技术及商业秘密。华为那时弥漫着一片歪风邪气，都高喊'资本的早期是肮脏的'的口号，成群结队地在风险投机的推动下，合手偷走公司的技术机密与商业机密，像很光荣的一样，真是风起云涌使华为摇摇欲坠。"

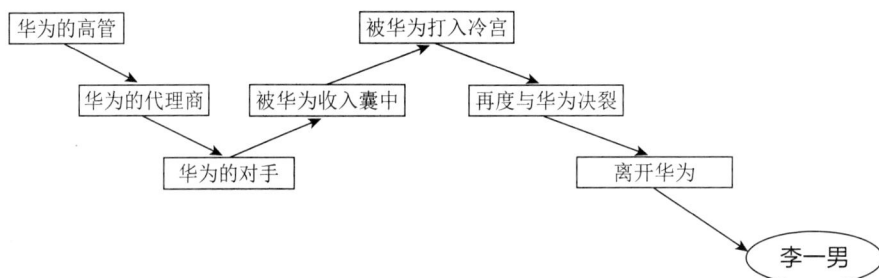

图8-3 李一男与任正非的恩怨纠葛

携华为高管、任正非"干儿子"双重身份的李一男开始创业，从华为代理商发展到令华为胆寒的对手。在华为强烈猛攻下，李一男败下阵来。已沦为任正非眼中叛徒的李一男，失去任正非的信任，重回华为后，并没有得到重用，不得不再次出走，最终与华为决裂。

李一男的行为显然在动摇华为的基业，迫使任正非对港湾公司下达"必杀令"。2004年，华为专门成立"打港办"。"打港办"有两条基本原则：一是让港湾有营业额但赚不着钱，二是绝对不让港湾上市。在与港湾进行竞标时，以低到2折的价格赔本与港湾抢项目，对港湾的骨干员工，进行高薪回聘。外界称，华为熟悉港湾的每一个细节，几乎可以挖走它想要的任何人。网易财经报道，港湾网络人力资源部甚至还专门制作了"港湾网络防员工反水教案"的PPT，以防止华为旧将回流。

随着华为一系列的进攻动作，港湾很快承受不住了。港湾本来有机会被西门子收购，这时华为派出以董事长为首的团队与西门子交涉，西门子碍于与华为的战略合作关系，放弃收购港湾。2004年8月，港湾首次准备冲击海外IPO，负责承销的高盛收到关于港湾涉嫌数据造假的匿名邮件，经过调查未有造假行为。港湾第二次冲击IPO，又收到华为的律师函。港湾所有的生存之路，几乎都被华为封住了，迫使李一男给任正非写信，请求他高抬贵手，早已被惹怒的任正非并没有搭理他。

2006年6月6日，华为以17亿元将走投无路的港湾收入囊中，至此华为与港湾的恩怨就此了结。可是任正非与李一男的积怨已久，再谈信任、理解都已无可能。华为收购港湾后，李一男重回华为，被任命为副总裁，担任首席电信科学家。事实上，这是个虚衔，在重大事件上李一男没有任何决策权和参与权。当时，李一男负责的是手机部门，还只是为欧美代工，而且华为正考虑出售这个部门。重回华为的两年，李一男一直没被重用，心中的委屈不言自明。这无疑是任正非刻意为之，李一男的背叛是任正非难以解开的心结，被李一男亵渎的信任转化为任正非的惩罚。华为员工内部透露，任总是在向所有员工发出警示，希望能够以儆效尤。知情人士曾说："李一男感觉客户来时，看他如同观动物园中的熊猫似的，并深感受辱，后来合同期满便旋即离开。"重回华为两年之后，李一男最终还是与任正非决裂了，离开了华为。2008年10月，李一男投奔百度担任首席技术官。李一男和任正非的关系是从被赏识到被打击，从彼此了解到产生误解，在这个过程中，谁是谁非也只有他们自己清楚。只是，这个不被赏识和误解的故事，最后似乎变成了两败俱伤。

2015年6月3日，李一男因涉嫌内幕交易被刑事拘留；2017年9月28日，被判处有期徒刑两年六个月。怎样的未来在等着他，任正非又是怎样看待未来的李一男？李一男对媒体这样定义过自己："一流的人生，就是看着别人犯错误，自己不犯错误，吸取经验教训；二流的人生，是自己犯错误，自己吸取教训；三流的人生，是自己犯错误，自己还不吸取教训。我学习还不够及时，目前还只是二流的人生。"

● ○ ○ ━━━━━━━━━━━━━━━━━━━━━━━━ 蔡崇信："敏感"的军师

1964 年，台湾的一个法学世家诞下一个婴儿，取名叫蔡崇信。这家的主人，蔡崇信的父亲蔡中曾、祖父蔡六乘，创办了以国际法律事务见长的"常在法律事务所"。蔡中曾是台湾取得耶鲁大学法学博士的第一人，还担任耶鲁大学的校董。蔡六乘还曾经接受过上海黑帮教父杜月笙的法律咨询。多年之后，蔡崇信追随父亲的脚步，取得耶鲁法学博士学位。毕业之后，蔡崇信先后在纽约的苏利文＆克伦威尔法律事务所、北欧地区最大工业控股公司银瑞达集团工作。1996 年，他与台南帮大佬、南纺创办人吴三连的孙女吴明华结婚，在台湾的晶华酒店办了一场世纪婚礼。

同样在 1964 年，杭州的一个普通家庭诞下了一个婴儿，取名叫马云。这家的主人，马云的父亲马来法是杭州摄影图片社的摄影师。母亲是崔文彩，在当地一家工厂当工人。由于父母都喜欢一种说唱艺术——评弹，所以评弹自然而然地成为马云小时候最大的娱乐生活。1984 年，马云经过三次高考，最终考上一所本地学校——杭州师范学院。当时，杭州师范学院男生录取的名额不够，因此，分数不够的马云才有机会勉强被录取。1994 年，马云在杭州创办海博翻译社；1995 年，马云创办的"中国黄页"成为中国最早的一批互联网企业；1999 年 1 月，马云在杭州湖畔花园创办阿里巴巴。

1999 年，同一年出生的蔡崇信、马云，两个地域、家庭背景、成长环境、教育背景完全不同的人开始有了交集。蔡崇信在投资公司银瑞达香港工作期间，开始与创业者接洽，有意参与到企业运营中。他有一个做通信的台湾朋友叫杰里吴，有一次杰里吴从杭州回来，告诉蔡崇信："你应该去杭州看看这个马云，他挺了不起，很有远见的一个人。"这是蔡崇信第一次知道在这个世界上有一个人叫马云。

杰里吴希望阿里巴巴能收购他的企业，找蔡崇信帮忙，于是有了蔡崇信与马云的第一次见面。蔡崇信回忆："我还记得第一次看到那栋楼的感觉。他让我想起了我祖母在台北的房子。楼梯又窄又旧，十几双鞋子就摆在房门前。公寓里散发着难闻的味道。我当时还穿着正装。那时正是5月，闷热潮湿。"

蔡崇信见马云的第一印象："倒坐在椅子上，轻拍着手，好像是武侠小说中的人物。"马云同时用汉英两种语言自由切换，向蔡崇信介绍阿里巴巴的远大目标。不管是马云的个人特质还是阿里巴巴的商业模式都对蔡崇信产生了很大的吸引力，一种对马云的敬佩之感油然而生。这时，蔡崇信已经有了要跟随马云一起创业的想法。

蔡崇信回到香港后把与马云见面的情况，兴奋地讲给妻子吴明华，并想放弃香港的高薪工作去杭州创业。妻子很担心，就决定和他一起去见见马云，看看阿里巴巴是怎样的一个公司。于是，蔡崇信带着妻子第二次去见马云。第二次见面，蔡崇信认识到马云的另一面，看到马云的热情、胸怀、弱点、力量。加上第一次见面，他看到的是马云的冷静、专业，偏理性，而这第二次就是偏感性。这让他下定了决心，投奔马云。

蔡崇信说："我第二次去杭州是因为我在马云身上看到了一些不一样的东西，不只是他所描绘的商业愿景和他眼中闪耀的光芒，还有整个团队的人，他的忠实支持者。他们都相信这个愿景。我告诉自己，如果要加入一个团队，这就是了。他们有一个头脑清晰的领导者，能把握全局。谁都能感受到他有很强的亲和力。"蔡崇信在银瑞达的薪酬是70万美元，他愿以600美元加入阿里巴巴。第二次见面期间，他们去西湖划船，蔡崇信第一次向马云提出要加入阿里巴巴，马云惊讶地差点从船上跳到西湖里。

任何一种信任都是需要用实实在在的行动去表达、证明的。蔡崇信获得马云的信任，为阿里巴巴做好融资的前期工作。当时的阿里巴巴，还不算是通过合法程序组建的公司。他的第一项工作就是登记阿里巴巴的股东，把公司筹建起来，特别是为创始的"十八罗汉"，拟了十八份完全符合国际惯例的股份合同，随后整理阿里巴巴的客户。

当时，最迫切的工作就是为阿里巴巴融资，并效仿新浪、搜狐、网易注册离岸公司，组建阿里巴巴的组织架构，这都是为方便风险融资做准备。做完融资的基础工作后，蔡崇信与马云奔赴美国，开始接洽投资人。一周时间，他们见了几十位投资人，但是都没有达成意向。直到 1999 年 10 月，蔡崇信为阿里巴巴谈成第一笔 500 万美元融资，投资方阵容堪为豪华，高盛领投，参与者有富达投资、新加坡政府科技发展基金和他的老东家银瑞达。从融资速度到融资阵容，都彰显了蔡崇信无可替代的作用。

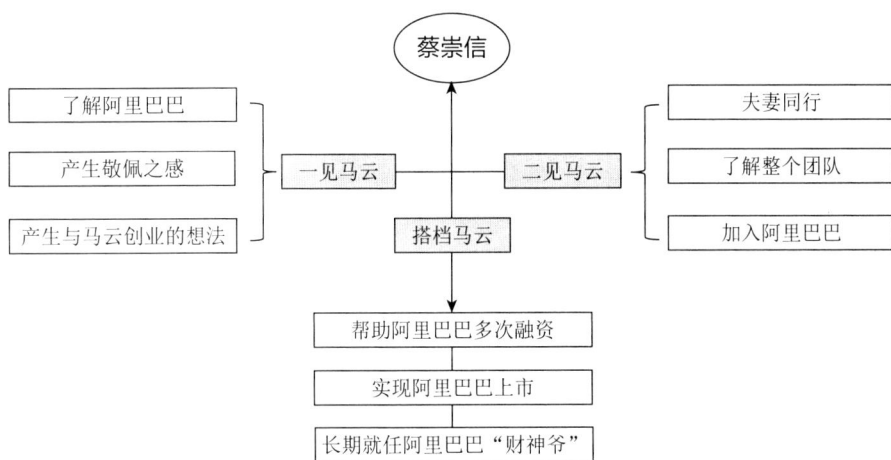

图 8-4　一个"创业家"和一个"军师"的互相赏识

蔡崇信第一次见马云，在了解阿里巴巴的过程中，就被马云的魅力所折服，打算与马云一起创业；第二次再见马云，对阿里巴巴做了更细致的了解，从感性到理性，都有理由充分信任马云，自然而然加入了阿里巴巴。两人搭档共事，蔡崇信帮助阿里巴巴完成融资、上市，赢得马云充分信任，长期就任阿里巴巴的"财神爷"。

随后的几年，蔡崇信两次为阿里巴巴融资。一次是 2000 年互联网泡沫时，蔡崇信对孙正义前两次的出价，勇敢地说"不"，与马云完美搭档，从软银融资 2000 万美元。2004 年，蔡崇信为阿里巴巴融资 8200 万美元，成为当时中国互联网历史上融到的最大一笔资金。正是由于这三轮融资，为阿里巴巴创业打下了坚实的基础，让阿里巴巴脱胎换骨，挺过创业初期的种种困难。

马云曾说，这辈子他要感谢四个人，前二位是让阿里巴巴引进资金和资源的孙正义和杨致远，一位是他一直崇拜的武侠小说作家金庸，最后一位，就是蔡崇信。

蔡崇信加入阿里巴巴后的十多年，一直充当着阿里巴巴的"财神爷"。阿里巴巴的财务、资金调度、投资、募资到重新挂牌上市，全都由蔡崇信统筹负责，这也反映马云对这位"军师"的高度信任。马云对蔡崇信的信任，尤其体现在持股比例上。根据专业人士分析，马云的持股（7.43%）是一个"stock pool"（股权集中处），十八位创始人的持股都挂靠在马云底下。单从个人持股来看，蔡崇信的持股比例（3.6%）实际上是超过马云的。由于职位、持股比例的特殊性，蔡崇信在阿里巴巴内部被认为是敏感人物，员工可以谈马云，而不能谈蔡崇信。

早期，由于对马云的信任，蔡崇信加入阿里巴巴。十多年的时间，蔡崇信稳做阿里巴巴的"财神爷"，这是马云给予蔡崇信的信任。阿里巴巴的镁光灯全部聚焦到马云身上，作为阿里巴巴二把手的蔡崇信低调地站在马云背后，这种截然反差的性格，再加上完全不同的家庭背景、成长环境，正是由于彼此的信任，才能化解双方潜在的矛盾、误解，携手将阿里巴巴推上一个又一个高峰。

综　述

从苏轼、埃隆·马斯克到李一男，被误解、不被赏识的那一刻，他们是不幸的。可是他们长期的职业轨迹显示，这种不幸显然没有带来多大的杀伤力，反而为他们带来更广阔的发展空间（李一男后来所面对的内部交易指控和这个险象没有关联，不在本文的讨论范围之内）。也许世界少了一个杰出的政治家，但是我们却拥有了一个伟大的文学家。也许埃隆·马斯克在 X.com 遭受到了误解和不被赏识，但这却让他学到了深刻的教训，无疑为他后来创办特斯拉提供了宝贵的经验。

真正的领导人面对误解、不被赏识时，正是考验他们的韧性，考验他们处理危机与挑战的能力的时候。一个伟大的领导人，应该积极地认识自我，调整看问题的角度，培养乐观的生活态度，保持学习的兴趣，坚定自己追求的目标，这样才不会被一时的挫折击垮，反而越挫越勇。当领导人面对被误解、不被赏识时，请想想两千多年前老子给予我们的智慧：“祸兮福之所倚，福兮祸之所伏。”

蔡崇信几乎向我们呈现了一个关于信任的完美案例，充分展示了获得足够的赏识、信任将为公司带来难以估量的收益。蔡崇信、马云这两个职业、生活背景存在极大反差的人，都能够互相欣赏，建立起高信任度。这让领导人明白，在遇到“误解、不被赏识”时，可以更好地调整时间和空间来重新修复人际关系，不被险象牵着鼻子走而将矛盾激化，酿成不可弥补的恶果。这四个案例归集到一起，为误解、不被赏识的险象，提供的都是一个正向、乐观的认识方向，这正是该险象不同于其他险象的独特魅力。

险象 9 → 团队分裂的险象

用放大镜看别人的优点。因为我们每个人都会自觉不自觉地夸大自己的能力和贡献，自觉或者不自觉地贬低别人的能力或者贡献，所以一定要用放大镜看别人的优点，也许才是真实的。

——雷军

一个企业、一番事业、一个理想、一个江山，都是要靠一群人来完成的，一个人纵有三头六臂，也不能成事。这个道理每个人都明白、都清楚。那团队怎么会分裂呢？主要是人都有"自私"的基因，而且，一种米养百种人，每个人都有不同的背景、文化、身份、地位、习性、好恶和价值观，因此就会有不同的立场、利益追求、思考重点、人际交往风格、做事的方式方法和对轻重缓急的掌握，再加上人和人之间相处和交往所产生的面子、身段、胸怀、妒忌等复杂和微妙的关系，使团队不容易组建、不容易维护长期的团结而分裂、重组，甚至解体。所以，团队的分裂很常见，这也是领导人要面对的一种非常关键和现实的险象。

团队分裂在创业时期特别显著，但是在守业的过程中，甚至是企业成功时也会有团队分裂的情况。企业创业时期团队分裂的原因有以下几点。

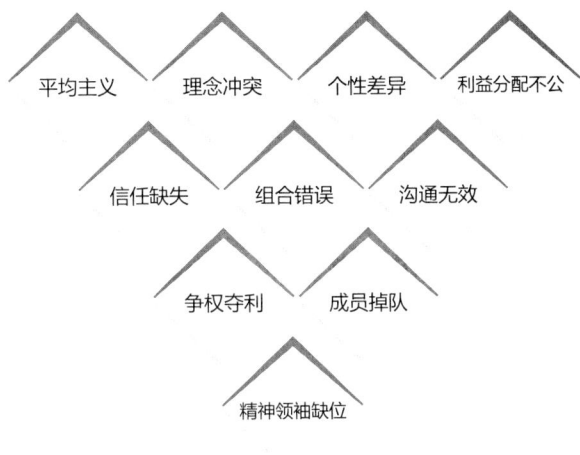

图 9-1 团队分裂的十大原因

（1）平均主义：不讲究个人的能力、贡献和角色的不同而平均分配权益。这种以情出发的安排埋下了不少"心理不平衡"的导火索。

（2）理念冲突：创业团队成员的理想、使命和愿景不一致，导致大家有不同的经营理念和管理理念。有人着眼于长期发展，有人注重短期利益，从而产生矛盾；投资偏好和风险意识的不同也可能使团队成员分道扬镳。

（3）个性差异：团队成员个性的差异可能使人际关系紧张并导致工作上的不和谐和冲突。例如，有人是"急惊风"，有人是"慢郎中"；有人粗枝大叶，有人心细如针。

（4）利益分配不公：利益分配的不均或不合理最容易给人产生不平衡感和疏离感。有些团队没有君子协议，没有"先小人后君子"而把简单问题复杂化。

（5）信任缺失：团队成员之间认识不深、共事不久或因互不欣赏而产生不必要的顾忌和猜疑，这是一个根本的原因。

（6）组合错误：团队组合可能在各个方面（年龄、性别、专业、经验等）没有很好的多元性，同质性太强，缺乏优势互补而不能形成资源上的合力。

（7）沟通无效：团队成员没有沟通的意愿、缺乏沟通的机制、没有掌握沟通的技巧而造成缺乏沟通或沟通无效的结果。

（8）争权夺利：团队成员或争夺实际上的利益与权力，或争相建立各自的班底而形成公开决裂的态势。

（9）成员掉队：有些创业成员的个人素质、观念和能力赶不上企业发展的速度而成为企业前进的绊脚石，这会引起其他人的不满而闹分裂。

（10）精神领袖缺位：团队中若缺乏一个公认的、有人格魅力的、能压场服众的领袖，则团队将会很快面对分裂的险象。

我们以雷军创建小米公司的团队组合为例子。小米的团队至少是优势互补、组合合理、理念一致、沟通有效、有威望的精神领袖。在走上轨道的守业时期和目标达到后的成功阶段，也可能会有团队分裂的危险。不过，团队分裂通常是因为理念、利益和能力跟进的问题，其他较少。

总之，团队分裂的险象是无时无刻不存在的，团队分裂的代价是巨大的。在现实中，我看到山东一个农牧集团的股东分裂，使另一个上市公司有机可乘，最终被整合进了这家上市公司；"真功夫"这个企业若不是股东分裂，早已是一个颇具规模的上市公司。某些家族上市公司，家族成员的分裂也会使其家族丧失大股东的地位，而夫妻档的企业尤其要注意，分裂、离异都会削弱企业的战斗力和对企业的控制力。

领导人应该认识到一个人的力量是有限的，是势单力薄的。如果个人能组建团队和融入团队，就能立于不败之地。一滴水很快就会挥发掉，若将这一滴水汇入大海，那就能够成就波涛澎湃的事业。如果你是一滴水，只要你愿意融入大海，整个大海就是你的，因为你已和整个大海融合在一起！

没有完美的个人，但可以建立完美的团队！不要让团队分裂的险象变成现实。若是逼不得已，要主动出击，学会驾驭团队分裂的过程和结果，以达到积极和正面的效果。

案 例

许多人知道 Twitter 公司，却不知道 Twitter 的诞生仅仅源于一个叫 Odeo 的公司处于破产边缘时开发的副产品。诺阿·格拉斯（Noah Glass）创办了 Odeo 公司，而他的好朋友兼投资人埃文·威廉姆斯（Evan Williams）担任公司的 CEO。

诺阿·格拉斯和埃文·威廉姆斯的相识，特别神奇。有一天，诺阿·格拉斯在自己的公寓闲着没事，随手翻看一本杂志，突然看到一篇报道 Blogger 网站的文章。文章中的图片是埃文·威廉姆斯站在窗户前，摆着各种姿势让摄影师拍照。让诺阿·格拉斯惊喜的是，穿过埃文·威廉姆斯的窗户，是一个厨房，而他本人正坐在那个厨房里。原来诺阿·格拉斯就住在埃文·威廉姆斯对面的公寓里。

由于当时 Blogger 风头正劲，埃文·威廉姆斯成为许多人仰慕的对象。诺阿·格拉斯忍不住兴奋，冲到阳台上，正好看到对面的埃文·威廉姆斯。他冲着埃文·威廉姆斯喊道："嗨，Blogger!"埃文·威廉姆斯吃惊地转过身来。诺阿·格拉斯叫喊着："你是从 Blogger 来的埃文·威廉姆斯，对吗？我叫诺阿，诺阿·格拉斯。"埃文·威廉姆斯小心翼翼地走到阳台上说："是的，是我。"之后，他们俩成了一对非常要好的朋友。

2003 年 2 月 15 日，埃文·威廉姆斯创办的网络博客平台 Blogger 卖给了谷歌。他从这项收购中获得了几百万美元，意味着经常食不果腹的他，此刻变得富有，也成了各种科技活动中熟悉的面孔。最为他高兴的，当属好朋友诺阿·格拉斯。

　　此时的诺阿·格拉斯正在开发一款叫作 AudBiog 的应用程序，准备将这款程序用在 Blogger 上。诺阿·格拉斯通过与朋友的讨论，决定将 AudBiog 作为自己事业的起点，创办一家公司。他第一时间想到了埃文·威廉姆斯，希望埃文·威廉姆斯投资他的公司，一起做成这件事。埃文·威廉姆斯随即表示："我很乐意。"不过，他仍然有比较大的顾虑。因为，他曾经有一段因为工作的关系最终失去了所有朋友的经历。他对诺阿·格拉斯表示："我不希望因为我的投资，或者说因为我们一起工作而影响到我们的友谊。"

　　诺阿·格拉斯自信地说："我们可以共事的，同时也能做朋友。"就这样，诺阿·格拉斯说服了埃文·威廉姆斯，并开始招聘员工，启动一个叫作"Citizenware"的计划。最后有一个叫拉贝尔（Labelle）的员工脱颖而出。拉贝尔与诺阿·格拉斯第一次见面时，就问公司为什么叫"Citizenware"？诺阿·格拉斯对拉贝尔说："公司其实叫作'Odeo'，'Citizenware'只是一个代号。"随后他说："公司联合创始人埃文·威廉姆斯过于引人关注，反而会给我们带来负担，所以我们不想让任何人知道，我们在做什么工作。"

　　公司成立的前几个星期，由于没有固定的办公场所，城里的各个咖啡馆成了他们临时的办公场所。在这个过程中，诺阿·格拉斯意识到要把事情做成，需要招一群人帮他。只要对公司发展有利的事，他都愿意去做。这时，埃文·威廉姆斯还只是 Odeo 公司的投资人，他总是喜欢问诺阿·格拉斯各种各样的问题。考虑到是埃文·威廉姆斯资助了他，所以诺阿·格拉斯也没有其他选择，只能回答。

　　借着 Blogger 的势，Odeo 也曾发展得不错。然而，随着各种播客（podcast）网站涌向市场，Odeo 公司业务优势不再，融资也没有起色。摆在诺阿·格拉斯面前只有两条路：一是停止 Odeo 公司的发展，二是再向埃文·威廉姆斯借钱。埃文·威廉姆斯同意借给诺阿·格拉斯钱，还答应帮助他引进其他风险投资家的资金，但是提出了一个条件：他要当公司的 CEO。

　　诺阿·格拉斯明白，让埃文·威廉姆斯担任 CEO 可以尽快解决现有的资金短缺困境，随之而来的便是将博客与播客整合在一起。为了成功，他必须做出让步。埃文·威廉姆斯为了让交易变得轻松些，还特意继续支付旧公寓的房租，并将其打造为 Odeo 公司的第一个办公室。在诺阿·格拉斯别无选择的情况下，埃文·威廉姆斯以 200 000 美元的投资换取了公司的 CEO 一职。

由于埃文·威廉姆斯担任公司的 CEO，很快便吸引了许多媒体和投资者的注意。2005 年 8 月，公司获得了查荷投资和一些其他小投资者共 500 万美元的资金。虽然，公司有充裕的现金，而且招聘了新的工程师，但是埃文·威廉姆斯和诺阿·格拉斯在很多事情上都无法达成共识，严重阻碍了公司向前发展。诺阿·格拉斯认为埃文·威廉姆斯缺乏领导力并决策无能，提议董事会罢免埃文·威廉姆斯 CEO 的职位。而埃文·威廉姆斯不喜欢争斗，仅以不回应的方式避免争端。

与此同时，在公司内部，由于有许多程序员都是黑客，他们崇拜无政府主义，所以造成一些人无法无天。整个公司浸泡在无政府主义的文化中，公司从高层领导到基层员工都处于混乱、争斗的状态。一次，公司的副总裁计划一次"站立"会议，其中却有两个员工一直坐着。当他要求这两个人站立时，他们却高喊："我才不会在你该死的会议上站着。"有一天要改成"就座"会议，这两人却又站着。

为了缓和公司的混乱情况、化解员工间的矛盾，公司组织了一次员工乘船出行的活动。一个员工在船上说："很好，我们去的时候没有一个人掉队，但是也许在返回的时候就有那么一两人掉队了。"埃文·威廉姆斯开着玩笑回应："失去一个人，我们还是承担得起的。"其实，要是让他选择，一定会把诺阿·格拉斯推到海里。

在内忧没有任何改观的情况下，外患又突然兵临城下。苹果发布了新款 iPod 播放器，在 iTunes 软件中加入了播客功能，这意味着苹果公司一举成为播客主流。但是，播客对于苹果公司仅是个附加功能，但对于 Odeo 公司却是全部。Odeo 公司要和苹果对抗，就是鸡蛋碰石头，不会有什么好下场。面对处在死亡线上的 Odeo 公司，埃文·威廉姆斯想尽快放弃。诺阿·格拉斯却选择坚持，他仍在不断地与员工寻找拯救公司的新点子，其中有个叫杰克·多西（Jack Dorsey）的员工提出"状态（Status）"的概念，似乎一下子让他们看到了希望。

"状态"可以让自己和那些不在身边的人联系在一起，告诉对方自己在哪里，共享音乐，让人们不再孤单。这个"状态"创意让一个叫比兹（Biz）的员工想到另一件事，那就是他在谷歌工作时提出的"手机互联网"。作为一个新概念，比兹的解释是："它就像互联网一样，但是为手机而设计的。""状态"+"手机互联网"的项目创意，让公司的每个员工着迷，所有人都沉浸在为新项目起一个名字的氛围中。

有的员工起了"Status"，有的起了"Smssy"，还有"Freindstalker"，不过，这些名字都没得到大家的认可。此时的诺阿·格拉斯为想个好名字，已经在办公室待了整整一周。他旁边的手机不断发出"振动"的短信声音，突然让他联想到要用字典搜索这个词，相似的词，晃动、动、悸动也成了他搜索的目标。

"某种鸟发出的轻轻的啾鸣声，或是一种类似的声音，特别轻、颤抖的声音或笑声"，这就是诺阿·格拉斯想要的。在一阵激动、兴奋之后，他想到一个词——"Twitter"。傍晚，他给埃文·威廉姆斯写了封邮件："你认为 Twitter 这个域名怎么样？"并补充"一个全新的情感网络平台"这样的语句。一开始，大家并不认同 Twitter 这个名字，但最终还是没有比 Twitter 更好的选择。

随后，他们开始 Twitter 的 LOGO 设计，启动"创意日"的活动，为全面启动开发 Twitter，做了充分的准备。在这个过程中，最大的收获就是让公司的每个人前所未有地凝聚了起来。2006 年 3 月 21 日，Twitter 诞生。7 年之后，在 Twitter 招股书中，有一封来自 Twitter 的信，阐述 Twitter 是做什么的："用 140 个字告诉别人你在做什么，人们接受了这个想法，并通过 @ 名字进行对话，通过 # 话题组织活动，通过转发传递消息。Twitter 成为一种源于客户又服务客户的服务。"

Twitter 最初被外界知道，居然是来自诺阿·格拉斯在一次舞会上的酒后失言。虽然表面上，杰克·多西认为这不是什么大事，但是私下里却非常生气。其实，在一起工作的几年中，杰克·多西本已成为诺阿·格拉斯非常好的朋友。然而，诺阿·格拉斯总是过度干预杰克·多西个人的感情生活，再加上这次私自对外宣称 Twitter 的诞生，杰克·多西越来越厌恶诺阿·格拉斯了。媒体从舞会得到 Twitter 的消息后，第二天就发布出来，埃文·威廉姆斯看到后，想修改这些消息，但是已来不及了。诺阿·格拉斯在舞会上宣布 Twitter 的诞生，进一步加大了与埃文·威廉姆斯的矛盾。

虽然 Twitter 项目成功了，但诺阿·格拉斯的状态并不好。他的婚姻刚刚结束，Odeo 公司仍处在死亡边缘，他与同事的关系日趋恶化。有一次，他疯狂给公司的投资人发邮件，提出将 Twitter 独立出来，自己担任 Twitter 的CEO。他不知道的是，在两个月前，埃文·威廉姆斯给董事会发了封一样的邮件，建议将 Twitter 分离出来并支持诺阿·格拉斯担任 Twitter 的 CEO。当时，诺阿·格拉斯却对杰克·多西说："埃文·威廉姆斯想要把我赶出公司，我能感觉到，我们应该离开，然后创办我们自己的 Twitter。"诺阿·格拉斯的状态已有点失控，也逐渐瓦解了别人对他经营 Twitter 的信心。诺阿·格拉斯认为埃文·威廉姆斯老是想把他赶出公司，事实是，除了埃文·威廉姆斯以外，公司的每个人都想把他赶出公司。

事情发展到更加严重的地步，曾经的好友，掌管 Twitter 工程部门的杰克·多西，受不了诺阿·格拉斯过多干涉 Twitter 并表示："如果诺阿·格拉斯留下，我就离开，我不能再与他一起工作了。"埃文·威廉姆斯在与董事会商谈后，2006 年 7 月 26 日下午 6 点，在公园绿色长椅上与诺阿·格拉斯摊牌。埃文·威廉姆斯说："Odeo 公司最近状况不是很好，不是你的责任，是因为我。"诺阿·格拉斯听了后，并没有感动，而是怒吼着说："该死，我不会离开的！"

诺阿·格拉斯随后指责了董事会，投诉了埃文·威廉姆斯常不在公司，概述了自己为 Twitter 做的努力。他希望用一系列申诉来掌控 Twitter，但是，埃文·威廉姆斯知道这是不可能的。公司的每个人都受够了诺阿·格拉斯，杰克·多西甚至以离职相威胁，所以裁掉诺阿·格拉斯的决定不容商榷。最终，诺阿·格拉斯同意埃文·威廉姆斯继续担任公司 CEO，赋予埃文·威廉姆斯自由处理事务的权力。埃文·威廉姆斯给出了最后条件：给诺阿·格拉斯 6 个月的离职金加上保留 Odeo 公司股票 6 个月的权力。

接下来几天，诺阿·格拉斯情绪非常低落，骑着自行车在旧金山闲逛，考虑接下来做什么，他后来在 Twitter 写道："看着五彩波澜的降落伞落向地面。"是啊，原本非常美好的事物最后变得面目狰狞，是多么令人沮丧的事情。诺阿·格拉斯认为埃文·威廉姆斯将他赶出公司，是为了掌管 Twitter，事实上并非如此。埃文·威廉姆斯则以为诺阿·格拉斯会争取对 Twitter 的控制权，但是诺阿·格拉斯最终也没有这样做，因为他们最初联合创立公司的时候，并不是为了权力和财富，也不想因此到最后大家连朋友都做不成。两周后，没有其他选择的诺阿·格拉斯辞职了，没有人挽留。

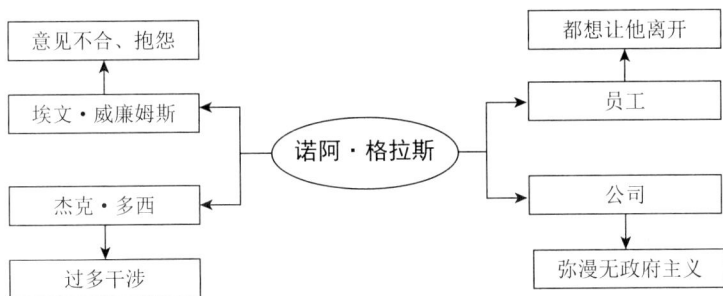

图 9-2　诺阿·格拉斯谨记：友谊向左，工作向右

自埃文·威廉姆斯担任 Odeo 公司 CEO 后，诺阿·格拉斯与他在任何事情上几乎都没达成一致意见，双方对彼此更多的是抱怨。与诺阿·格拉斯在几年工作中培养出友谊的杰克·多西，也因为诺阿·格拉斯在他的生活、工作中过多干涉，最后以离职相逼，让诺阿·格拉斯离开公司。诺阿·格拉斯招聘了过多的黑客，黑客身上的无政府主义，导致整个公司处于混乱中。万万没想到的是，当诺阿·格拉斯离开自己创办的公司时，团队中竟然没有一个人挽留他。

诺阿·格拉斯和埃文·威廉姆斯从最初的奇遇，到后来成为好朋友，并且共同创立公司，度过了一段"蜜月期"。然而，后来双方产生了非常多的矛盾，几乎闹到了水火不相容的地步，同时诺阿·格拉斯与其他同事的矛盾也在不断升级，最终被自己亲手创办的公司辞退，这一点是他万万没有想到的。

●○○─────────────────────────── 真功夫：停不下来的内斗

　　1991年，来自东莞的一对普通男女走进了婚姻的殿堂，男的叫蔡达标，女的叫潘敏峰。婚后他们在当地开了一家五金店，因生意不好倒闭。在潘敏峰的建议下，夫妻俩加入妻弟潘宇海经营且生意不错的"168甜品屋"。夫妻俩加入后与潘宇海分别出资4万元，于1994年4月，将"168甜品屋"改为"168蒸品餐厅"。

　　潘宇海负责168蒸品餐厅的菜品，潘敏峰负责财务，蔡达标负责招待客人。由于潘宇海开发出独特、味美、价廉的菜品，短期内这家店面积扩大到70平方米，仅有7个员工的店面的月销售额就达到了30多万元。1995年，168蒸品餐厅已开了3家分店。有志于做中国的麦当劳的蔡达标与潘宇海，决定参考洋快餐的模式，实现快餐的标准化。

　　1997年，他们与华南理工大学合作研发出"电脑程控蒸汽柜"，制定了7本从柜台到厨房再到餐厅的100多个岗位操作的岗位手册，实现了中式快餐的标准化、规模化加工，打造出标准化的中式快餐连锁店。168蒸品餐厅改组为"东莞市双种子饮食有限公司"，开始在东莞迅速扩张。1997年11月16日，全球第一家标准化的中式快餐餐厅双种子蒸品餐厅在东莞虎门镇开业。

　　2002年，蔡达标与潘宇海决定开启公司的全国扩张，找到叶茂中团队为其进入全国市场进行策划。在叶茂中团队的建议下，确定"营养还是蒸的好"的品牌定位。为此，二人决定对餐厅进行大刀阔斧的改革，主要是砍掉原有的油炸食品，新增美味甜品。叶茂中团队认为"双种子"乡土气息太浓，建议改名为更适合全国市场的"真功夫"。在经过一番争论之后，二人决定启动"真功夫"品牌计划。2004年，"双种子"正式改名为"真功夫"，同年6月19日，第一家真功夫餐厅在广州开业。

创业初期，潘宇海掌握着公司的主导权，随着企业规模做大，在战略制定、市场营销等方面，蔡达标的优势开始显现。自称在中学时就立志要打造中国麦当劳的蔡达标，看到自己夫妻俩与潘宇海各占股50%，谁都没有最终决策权的弊端，一定会影响公司的长远发展。2003年，他主动向时任总裁的潘宇海提出，由自己出任公司总裁，并且在董事会上承诺5年后再将总裁之位归还潘宇海。潘宇海同意蔡达标的建议，甘愿退出，只负责真功夫在粤西、华北地区的开拓工作。根据媒体报道，两人口头协议，5年换届一次，轮流"坐庄"。

蔡达标掌舵公司后，将公司的关键职位安排给自己的亲戚：弟弟蔡亮标掌控电脑供应、大妹妹蔡春媚掌控采购业务、大妹夫李跃义掌控全国门店专修及厨具业务、小妹夫王志斌掌控家禽供应，这让潘宇海很不满意，两者的裂痕开始出现。2006年，蔡达标与潘敏峰协议离婚，潘敏峰持有的25%公司股权转归蔡达标所有，这样蔡达标获得了与潘宇海同等的股权比例。蔡达标与潘敏峰的离婚，让蔡达标与潘宇海的关系进一步恶化，让隐藏在家族内部的斗争开始浮出水面。

颇有远见的蔡达标，2006年酝酿真功夫的上市计划。在这个过程中，法律顾问告诉他，股权平等不利于控制公司，暗示他应设法控股。离婚也被外界解读为，"他通过离婚骗取潘敏峰全部股权"。由于离婚协议一年内仍存在被撤销的可能，于是蔡达标又以公开离婚消息会对子女成长、对真功夫品牌造成不利影响为由，要求潘敏峰封锁离婚消息。这样，蔡达标完成"去潘化"的第一步。

2007年，蔡达标从肯德基、麦当劳等引进一批高管，迫使真功夫早期创业的一些元老先后离去，"去潘化"进一步深化。同年，真功夫引入今日资本和中山联动两家风投，公司股权结构变为蔡达标、潘宇海各占41.74%，双种子公司占10.52%(蔡、潘各占5.26%)，今日资本和中山联动各占3%。后来，蔡达标通过控股中山联动，股权比例反超潘宇海。2008年，蔡达标兑现承诺让潘宇海做总裁，"去潘化"让潘宇海几乎成了挂名总裁，并无真正实权，到此两人的矛盾和争斗开始公开化。

在两人的斗争过程中，原本存在一次缓和的机会。2008年初，潘宇海创建"哈大师牛肉面"，打造真功夫子品牌。董事会支持潘宇海，并注资5000万元，先期到账1600万元。可惜的是，哈大师牛肉面经营一年，业绩并不理想。2009年初，潘宇海希望公司能将剩下的3400万元马上注入，但是，蔡达标以受金融危机影响、公司现金流非常紧张为由，拒绝潘宇海的要求。

本来这是一次缓和矛盾的机会，反而进一步恶化。当蔡达标拒绝潘宇海后，潘宇海马上报复蔡达标。2009年初，真功夫向银行申请到了一笔1亿元的无抵押贷款，用于当年的门店扩张。潘宇海知道后向银行声称"两大股东矛盾，贷款有风险"，把贷款推了回去，最后是风投出面，才搞定了贷款。

从2009年开始，蔡达标与潘宇海的矛盾发展到无可挽回的程度。蔡达标策划的"脱壳计划"轰轰烈烈地开始了。2009年，潘宇海委派管理人员的权力被剥夺，潘家人被拒绝进公司。蔡达标通过设立个人独资公司东莞赢天投资公司，利用公司资金以1亿元价格反向收购风投所持公司股份，企图绝对控股。同期，蔡达标拒绝公司股东要求看账和召开董事会的请求。

2010年8月，潘宇海的妻子窦效媛（真功夫的监事），以监事身份向广州市公安局举报蔡达标涉嫌挪用公司款项等经济犯罪，不过，当时相关部门未予立案。9月，蔡达标、潘宇海、今日资本三方签订股权转让协议。11月，按协议潘宇海收到蔡达标购买股权的款项，但是，潘宇海并未办理股份转让手续，而是继续举报蔡达标涉嫌经济犯罪，直到广州市公安局立案调查。

2011年3月17日，蔡达标等部分高管人员涉嫌经济犯罪被调查，接着他辞去董事长、总经理职务，委派蔡春红暂代。5月11日，蔡达标被广东警方以"涉嫌挪用资金、职务侵占"等罪名逮捕，潘宇海逆袭，成为真功夫掌舵人。随后两年多，双方的争斗没有停止，反而展开近10起民事诉讼案件，家族纠纷愈演愈烈。2013年12月12日，蔡达标因职务侵占罪和挪用资金罪，一审被判刑14年。次日晚上，蔡达标的女儿蔡慧亭在微博上发表言论："这个世界，不是你够凶够狠别人就怕你的！我们蔡家，更不是你一个14年就能吓倒的！股份，你够姜（够牛）抢得到手。"

这场法律诉讼，双方的纷争集中在股权上。蔡达标曾想将股份的一半卖给前妻，一半卖给指定的风投，潘宇海同意向法院出具谅解书，让蔡达标获得刑罚上的从轻。但是，双方斗了这么多年，之间的信任早已荡然无存，在最后交易程序上，谁都不相信谁，无法达成和解而告吹。

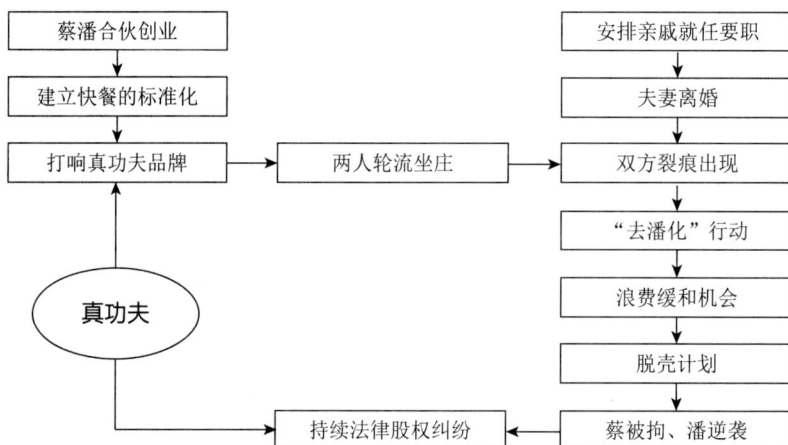

图9-3 蔡潘的"下功夫"

　　"真功夫"品牌打响后，基于公司长远发展的考虑，蔡达标提出"轮流坐庄"执掌公司。在这个过程中，蔡达标将亲戚安排在关键岗位并且与潘敏峰离婚，导致与潘宇海的矛盾激化。此后，蔡潘开启近十年的戏剧化争斗。原本处于优势的蔡达标最后进了监狱，潘宇海完成逆袭掌舵"真功夫"。长期的争斗导致"真功夫"蒙受巨大损失，谁都不是真正的赢家。

2015年6月18日，真功夫迎来25周年庆典，长期家族内斗，股权纷争未解决，为这家"长寿"企业蒙上一层厚厚的阴影，一度错过了上市机会，整个公司品牌估值已缩水一半。2015年12月14日，蔡达标以2.17亿元拍卖14%的真功夫股权，最后，因无竞买人应价导致流拍，原因是新股东怕陷入股权纠纷的旋涡中。未来，真功夫仍将在股权纠纷的挣扎中前行，最终走向何方，谁都无法给出一个准确的答案。

小米：梦之队

2007 年 12 月 20 日，雷军辞去金山 CEO，开始了自己的天使投资人之路。2008 年，由于投资 UCWEB 公司，雷军认识了谷歌中国工程研究院副院长、工程总监和 Google 全球技术总监林斌，在这之前他还是微软工程院的工程总监，称得上软件和互联网产品技术领域内的领军者。当时，林斌正带领谷歌与 UCWEB 开展合作，这让雷军与林斌有了深入交流的机会。

雷军发现林斌和自己在产品上都有非同寻常的热爱。他们经常聊到凌晨一两点钟，聊着聊着从合作伙伴变成了好朋友。林斌称："一开始，我们谈的都是谷歌和 UCWEB 的商业性合作，后来，我们经常约出去，往往从晚上八点聊到凌晨两三点，聊的都是对移动互联网产业和手机产品的看法。"有一次，林斌向雷军透露说："我想出来自己创业了，做一个互联网音乐的项目，你看怎么样？"雷军听后对林斌说："别做音乐了，音乐我们投点钱，别人干就可以了，没意思。咱们一起做点更大的事情吧！"雷军当下邀请林斌一起创业，林斌并未马上答应。再次见到雷军时，林斌问他："你有没有雄厚的资金支持？"雷军说："拿不到钱我自己出，我就有这么多。"林斌这才打消疑虑，决定跟随雷军创业。

2000 年，来自广东的黎万强从西安工程大学毕业。第一份工作就进入金山，这一干就是 9 年。他从负责金山的交互设计做起，做到金山词霸业务总经理，成为国内最早的人机交互界面设计专家及领军人物。2009 年底，黎万强打算离开金山，寻找新的职业方向。于是，他找到与其亦师亦友的领导人雷军，对雷军说，他要去做商业摄影，问雷军："你觉得我这个创业方向怎么样？"雷军说："我这里也有个方向，要不你来跟我一起干？"

黎万强说："没问题。"雷军反问他一句："你知道我要干什么吗，你就这么答应了？"黎万强说："你要做手机。"雷军很纳闷，"你怎么知道？"黎万强说："我知道，我特别了解您。"由于雷军在金山时经常买手机，特别是每当 iPhone 出来时，他马上买十几台送给高管，所以员工知道他要做什么。雷军对黎万强还有提携之情，彼此之间多年一起共事，信任非同一般。当雷军一招呼，黎万强很干脆就答应了。

1997 年，毕业于美国普渡大学的黄江吉加入微软，不到 30 岁就成为微软工程院的首席工程师。当时他面临人生的重要选择，是创业还是留在微软继续干，留在微软是在中国还是去美国？由于林斌曾经和他是微软同事，知道他选择上的难题后，将他介绍给了雷军。2010 年，在北京知春路上的翠宫饭店，林斌首次将黄江吉介绍给雷军。当时，雷军没有提创业的事情，只是和黄江吉聊聊手机、电脑等各种电子产品，就这样聊了 3 个小时。雷军留给黄江吉一个超级产品发烧友的印象。

黄江吉回忆当时的场景："当时我以为我是 Kindle 的粉丝，但是没想到雷军比我更了解 Kindle。当时为了用 Kindle，我还自己写一些小工具去改进它，结果没想到雷军也是这样的疯狂，他甚至把一个 Kindle 拆开，看里面的构造怎么样。"雷军作为超级产品发烧友的素质让黄江吉很佩服。在聊天结束之时，黄江吉说道："我先走了，反正你们要做的事情，算上我一份！"这次聊天之后，黄江吉决定离开微软，加盟小米，后来他成了小米的副总裁。

同样毕业于美国普渡大学的洪峰，2001～2005 年在美国甲骨文工作，之后进入谷歌任高级工程师。他在谷歌用 20% 的业余时间，和几个人一起开发了谷歌 3D 街景的原型。2006 年，洪峰回国后成为谷歌中国第一个产品经理，主持开发的谷歌音乐，成了谷歌中国为数不多的饱受赞誉的产品。仍是林斌作为中间人，将洪峰引荐给雷军。

洪峰在认识雷军之前，准备了上百个问题询问雷军，这些问题一个比一个难，一个比一个细致，这反而让雷军更想拉洪峰一起创业。洪峰问雷军："你要做手机，那你有运营商关系吗？"雷军回答说"没有"。洪峰又问："那你认识郭台铭吗？"雷军幽默地答道："我认识他，他不认识我。"整个谈话过程，雷军都没有看透洪峰在想什么。在雷军眼里，洪峰是最难请的。

雷军向洪峰介绍了自己是谁，自己打算怎么做手机，小米能为他带来什么。当时洪峰留给雷军的印象，用雷军的原话就是："你接触他你会压力很大，他没有表情，他随便你说，你不知道他怎么想的。但他是一个绝顶聪明的人。"在两人谈话结尾，洪峰说："这件事情够好玩，梦想足够大。或者说你可以说这件事情足够的不靠谱，因为它太疯狂了，你觉得这件事情从逻辑上是靠谱的，但是，从规模上和疯狂程度上来说，是绝对的不靠谱。这很有挑战性，我决定来挑战一下。"

由于洪峰的加入，另一个人开始出现在雷军的视野里。洪峰的太太与刘德的太太是好朋友，洪峰有机会认识了刘德。刘德毕业于全美最好的设计院校美国艺术设计中心学院，雷军从来没想过能请到这样一个人。洪峰故作神秘地对刘德说："来和几个朋友聊聊天。"2010年5月，在北京北四环边上的银谷中心大厦，刘德、洪峰、雷军、黎万强、林斌和黄江吉，六个人从下午4点一直聊到晚上12点。

刘德听了雷军做手机的事，给出反应"这事儿挺好，我又能帮上你什么呢？"雷军回答："我们想拉你入伙。"当时，刘德没有马上答复他，回美国后认真思考雷军的邀请。他说："这么多年来我都是自己干的，非常累，就是因为没有一个好团队。我非常愿意加入这个团队，因为找到一个好Team（团队）太难了！"

刘德再次来北京时，主动打电话约雷军，进一步沟通，他确定加盟小米。雷军认为"小米选择了刘德，刘德选择了小米，这是一个双向选择"。刘德加入小米后，从初期负责小米手机设计，后来让雷军意外的是，他还负责小米手机供应链的工作。雷军说："我很庆幸洪锋能介绍刘德给我认识。刘德现在幸福不幸福我不知道，反正有了刘德，我是非常幸福的。他做得非常出色！"

从林斌、黎万强、黄江吉、洪峰到刘德，他们要么擅长设计手机系统，要么擅长设计手机软件。然而，对于手机制造来说，他们缺乏手机硬件的经验，这是雷军团队中的一大遗憾，直到周光平的出现。雷军、林斌、黄江吉利用他们一切可用的关系找手机硬件方面的人才。有一次，他们有了一个理想人选，

7天时间面谈了5次，每次10小时，但由于种种原因，还是没有达成合作。

无奈之下，雷军还要继续找人。在这个过程中，通过朋友介绍，周光平进入了雷军的视野。毕业于美国乔治亚理工大学的周光平，长期（2001～2009年）在摩托罗拉担任研发高级总监，也是摩托罗拉亚太质量委员会的副主席。离开摩托罗拉后，又在戴尔（2009～2010年）担任无线产品开发总裁。最初，雷军认为已经55岁的周光平很难走上创业之路，并没有抱多大希望。雷军依然像往常一样通过常规渠道招人，但是都不如意。在林斌的建议下，雷军决定试着见见周光平。

2010年某个周一，周光平来到雷军的办公室。出人意料的是，本来准备两个小时就结束的会面，从中午12点进行到晚上12点，两个人都有一种相见恨晚的感觉，聊了包括手机硬件、用户体验、手机未来发展等各个领域的内容。他们不忍心浪费一点时间，把吃饭的时间都省下了，只用盒饭来解决。聊完之后，雷军很兴奋地对林斌说："周博士有戏！"几天之后，在外地出差的雷军接到林斌的电话："周博士同意了！"

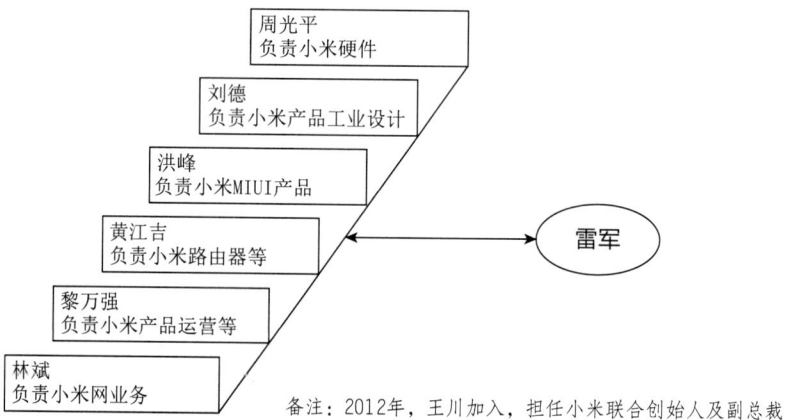

备注：2012年，王川加入，担任小米联合创始人及副总裁

图9-4 手机版的"七剑下天山"

当雷军计划创办小米公司时，他首先把精力放在找"牛人"上。在公司成立前的近两年，雷军从微软、摩托罗拉、谷歌等国内外一流企业挖来6位合伙人，给小米手机的各个关键部门都安排一位业内领军者。这为小米手机的成功奠定了基础，树立行业内小米独一无二的竞争优势。

2011 年 7 月 12 日，雷军带领林斌、黎万强、黄江吉、洪峰、刘德、周光平正式对外亮相，同时宣布进军手机市场。如此超豪华的创始人团队，不管在中国还是全球都是独一无二的。正是有了如此豪华的团队，小米创办仅 1 年零 4 个月，就发布了第一款性价比极高的高端智能手机。4 年之后，小米估值高达 450 亿美元，刷新中国互联网公司的成长速度，创造全球手机制造的奇迹，重新定义中国制造，打造出"新国货"的理念。

当小米成立的那一刻，雷军就树立了一个高规格的人才门槛。按雷军的说法：当初他决定组建团队的时候，前半年花了至少 80% 的时间找人，幸运地找到了 7 个牛人合伙（2012 年，王川加入小米，担任联合创始人及副总裁），全是技术背景，平均年龄 42 岁，经验极为丰富。初期，小米公司的员工，有一半来自谷歌、微软、金山，平均年龄 30 岁。小米豪华的合伙人奠定整个小米公司团队的人员风格，即使他的普通员工在业内也堪称豪华，从将到兵都紧密团结在小米旗帜下，齐心协力轰轰烈烈地去颠覆中国手机市场。

综　述

·········· ▪ ◦ ▪ ··········

　　全世界成功的创业企业几乎都有一个相同的特点，那就是在公司创办初期建立了稳定的小团队。如果这个小团队出现了矛盾而分裂，公司将难以逃避重创，团队的某些人甚至创始人都可能会被迫离开，而当初的创业团队便不复存在。当诺阿·格拉斯与创业团队的多个成员的矛盾到了无可调和的地步时，不是他被迫离开团队，就是创业团队四分五裂。最终，诺阿·格拉斯选择以一人离开换来了整个团队的和谐，为Twitter 创造了良好的发展空间。

　　Twitter 是幸运的，仅是一个人与一群人的矛盾。而"真功夫"是不幸的，它是一群人与一群人的矛盾。"真功夫"是从两个人上升到两个家族对权力、利益的争夺，整个内斗持续了十余年，最终的恶果是真功夫价值的大规模流失，公司的发展更是受到严重阻碍。团队的分裂往往起源于某些领导人自私的念头和行为，中间造成了无穷无尽的组织内耗，最后以组织衰亡或者解体作为终结。

　　"真功夫"的内斗从利益之争到道德之争，几乎上演了现代企业团队破裂的各种戏码。不得不说，真功夫团队的破裂，有着先天不足的成分，股份结构的不合理造成后期在管理上的诸多问题，将整个真功夫撕开一道裂痕。可怕的是，双方的信任几乎消失殆尽，让这个裂痕再也没有缝合的机会。

　　当你看到雷军的"梦之队"后，你是否会想，如果我有这样"梦之队"，也有可能制造出小米手机并创造出小米的奇迹呢？我们展现的是雷军"梦之队"是怎么形成的，这个过程正是彰显团队组建的重要性。雷军与每个"梦之队"成员相遇的故事，都在讲述团队组建中一个基本道理：团队组建需要领导人拿出时间和不懈的努力。"梦之队"成员每个人都具有独当一面的优势和华丽的职业轨迹，这让整个团队降低了工作上的矛盾和利益争夺的概率。这些人又都来自同一级别的公司，使他们在欣赏品味、做事风格上有很大相似性，降低了沟通成本，短时间内就可以达成畅通的合作。

真功夫内斗与小米的"梦之队"相比，最大的不同在于雷军的团队在早期就注入了团结的基因。作为家族企业的真功夫，各方之间的亲戚关系再加上股权问题，随时都可能陷入分裂的泥沼中。因此，领导人要避免团队分裂，从团队建设初期，就要从制度上平衡各方利益，从感情上建立信任；以成员间的不同专长和偏好形成能力上的互补，建立起完整、高效、团结的团队。

Part 3

企业发展的推手

险象 10 ⊖ 不愿冒险、延误决策的险象

> 入则无法家拂士，出则无敌国外患者，国恒亡。然后知生于忧患而死于安乐也。
>
> ——《孟子·告子下》

孟子这句话的意思是，一个国家如果在内没有能人智士和尽责忠诚的人才做管理，在外又没有敌对的国家怀着敌意构成威胁，那这个国家肯定会亡国。有忧患的危机感才能够生存和发展，如果是安于现状并贪图安逸，则会面对衰弱和死亡。

企业领导人为什么安于安逸而不愿冒险、延误决策以至贻误战机？原因可能是以下几点：

（1）企业过去生存和发展得很好，没有经历过大风大浪，因此没有冒险的必要。例如，某些企业长期在国家保护政策底下运作，从来没有感觉到有外来威胁，所以没有危机感。

（2）企业经历了一次大转折之后，占据了行业的制高点，是行业的老大。由于规模、销售、利润、市场占有率等皆遥遥领先于对手，因此，对环境的变化视若无睹，风险意识不强，把很多事情都当成理所当然。

（3）企业领导人在位太久，年纪老化、思想退化、格局僵化，不懂得适应挑战，不愿意主动改变现有的思路和做法，更不想主动折腾革自己的命，所以，不会做出冒险的举措，美其名曰小心谨慎，其实是贻误了"战机"。还有些领导人年纪偏大，之前的决策一贯正确，因此，倾向于保守地守成，而不是冒险地开拓，怕自己"晚节不保"。

（4）企业的规模越来越大，员工越来越多，分公司和部门越来越复杂，流程制度越来越烦琐，形成了组织臃肿和反应滞后、迟钝的大企业病。大企业的各个部门互相制约和牵扯，很多决策会被延误，规范多过讲创新，因而，不会冒险、不敢冒险，觉得"多做多错，少做少错"。

（5）企业倾向于做现有市场和现有产品，对现有客户的新需求不敏感，对潜在客户的需求反应不及时，市场开拓不积极，新产品研发投入太少，因此错失良机、坐吃山空。

总之，太过安定的企业现状和太过安逸的领导人心态会使企业在竞争中逐渐被"煮青蛙"，领导人也就丧失了企业家最基本的一个特质——危机意识和随之而来的另一个特质——冒险精神！

很多企业家都比较"烦"他们的竞争对手，老想把竞争对手一举拿下，或是幻想企业在没有竞争对手的"蓝海"里自由遨游。这种想法是不切实际的，甚至错误的。竞争对手对我们虎视眈眈是一件好事，它会让我们不敢懈怠，不敢掉以轻心，永远保持一种危机和戒备的"战斗"状态，不断地要求、鞭策和激励自己，不断地探索、开拓和冒险前进。进化论学者达尔文曾说："**能够生存下来的物种，并不是那些最强壮的，也不是那些最聪明的，而是那些对变化做出快速反应的。**"当年张瑞敏在家电行业中率先进行"产品多元化"的"冒险"，为海尔开创了一个新局面；这十年来，华为在国际市场和产品开发两大领域中大胆"冒险"的投入使其在当下大放异彩；当年郭士纳带领 IBM "冒险"地往服务领域转型获得巨大成功；王健林在国际化进程中的几个大手笔、充满"冒险与开拓性"的资本运作给万达带来了新的生机……这些例子都说明了这些领导人不甘于安逸，在面对外在挑战时始终保持积极进取的危机意识和冒险精神。

　　2013 年，李安导演的电影《少年派的奇幻漂流》获得"奥斯卡金像奖"的 11 项提名，并最终获得 4 项大奖，包括最佳导演、最佳摄影、最佳视觉效果及最佳配乐等。这部电影描述了在茫茫太平洋上的一艘小船上，一个少年和一只老虎互相僵持并最终化解的故事。少年和老虎势不两立，两者从对立、冲突、僵持到最后的平衡、和平相处、离别。少年派最终说，若不是有这只老虎每天都对他虎视眈眈，使他必须要小心翼翼和战战兢兢地想方设法去应对，恐怕他也不可能在茫茫大海中坚持这么长时间并成功存活下来。所以，必须感谢我们的敌人和竞争者，感谢环境和科技的变化，感谢客户对我们的鞭策和要求。因为他们，我们才会有新的作为，我们才会有新的机会，我们才会在忧患中前行，我们才不会死于歌舞升平和歌功颂德的安逸中。

　　最后，引用两句话作为结尾。一句是文学家阿娜伊斯·宁非常有哲理的人生感悟，"**通过生活，通过受苦，通过犯错，通过冒险，通过失去，通过给予，我推迟死亡。**"另一句是企业家王石曾经讲过的一句话，"**人生本来就是一场冒险，正因为有不如意，当遇到意外惊喜时你才会得意。**"两句话读过之后，你有什么触动和领会呢？

案　例

通用汽车：帝国的沉浮

2001年，"汽车疯子"李书福在某个汽车高峰论坛断言："未来的10年或20年，通用一定会破产，不是它经营得不好，而是全球经济的发展规律决定了美国将成为汽车行业的沙漠。"这在当时看起来很不可思议，让人意想不到的是，7年之后，李书福的断言居然变成了现实。

2009年6月1日，通用汽车正式申请破产保护，成为申请破产的美国第三大企业、第一大制造业企业，也是破产涉及员工人数第二大企业。回顾通用汽车的历史，其取得的辉煌一点都不亚于衰落带来的震撼。通用汽车对于美国来说不仅是汽车公司，而且是美国制造业的荣耀；拥有一辆通用汽车对于消费者来说不仅是拥有一种交通工具，而且是拥抱"美国梦"的象征。纽约州锡拉丘兹大学研究美国流行文化的教授罗伯特·汤普森（Robert Thompson）表示："你的生活方式，你取得什么成就，都能用你驾驶什么通用汽车衡量出来。"

1908年9月16日，当时美国最大的马车制造商威廉·杜兰特（William Crapo Durant）在底特律创办通用汽车。1927年，通用汽车成为全球最大汽车制造商，直到2008年，这一地位才被丰田汽车取代。消费者熟悉的汽车品牌，如别克、凯迪拉克、雪佛兰、庞蒂克等都隶属于通用汽车。

从2005年起，通用汽车进入亏损周期。2008年第二季度，通用汽车亏损高达155亿美元，创下企业季度亏损的世界纪录。如此亏损给正在庆祝百年华诞的通用汽车蒙上了一层厚厚的阴影，它导致通用汽车失去全球第一汽车宝座的同时，破产形势日趋严峻。在金融海啸的猛烈冲击下，通用汽车终于倒在第二个百年开始的起点，一个"美国梦"破灭了！

188

　　回顾通用汽车百年发展史，一个很鲜明的特点就是，它通过不断收购、整合建立起庞大的汽车帝国。通用汽车在成立后的一年多时间里，就以疯狂的姿态扩张，先后收购别克、奥兹、凯迪拉克、奥克兰等其他 6 家汽车公司、3 家卡车公司和 10 家零部件公司的控股权或相当比例的股份。在公司成长期、经济状况好的情况下，通用汽车的规模优势明显，创造了巨大的利润。

　　经历几十年发展后的通用汽车，大企业病愈发明显，无视消费者的新需求、轻视竞争对手、在新市场面前畏首畏尾等。比如，1973 年和 1979 年的两次石油危机，造成石油价格高涨，汽车消费出现新的趋势，小型、低耗油的汽车逐渐成为消费者的首选。这时的通用汽车仍然将主要力量集中在生产油耗高的多功能运动型车和卡车上，缺乏在市场上有竞争力的小型车产品。

　　包括通用汽车在内的美国汽车公司无视消费者对省油、小型车需求的信息，这给日本汽车提供了机会。日本汽车商为美国消费者打造了高质量、小型化、便利型、实用型的小汽车。以丰田汽车为例，除在汽车造型、内部装饰、座椅、玻璃上适合美国人审美需求之外，还根据美国人身材特意在汽车扶手长度和腿部活动空间上做了调整。丰田汽车一进入美国市场，很快就获得了市场的认可。从 1977 年年底开始，美国汽车企业大型汽车销量开始下滑，日本汽车销售日渐增多。从这时候开始，通用汽车逐渐由盛转衰。

　　长期以来，通用汽车奉行的是多品牌战略，旗下曾拥有凯迪拉克、别克、雪佛兰、土星、庞蒂克、奥兹莫比尔、欧宝、萨博等品牌，很好地满足了低端、中端、高端消费者的需求。但由于市场过于细分，通用汽车难以集中精力开发出一款适合全球消费者需求的汽车，这与全球化、消费趋同趋势相背离，导致任何一款汽车的销量与利润都不可观。过于细分市场，导致加大研发成本，分摊人力资源，推迟产品的上市，失去重要的市场机遇，通用汽车业绩不见改善也并不奇怪。

　　在这些繁杂品牌背后，引出通用汽车还要面临的一个问题，即支付高额的劳工成本、福利成本。通用公司披露的数据显示，2006 年，公司在职职工的平均小时工资为 73.26 美元，其中包括 39.68 美元的现金工资、33.58 美元的各种福利支出和名目繁多的补贴。相比之下，同在美国设厂的丰田公司的平均小时工资仅为 48 美元。另一组数据显示，在通用汽车破产之前的 15 年，其为员工支付了 1030 亿美元的退休和医保费用，通用每生产一辆车医疗保险费的支出是 1500 美元，丰田却只有 110 美元。这些高额成本最终推高通用汽车的成本，从而导致通用汽车很难在价格上和竞争对手抗衡。

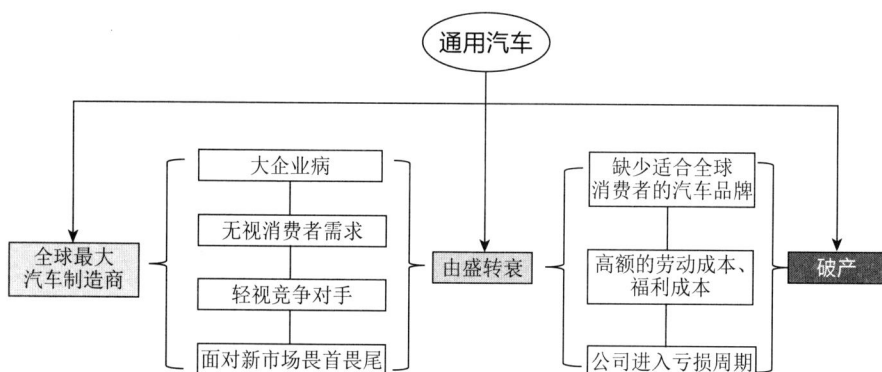

图 10-1　通用汽车的"破产之路"

当通用汽车成长为全球最大汽车制造商后，一系列问题开始滋生，包括大企业病、无视消费者需求、轻视竞争对手、面对新市场畏首畏尾等。这些问题长期得不到解决，通用汽车由盛转衰。随着通用汽车的品牌战略与市场需求背离，在高额的劳动成本、福利成本拖累下，通用汽车最终走向了破产。

可惜的是，在破产之前，通用汽车管理层、领导人对品牌与成本都没有做出改变。这些问题在通用公司里根深蒂固，不到迫不得已，要让这样一个巨无霸组织进行一次自我革命，根本就不现实。通用汽车的命运就剩下一个——破产。破产让通用汽车有了一次重生的机会，终于倒逼将迟到的决策落实。

新生的通用汽车，出售了众多品牌，形成凯迪拉克、雪佛兰、别克及 GMC 四大核心品牌。同时，通用汽车将北美市场上员工数量从早前的 35 100 降至 27 200，从而实现了更低的结构成本，并且通过削减退休员工及非 UAW（全美汽车工人联合会）钟点工的工资，改善公司的资产负债表，为通用汽车的重生和可持续发展打下了新的基础。

● ○ ○ ─────────────────────────── 杨致远：习惯了"擦肩而过"

1726 年，欧洲启蒙运动时期的重要作家、伟大的讽刺艺术家乔纳森·斯威夫特（Jonathan Swift）的代表作《格列佛游记》面世。在《格列佛游记》第四章，格列佛来到叫"慧骃国"的国家，"慧骃"是这个国家的统治者，代表着诚实、正义、善良的一方。在这个国家还有另一方，代表着野蛮、堕落、凶残，他们被称为"雅虎"。"慧骃"发现格列佛在讲述人类的故事时，格列佛所代表的人类与雅虎在本性上一致，对格列佛产生了警惕，最终格列佛被"慧骃国"驱逐。

260 多年过后，"雅虎"以一种全新的定义再一次来到世人面前。20 世纪 90 年代初，在美国斯坦福大学求学的杨致远与大卫·费罗（David Filo）创办了一家名为"雅虎"（Yahoo）的公司。杨致远解释"雅虎"的命名时说："在斯坦福大学正事不做，游手好闲，没什么水平，于是自嘲为 Yahoo。"

雅虎的成功，将全球带入互联网的门户时代。1996 年，成立仅两年的雅虎上市，市值高达 390 亿美元。随后的 4 年之内，雅虎股票价格上涨 100 倍左右。1997 年底，日均访问量达到 9000 多万人次，比所有对手访问量的总和还要多。2000 年，雅虎市值曾一度超过 1250 亿美元。当时的杨致远对外界说道："那个时候，最大的快乐不是金钱。最让人感觉良好的是你每天都在改变着世界。"

谁又能想到，2000 年互联网泡沫过后，雅虎开始走下坡路，错过一次又一次的互联网技术变革，从当年的行业开拓者沦落为旁观者。作为互联网时代的奠基人、雅虎辉煌的创造者，杨致远负有首要责任，他一步一步将雅虎带上巅峰，又将雅虎一步一步打落深渊。雅虎迈向深渊的第一步，就是杨致远错过了搜索、错过了谷歌。

1997 年，还在斯坦福大学上学的拉里·佩奇（Larry Page）开发了"BackRub(网络爬虫)"的研究项目，想要以 100 万美元卖出。为此，拉里·佩奇找到杨致远，想把"BackRub"项目卖给雅虎，但是雅虎拒绝了拉里·佩奇。一年之后，1998 年 9 月 7 日，拉里·佩奇和谢尔盖·布林（Sergey Brin）创立谷歌，开展搜索业务。当时的雅虎也在做搜索服务，可一家市值 1280 亿美元的公司，却只有 6 个人在做搜索业务。财大气粗的雅虎，并没有全力地进行开发和并购，而是付钱让谷歌为雅虎提供搜索服务。

就在雅虎与谷歌达成合作之前，谷歌的销售负责人打电话给雅虎的业务人员，希望杨致远和大卫·费罗到谷歌发表一个讲话。然而，雅虎的负责人拒绝谷歌方面的请求，这是雅虎第二次拒绝谷歌。商业巨头常犯的问题就是，轻视对手，无视新的技术可能带来的冲击。此时，杨致远和雅虎的思想开始僵化，跟不上时代发展的节奏。而与此相反，新生的谷歌开始迈入高速发展的阶段。

2002 年，时任雅虎 CEO 特里·塞梅尔（Terry Semel）提出收购谷歌，谷歌先后提价，从 10 亿美元、30 亿美元到 60 亿美元，而雅虎更是计划准备 100 亿美元对其进行收购。其实，拉里·佩奇和谢尔盖·布林一度表示 10 亿美元就卖掉谷歌，可是当时的雅虎犹豫了，才让谷歌有多次提价的机会。后来，随着谷歌打出自己的一片天地，就不想再被收购，而雅虎也失去了并购谷歌的机会。从杨致远第一次错过"BackRub"项目时，就注定雅虎与谷歌无缘。

4 年之后的 2006 年，特里·塞梅尔提出以 10 亿美元收购还处于初创期的 Facebook。Facebook 的主要投资者 Accel Partners（Accel 合伙公司）劝说 Facebook 创始人扎克伯格（Zuckerberg）将 Facebook 卖给雅虎。当时，Facebook 推出了"动态新闻"的功能，并做出对社会开放 Facebook 注册的决定。这两项决定遭遇用户强烈抵制，为此雅虎一度将收购价格降到了 8.5 亿美元。其实，扎克伯格从未打算将 Facebook 卖掉，只是在面对董事会时有比较大的压力。值得注意的是，当时 Facebook 董事会提出雅虎只要出价 11 亿美元，就强迫扎克伯格同意卖掉 Facebook，然而雅虎就是不肯多出 1 亿美元。

最终，雅虎收购 Facebook 的计划落空。这次雅虎收购的失败，为雅虎的互联网社交之路蒙上了一层阴影，后来证明雅虎再次错过了互联网的社交潮流。

如果说雅虎与谷歌、Facebook 的擦肩而过情有可原，那么雅虎错过被微软收购，失掉了重生的最后一个机会，使得杨致远成为雅虎衰落的罪人。谷歌代表的搜索、Facebook 代表的社交引领未来互联网发展的潮流，而雅虎依然被门户网站主导，在互联网世界近乎停滞乃至掉队。走到 2008 年，雅虎沦落到被收购的地步，对于衰落中的雅虎，这何尝不是一种拯救。可惜的是，杨致远白白葬送了这种"恩赐"！

2008 年 2 月 1 日，微软宣布计划以每股 31 美元收购雅虎全部已发行普通股，交易总价值约为 446 亿美元。10 天之后，2 月 11 日，杨致远拒绝了微软 446 亿美元的收购报价，认为这一价格"极大低估了雅虎的价值"，实际上这一价格较雅虎当时的市值溢价 60%。8 天之后，2 月 19 日，微软董事长比尔·盖茨表示，微软不会提高收购雅虎的报价，微软的报价"非常公平"。

进入 4 月，微软向雅虎发出"最后通牒"，声称如果无法在 4 月 26 日之前达成交易，就将以更低的价格发动恶意收购。这一言论，让雅虎表示出愿意被收购的信号。4 月 7 日，雅虎董事会在致微软 CEO 史蒂夫·鲍尔默（Steve Ballmer）的信中称，只要价钱合适，该公司并不反对与微软交易。可是，到了 4 月 27 日，微软收购雅虎的截止期限已经过去，双方还没有就此发表评论。5 月 4 日，微软宣布放弃收购雅虎。

仅仅 3 个月，全球科技领域就制造了载入史册的收购失败案例。美国《新闻周刊》指出："不管过去发生了什么，雅虎放弃微软收购可能是科技史上最为愚蠢的举动之一。"微软收购雅虎的失败主要源自于杨致远的阻碍，半年之后，他好像想清楚了，主动向微软示好，愿意接受微软收购。可是，这时微软已经对收购雅虎不感兴趣，选择寻求独立发展搜索业务。

早期微软向雅虎发起收购时，杨致远向员工发出一封电子邮件，称雅虎公司董事会正在详尽考虑各种避免被微软公司收购的战略发展选项。曾经在雅虎公司工作了 6 年时间的罗布·罗曼（Rob Roman）表示："杨致远已经和雅虎公司的紫色和金黄色融为一体，他当年一直梦想能够经营一个百年老店，而不是经营 14 年。"这在一定程度上解释了当初杨致远为何要想尽一切办法避免雅虎被微软收购。可是长期低迷的雅虎，难以撑起杨致远的梦想，在现实面前，杨致远好像还没有认清这个残酷的事实。

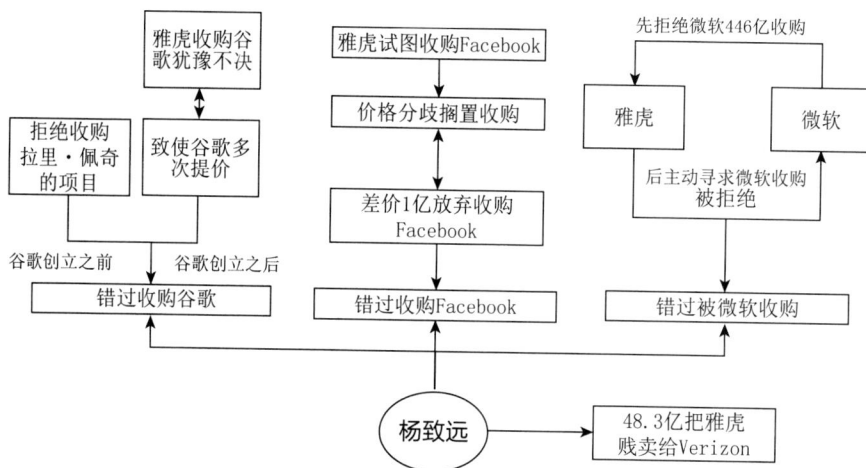

图 10-2 从"改变世界"到"被世界改变"

　　雅虎错失的三次机会，第一次，在谷歌成立之前，雅虎拒绝收购拉里·佩奇的项目，谷歌成立后，因为犹豫，雅虎再次失去收购谷歌的机会。第二次，雅虎试图收购 Facebook，因价格分歧，Facebook 拒绝雅虎的收购。第三次，微软试图收购雅虎，在价格上存在分歧，雅虎拒绝了微软，当雅虎重新寻求被微软收购时，微软拒绝了雅虎的请求。

　　仅仅半年之后，杨致远的态度就发生了 180 度的大转变，主动向微软伸出橄榄枝。不得不说，就在杨致远表示愿意接受微软收购前的几个小时，谷歌宣布放弃与雅虎在搜索广告业务上的合作，这才迫使他回过头来，寻找与微软在搜索领域的合作。在决策上，杨致远的优柔寡断，一味拖延，让雅虎错失机会。当想弥补时，杨致远又更多着眼于短期的利益，并没有正视行业未来的趋势，使得雅虎仍倒挂在悬崖边上，消耗掉最后一点"力量"。

　　8 年之后，雅虎终于从悬崖边上解脱了。2016 年 7 月 25 日，美国运营商 Verizon 宣布以 48.3 亿美元的价格收购雅虎的核心业务。想想当年拒绝微软

446亿美元收购，不知杨致远会作何感想。再想想当年雅虎最高市值1250亿美元，如今的贱卖，杨致远又会怎么想。从创办雅虎、开启互联网时代，到将雅虎推向灭亡，杨致远成为一个"最聪明"的失败者。

　　1988 年，已成立半年的万达公司，还没有拿到一个项目。作为公司负责人的王健林，为了让大家活下去，不得不去找主管大连城建的副市长和规划局长。王健林对他们说："不管在什么地方批一点，叫我们有活干，能吃饭就行。"市领导答应了他，将一块棚户区改造划给了万达。之前，地方政府已找了三家国企，进去之后，算完账认为必亏，都退出来了。而只有几十个人的万达，又怎么能保证改造好棚户区，同时还能实现盈利？

　　当时，棚户区的开发成本是每平方米 1200 元，而大连的房子在最好的地段也只能卖每平方米 1100 元。万达要在棚户区开发上赚到钱，每平方米必须至少卖到 1300 元，王健林提出要卖到 1500 元、1600 元。同事们对此没多少信心，但是，王健林当时说了一句名言："开发开发，不开怎么能发呢！"

　　接下来，王健林带着同事研究怎么将房子卖出、卖贵。首先，万达为房子设计了一个明厅。其次，万达为房子建洗手间，当时有规定只有县处级以上的干部的房子才能带洗手间，王健林并没有在乎这个规定就做了。还有为房子安上了铝合金窗和防盗门。最后，在香港电视剧受欢迎的年代，王健林为电视台拉来一部香港电视剧，电视台同意让该电视剧播出前后放万达的广告。这四件在今天看起来稀松平常的事情，却在当年都是能产生轰动效应的创新。

　　万达一个月就把棚户区开发出的 1000 套房子全部卖光，价格卖到当时大连市最贵的每平方米 1600 元。最后，该项目为王健林赚取近千万的利润，并挖到了创业的第一桶金，万达也成为全国第一家搞旧城改造的企业。四个微小的创新，打开了万达成长的大门。17 年之后，2005 年王健林在北大光华管理学院发表演讲时讲道，"创新意味着冒险精神，冒险精神意味着有风险，有风险就意味着有失败，而且可能有很多失败，只有不怕失败才能成功。"

从万达挖掘到第一桶金，到走向全国市场，再到开展相关多元化经营直到国际化战略，这一切都带有一个鲜明的符号——"冒险"。万达的第二次大冒险，就是走向全国市场。已发展了 4 年的万达，年销售额已稳定在十几亿元，最高时接近 20 亿元，占大连市场的 20%。不甘于做"地头蛇"的万达，决心成为全国的"强龙"。当时流行一句话，"东西南北中，发财到广东"，因此，万达决定以广东作为进入全国的第一战场。

万达刚进入广州时，是通过向当地一家华侨房地产商缴纳管理费的方式，成为挂靠其旗下的分公司。进入广州的早期，万达首先开发 40 万平方米的小区，由于对当地文化理解有误，以及在成本控制、异地管理方面经验不足，万达并没有赚多少钱，但是万达借此获得进入全国市场的信心和勇气。也就是从 1992 年开始，万达正式开始全国扩张，成为全国房地产行业中第一家跨区域发展的企业，多年之后，万达成为跨区域城市最多的一个房地产企业。

2000 年，万达的住宅开发达到近百亿规模，在国内也打响了知名度。此时，王健林认为住宅开发存在巨大的风险。他认为城市化进程结束后，大多数住宅开发地产商将消亡，做住宅开发存在着巨大的问题，现金流将变得非常不稳定。当时，还有一件特别的事刺激了他。自万达成立起就跟随王健林的两个员工，一个得了癌症，一个得了肝病。万达为了给他们治病，花费高达 300 万元。这引发王健林对万达未来的担忧，当公司有了几万人的规模，仅医疗费就可能拖垮万达。王健林既为自己考虑，也为员工考虑，提出企业必须拥有长期、稳定的现金流。

万达如何实现稳定的现金流？王健林在 2000 年初召开了三整天的会议商讨策略。他说："你们就给我想，每个人提意见，保证长期、稳定，达到这两个目的就行了。"经过多轮讨论之后，大家的意见趋于一致，做收租物业。毕竟万达已学会盖房子，而关于商业物业招商、设计等，可以边干边学，就这样万达的商业地产拉开了大幕。在万达历史上，这三天会议被称为万达的"遵义会议"。

一向不走寻常路的王健林，为万达的商业地产打出了一套组合拳。万达将目标客户锁定在世界500强，而当时的万达在世界500强眼中仍是个"小角色"。向世界500强收租，王健林把这一想法告诉沃尔玛的一个副总裁，得来的是轻蔑的嘲笑。王健林与沃尔玛反复沟通，最终沃尔玛打算先与万达做个项目试试。随后，他又去深圳，游说沃尔玛亚洲区首席执行官，历时半年多，前后十几次游说，沃尔玛终于答应与万达在长春建立第一个万达广场。这得之不易的合作，让万达下决心一定要干好第一个项目，让沃尔玛认可。与沃尔玛合作到第五个万达广场的时候，万达赢得了沃尔玛的信任，沃尔玛与其签订了一个战略合作协议。凭着与沃尔玛合作的背书，越来越多的跨国企业成为万达的战略客户。2012年，万达的跨国企业客户接近300家，战略合作商家超过5000家。

在做了几个万达广场后，王健林和他的团队发现，国内的设计院不能达到他们的要求，只能请澳大利亚、美国的公司来设计，造成设计费用高、设计时间长。于是，后来，王健林决定建自己的商业规划院和商业管理公司。万达规划院可以独立完成购物中心和五星级酒店设计、建筑、结构等，同时规划院先后为公安部、住建部、商务部制定了中国购物中心的消防规范、评价标准、管理标准等。万达规划院成为行业内标准制定者，拥有知识产权，掌握了核心竞争力。

随着商业规划院、商业管理公司的成立，万达商业地产形成了完整的产业链。标准化成为万达商业地产瞄准的新方向。万达的标准化分成两个部分，一是建立品牌库，把合作的商家分门别类，只有进入品牌库的才能跟万达合作。二是项目实行模块化管理，把商业地产项目的开发按时间分成近400个节点，每一步针对一个业务部门。这些节点又分三级，对应不同层级的领导。这些规定，编成模块化管理软件，每年11月，万达把第二年每个单位、每个人、每天计划录入系统中，信息系统会自动考核。通过这一系列操作，万达的商业地产管理达到标准化和流程化。

万达的商业地产经过十多年的实践，这一套组合拳由初期的有模有样已经修炼到炉火纯青。万达在商业规划院支持下，先从设计着手，然后找大的商家谈判，建立订单商业地产模式，规避了很多风险。万达将商业中心、五星级酒店、写字楼、公寓、住宅整合到一起打造出城市综合体，这是万达在全球的首创，使万达在商业地产领域取得绝对优势。

随着万达商业地产先设计再招商、城市综合体两大商业模式的成熟，万达将触角伸向文化领域。由于王健林有收藏的爱好，在万达成立之初，他就开始搞收藏。在近现代字画收藏领域，王健林自称行业内老大哥，万达收藏的近现代字画代表国家多次出席境外活动，这是万达与文化产业的结缘。万达真正意义上主动和独立进入文化产业还是一种倒逼的无奈之举。2005年，万达的商业地产正做得风生水起时，王健林就想建影城建院线。当时，与上海广电达成协议，为其建六个影院。后来，上海广电换了总经理，以防止国有资产流失为由，终止了协议，万达和上海广电的合作告吹。

接着，王健林找到全球最大文化企业集团——时代华纳，双方签订战略合作协议在中国建院线。可不到一年，中国加入世界贸易组织，规定外资企业不得进行影院经营管理，而且股权投资也不能超过49%。王健林想建影城的计划再次告吹。当时，王健林在公司董事会上讲了一句话："做影城再难，难得过搞两弹一星吗？"在无路可退的情况下，万达只好自己成立了院线公司，想不到成立当年就实现了盈利。

在经历与上海广电、时代华纳合作的挫折后，王健林并没有退缩，反而提升建立电影院线的信心。2003年，中国电影院线票房仅8亿元，投资电影院线获得的回报率很低，甚至会亏损。对于投资院线，当时万达内部争论很大。王健林却认为，大家应该用动态去分析，初期投时院线票房8亿元，投资两年后可能变成16亿元，再过几年也许变成20亿元，再过几年也许变成100亿元。王健林投资院线，还基于购物中心的考虑，购物中心是多元化的业态，电影院是购物中心不可或缺的。王健林从投资动态、实业发展的角度提出建立院线的可行性，让这次向文化产业转型的冒险，最终迎来一场巨大的商业收获。2016年中国电影票房达到457亿元，同年万达院线收入达到111亿元，稳坐国内院线头把交椅，王健林的预言成真了。

万达在文化产业的布局上有很显著的特点，要么不做，要做就做到行业最好、最大。万达在字画收藏领域相当于万达在商业地产领域的地位，万达的电影院线成为全球规模最大的院线。万达文化产业另外两大布局同样是行业内的标杆。万达投资 500 亿元在武汉建立中央文化区，核心的电影科技乐园将世界上最新的电影科技与互动娱乐整合到一起，包括 4D 影院、5D 影院、互动影院、太空影院等，这属于全球首创。万达投资 100 亿元，分别和国际顶尖艺术大师弗兰克·德贡（Franco Dragone）、国际顶尖建筑大师马克·费舍尔（Mark Fishe）合作，打造了五台世界顶级演艺节目。万达挖掘中国文化的优势，整合国内外资源、搭建一流的团队、借鉴高科技等，不遗余力地在文化产业排兵布阵。

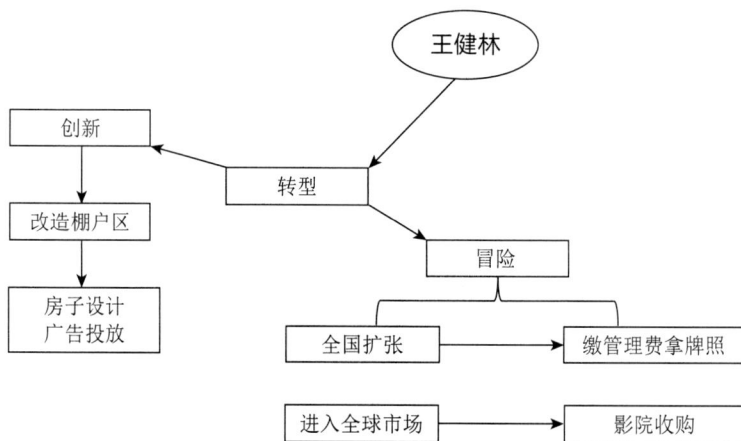

图 10-3　王健林的转型"进行时"

万达创办初期，王健林的创新、冒险精神就表露无遗。在房子设计上，无视规定建带有洗手间的房子；在广告投放上，拉来热播的香港电视剧与电视台交换，换来万达广告的投放。万达在大连立足后，经历种种挫折，打开了全国扩张的局面。在外界普遍不看好的情况下，万达通过院线收购，建立新的激励模式，成功打入国际市场。

近几年，万达带给外界最深刻的印象，不是地产商角色，而是文化企业巨头，并将文化产业布局延伸到好莱坞，这也承载万达走向全球化的使命。在这其中，万达让人印象深刻的一大手笔就是，2012 年万达以 26 亿美元收购世界排名第二的美国 AMC 影院，使万达一举成为全球规模最大的电影院线运营商。

当初万达收购 AMC 时，中美两方的业内人士绝大多数都不看好。王健林并没有做任何辩解，他说了一句很经典的话："所有人都看明白的生意一定不是好生意，因为没有超前性。"接着又说了一句："所有人都去干的事情我一定不干。"随后王健林拿出三项举措：跟 AMC 管理层签订 5 年的长期合约，提了一点点工资，把收入与激励挂钩。在收购 AMC 影院一年多以后，AMC 影院在纽交所上市，万达收益超过了一倍，创造了中国企业并购美国公司并在美国上市的最快纪录，这意味着万达已经具备按照国际市场规则来收购和整合企业的能力。

接下来的几年，通过一系列院线收购，万达在北美、欧洲、中国全球三大电影市场，都已是院线龙头。再加上万达院线自主并购的澳大利亚 Hoyts 院线，万达已形成全球最大的电影院线，这也是世界范围内首次诞生的全球院线网络。按照王健林的规划，2020 年万达在全球电影院线的占比将达到 20%；万达文化产业其他版块，2020 年将做到全球第十；到 2020 年，万达将成为世界一流跨国企业。

从一家房地产企业向文化企业转型是一种冒险，从一家中国企业向跨国企业转型同样也是一种冒险。今天王健林率领万达转型，更是将这两种冒险整合到一起，把冒险推到一个新境界。这种冒险的另一种定义就是创新，而"创新""冒险"也已经成为万达的精髓，也是万达走到今天的原动力。按照王健林的说法："万达的历史就是一部创新史，就是敢想别人不敢想，敢做别人不敢做的事。"

1995 年，根据简·奥斯汀的同名小说改编的电影《理智与情感》上映。1999 年，讲述美国内战的《与魔鬼共骑》上映。2000 年，武侠电影《卧虎藏龙》上映。2003 年，科幻英雄电影《绿巨人浩克》上映。2005 年，讲述两个男人之间复杂情感的《断背山》上映。2007 年，改编自张爱玲小说的《色戒》上映。2009 年，喜剧电影《制造伍德斯托克音乐节》上映。2013 年，3D 奇幻冒险电影《少年派的奇幻漂流》上映。2016 年，将"4K、3D、120 帧"技术融为一体，讲述伊拉克战争电影的《比利·林恩的中场战事》上映。

二十多年，上述 8 部电影风格截然不同，而且一部比一部的挑战大。如果没有人告诉你，你很难想象，这 8 部电影出自于同一位导演。在每部电影取得巨大成功后，这位导演的下一部电影就会进入不同的新领域，包括讲故事的方式、新技术的运用等。可以说，该导演的每一部电影，不重复过去，不停留在过往的荣誉上，都是一次全新的冒险。我们以上提到的 8 部电影，只要喜欢看电影的人，至少会看过其中的一部，就会知道我们所说的这位导演是李安。

8 部电影 8 次冒险，这 8 次冒险中，最吸引外界的莫过于李安执导的《少年派的奇幻漂流》。在拍这部电影之前，我们有必要了解一下李安的电影成就。1995 年，《理智与情感》获得奥斯卡"最佳改编剧本"和柏林影展"金熊奖"及多项英国学院奖。2001 年，《卧虎藏龙》获得美国导演协会奖，并获得第 73 届奥斯卡最佳外语片等 4 项大奖。2005 年，《断背山》获得威尼斯电影节金狮奖。

在第 64 届威尼斯国际电影节上，张艺谋曾这样评价他："像李安那样拍中文、英文电影，在东西方世界游刃有余地行走的导演，恐怕华语影坛里只有他一个人。"当时的李安，成为电影史上第一位于奥斯卡奖、英国电影学院奖及金球奖三大世界性电影颁奖礼上夺得最佳导演的华人导演。即使之后，李安不再拍电影，也是当之无愧的"电影大师"。即使拍，讲一个个人擅长的故事才更保险。可是，李安却向外界宣布，他的下一部电影是《少年派的奇幻漂流》。

《少年派的奇幻漂流》的原著作者杨·马特尔（Yann Martel）曾提道："有许多导演曾经想将这部小说搬上大荧幕，但都没有成功。"在好莱坞有这样的一句箴言："永远别碰动物和水。"不巧的是，这两者正是《少年派的奇幻漂流》不可缺少的核心元素。在这之前，李安在电影中冒险，在东西方文化之间穿梭探索。拍摄《少年派的奇幻漂流》，他的一个全新冒险是关于技术的冒险。这是他在这部电影中带给人们最大的疑问和惊喜。

李安首次用华丽 3D 技术讲述了一个饱含哲学原理的故事，这里面的每个形容词，都是一次巨大的冒险，区别于他过去擅长的情感表达。李安为什么要拍摄这部电影？在一次谈到《少年派的奇幻漂流》为什么吸引他时，他说："一般来说，我喜欢去我从来没去过的地方，学习当地不同的风俗和宗教，尽我可能地了解世界各地。我喜欢冒险，而《少年派的奇幻漂流》具有所有我热爱的特征和元素。"

当时，李安认为这是至今为止执导过的最难的电影。他解释："首先，你没法控制一头老虎，你必须要使用到特技。我第一次使用了 3D，这是一个技术难题。设计的地方又横跨两个大洋。"之后，他又进一步说："我们还为它补充了一个难点，启用一个毫无表演经验的 16 岁新人，而且这个新人连大海都没见过，游泳也不会。"看之前李安的电影，几乎都是好莱坞或中国一线演员参演，这次选用新人参演绝对是一次冒险。

在李安眼里最怕的是水，他说："大量的水，总是让人觉得很无奈的。东西在上面一漂，怎么拍，怎么弄，真的是很难，这次几乎每一个镜头都是刻骨铭心的经验。"为了节约成本，李安跑到台湾，专门建造了世界最大的全自动波浪装置水槽：长约 21 米、宽约 9 米、深约 1.2 米，可容纳约 6400 升水。过往电影中呈现的海浪，李安认为太单一，通过该水槽，制造出电影需要的各式各样的海浪，满足各种天马行空的想象。该电影的制作人称："我们可以制造五十来种浪。水缸底放了沙堤、岩石堆，末端还放了可以吸水的桩。"

外界更感兴趣他是怎么拍摄老虎的。电影中的老虎"理查德·帕克"是约204千克重的雄性孟加拉虎。拍摄片场有四只真正的老虎，我们在电影看到的老虎有真有假，在船上的老虎并不是真的而是"数码老虎"。动画师观看了几百个真老虎的视频，制作用来控制老虎基本动作的骨架，然后在骨架上添上肌肉、皮肤与毛发。仅有毛发，就有十几个艺术家在负责处理皮毛上的光泽之类的细节。"数码老虎"从站立到扑食等的每一个细节，都做得栩栩如生，仅这一过程就耗费了一年时间。

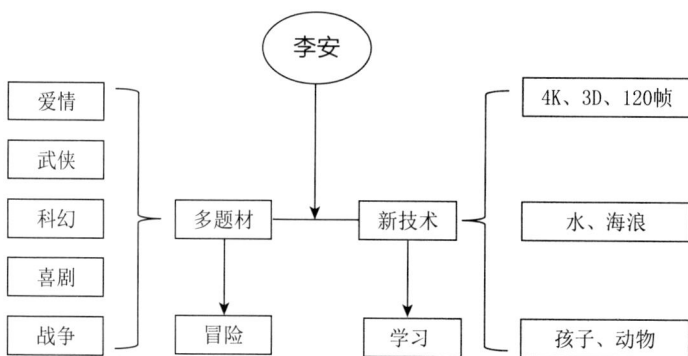

图 10-4 电影大师的"小学生心态"

李安的冒险精神关键体现在勇于涉猎各种题材的电影，包括爱情、武侠、科幻、喜剧、战争等。他以擅长的爱情、武侠电影奠定其大师级地位后，并没有停留在原地，而是不断探索新的电影类型，学习新的电影技术。他在电影《少年派的奇幻漂流》挑战电影领域最难拍摄的三大元素：水、孩子、动物，在电影《比利·林恩的中场战事》应用电影新技术：4K、3D、120帧。

从孩子、水到动物，这些在电影中最难拍摄的场景，在李安手里，最终都以完美的形式在电影中展现出来。正如著名影评人理查德·科里斯（Richard Chris）在《时代》杂志上写的："《少年派的奇幻漂流》达到了它用 3D 画面震撼观众的预期，运用了《阿凡达》导演詹姆斯·卡梅隆（James Cameron）所提供的 3D 领域最新技术……创造出了触手可及、引人入胜的奇妙胜境。"

只要看过《少年派的奇幻漂流》电影的观众，就能享受到早已久违的视听快感，完成一次惊险奇幻的美丽旅程，更为宝贵的是，还能获得一次深刻的人性反思。

在《少年派的奇幻漂流》北京媒体见面会上，李安告诉台下数百名记者："我是一个没有用的人。"你是否会认为自己听错了？一个在电影领域诸多荣誉加身，已进入电影殿堂领域的大师，竟然如此谦虚，谦虚到尘埃里。正是他的这种谦虚，让他小心翼翼，保持对电影的敬畏，一直不断探索求变。三年之后，2016年李安奉上的《比利·林恩的中场战事》，又是一场在更高级别讲故事、技术运用上的新冒险。李安曾说过，"我觉得做艺术创作的人本身都不喜欢安全感，都是有冒险的精神"。

许多各行各业内颇有成就的人，荣誉往往成为一种包袱、陷阱，他们自负自傲，恐惧失败，无法再往前走一步，只有不断重复自己。李安给我们呈现出一个声名在外、荣誉加身的行业领军者怎样一次一次完成自我突破。在这种突破中，面临的最大心理障碍是如何面对失败，这也是许多领军者难以越过的门槛。过往如此成功的他们，未来如何认识自己的失败，有多大的勇气承担失败，决定他们是否敢于冒险。

难道李安不怕失败？他是怎么看待失败的呢？李安认为怕，怕才有劲儿。怕，人才会提高警觉。就像那个小孩跟老虎漂洋过海，他说，"没有那只老虎，他活不了。没有那种恐惧，没有让他一个惊醒的感觉，他对老虎的恐惧提了他的神，增加了他的精气神。所以那种提高警觉的心态，其实是生存、求知最好的状态，所以有时候我也需要一点刺激。我就很怕这样的话，自己惰怠了，很容易陈腐的，很容易被淘汰，那我当然不希望这样。"

最后，我们用英国诗人西格里夫·萨松的一句诗，谢谢李安为我们制造的梦——In me the tiger sniffs the rose（我心有猛虎，细嗅蔷薇）。

综　述

································　●　································

　　当我们从未来回看 2016 年、2009 年的商业史，不得不提两场大败局。一场，雅虎核心业务贱卖；一场，通用汽车申请破产。从各自的行业贡献到行业地位，两家企业旗鼓相当，不幸的是，它们几乎沿着相似的一条线，犯了相同的错误，从辉煌走向没落。它们忽视外部环境变化，轻视竞争对手，迟迟没有拿出相应的决策，适应新的市场竞争，结果逐渐被快速变化的市场环境淘汰。

　　雅虎与通用汽车的失败，犹如"温水煮青蛙"，两家企业沉溺在各自的辉煌里，不知不觉变得封闭、胆小、麻木，从创始人到领导层接连做出一系列的错误决策埋没了企业的未来。雅虎与通用在"温水"中走向失败，而万达在"沸水"中保持斗志。面对残酷、竞争激烈的房地产环境，王健林的冒险精神，带领万达从区域性房地产企业发展为全国性房地产企业，从房地产企业转型为文化企业，从中国企业成长为跨国巨头。当万达在原有领域做到最好时，它又开始去探索新的领域，这与雅虎、通用汽车形成了鲜明的对比。

　　李安与王健林的相似之处在于，他们不想重复自己，不愿意固守在原来擅长的领域，保持着对生命的敬畏、对行业的警觉、对世界的好奇之心。去万达影院看李安的电影，这样的消费习惯，已经逐渐从中国蔓延到全球。李安与王健林分别在艺术、商业上的冒险为全球消费者制造了消费、娱乐融为一体的人生享受，赋予他们生命的价值、精彩，这既是冒险给予他们的回报，也是冒险对于消费者的馈赠。

　　艺术与商业从来都不是风平浪静的世界，永远只为冒险家敞开大门。冒险家思维敏锐、视野开阔、用行动制造艺术的绚烂多姿、商业的惊心动魄，而胆小者要么沦为"先烈"，要么变成"炮灰"。正是一大批冒险家，将这个世界中原本看似不可能的地方创造出无限的可能。当一个人、一个艺术家、一个领导人丢失了冒险精神，这个世界将变得不可想象！

险象 11 → 思维滞后、不敢创新的险象

做出重大发明创造的年轻人，大多是敢于向千年不变的戒规、定律挑战的人，他们做出了大师们认为不可能的事情来，让世人大吃一惊。

——费尔马

我倒不是说一定要破坏，搞颠覆性的创新，但是，有一些很重要的东西是需要实现的。为了达到这个目的，一定要有些颠覆的话，我是会做的……真正能够鼓励我的是，要进行颠覆性创新的时候，我才会去做必要的颠覆，必要的破坏。

——埃隆·马斯克

● ○ ○ ───────────────────

由于领导人在位久了、企业存活得太惬意，领导人可能会老化、退化，思想可能会固化、僵化，企业的机制可能会失配、失效，风险意识可能会薄淡、薄弱，企业上下管理层可能会有惯性、惰性。于是，大家只喜欢做熟悉的事，对环境变化和客户不敏感，许多战略与政策都偏向安于现状和萧规曹随，这样，就会出现思想滞后、不敢创新的险象。

企业的创新可以表现在下列几种情况：

（1）领导人的思维方式创新，从而产生新的理念与思路，领导人也有了新的志向和方向。邓小平提出"实践是检验真理的唯一标准""黑猫白猫论""有中国特色的社会主义市场经济"等是政治思维的创新；马云的"让天下没有难做的生意"，威廉·泰勒（William Taylor）和克莱顿·克里斯坦森(Clayton M. Christensen)等提出的"颠覆性创新"皆是这方面的例子。

（2）企业战略的创新，从而有新的战略重点、战略布局和战略举措。例如，许多房地产开发商开始部署多元化和国际化的战略；当年IBM向服务转型；阿里巴巴集团的大平台战略；等等。

（3）科技上的创新，从而产生新科技、新技术、新材料、新数据、新商业模式、新产品、新服务。这方面各行各业的例子很多。

（4）管理上的创新，从而产生新的治理结构、新的组织结构、新的集团管控模式、新业务流程、新生产流程、新制度、新文化等。林林总总，不同企业在不同时期会有不同的做法。

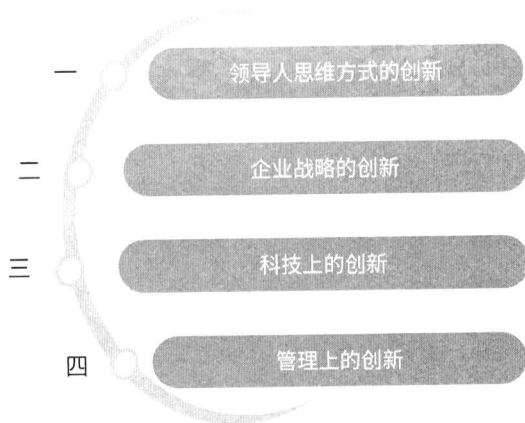

一　领导人思维方式的创新

二　企业战略的创新

三　科技上的创新

四　管理上的创新

图 11-1　创新的内容

费尔马说年轻人会创新是有道理的。年轻人没有太多负担，没有太多条条框框，学习能力强，敢于面对不确定性，敢于挑战权威和规律，也不害怕失败。因此，企业要保持管理队伍年轻化，要勇于面对失败，才会有比较强的创新能力。管理层年龄偏大可能会不易了解新一代的需求，也不愿意打破现有的游戏规则，更不愿主动放弃许多得来不易的既得利益，这就形成了不敢创新的险象。

埃隆·马斯克所说的"颠覆性创新"是什么意思呢？大家可以去读读威廉·泰勒的《颠覆性创新：如何改变公司，撼动行业，挑战自我？》和克里斯坦森的《创新者的窘境》这两本书。我认为不是每种创新都能达到颠覆性的效果，颠覆性的创新（不管是上面所讲的四个方面的哪一个方面）必然会造成或者要造成以下一点或多点改变。

（1）它改变了现有行业的游戏规则和商业模式；

（2）它改变了现有竞争态势和企业的竞争优势；

（3）它改变了企业核心竞争力的内涵和表现形式；

（4）它对现有行业造成了质的变化，使产业升级；

（5）它在产品、服务及提供产品和服务的方式等方面改变了人们对产品和服务的需求内容，从而改变了人们在方方面面的生活方式。

颠覆性创新要求高、风险大，不是每个领导人想做、能做和敢做的，因此，很多领导人还是会倾向于做自己熟悉的东西，这就形成了不敢创新的险象。

海尔的张瑞敏有几句话说得不错："'想干与不想干'是有没有责任感问题，是'德'的问题；'会干与不会干'是'才'的问题；但是，'不会干'是被动的，是按照别人的要求去干；'能干与不能干'是创新的问题，即能不能不断提高自己的目标。"而张瑞敏对创新的目标的定义是："创新的目标是创造有价值的定单；创新的本质是创造性的破坏，破坏所有阻碍创造有价值定单的枷锁；创新的途径是创造性的模仿和借鉴，即借力。"

因为不敢创新而失败的企业很多，因不敢创新而失去机会的案例也不少。美国的一个制造铁罐的公司因为没有创新，甚至是不重视竞争对手的创新而完败于铝罐制造公司；柯达没有在数码领域创新投入而失去了整个江山；诺基亚在创新方向的投入错误导致在智能手机的竞争中一败涂地；联想在创新方面的投入不足使它在 PC 市场萎缩和手机竞争激烈的情况下，地位尴尬、前景堪忧。相反的，谷歌的拉里·佩奇、华为的任正非、特斯拉的埃隆·马斯克、腾讯的马化腾、格力的董明珠、美的的方洪波等人却因为敢于创新、勇于改变而加强了自己的生存和发展的能力。所以，谷歌的拉里·佩奇曾说："大部分公司都不能永久地成功下去。他们犯了什么根本性错误吗？他们通常没有把握好未来。"

企业要有未来，必须创新。张瑞敏也有类似的话："企业一旦站立到创新的浪尖上，维持的办法只有一个，就是要持续创新。"企业没有回头路，因为消费者不断变化的需求在引领前路。

领导人思维滞后，不敢创新的险象若成为现实，也就是企业衰退和败亡的开始。乔布斯说过以下的话，希望我们能共勉之："领袖和跟风者的区别就在于创新。创新无极限！只要敢想，没有什么不可能，立即跳出思维的框框吧。如果你正处于一个上升的朝阳行业，那么尝试去寻找更有效的解决方案：更招消费者喜爱、更简洁的商业模式。如果你处于一个日渐萎缩的行业，那么赶紧在自己变得跟不上时代之前抽身而出，去换个工作或者转换行业。不要拖延，立刻开始创新！"

案　例

●　○　○————————————————————————博斯克：终结西班牙王朝

2008 年，西班牙队登顶欧洲杯冠军，赛后文森特·德尔·博斯克（Vicente Del Bosque）接手这支进入黄金发展期的球队。两年之后的 2010 年世界杯，博斯克将西班牙队送上世界杯冠军的宝座，这也是西班牙队历史上首次获得世界杯冠军，这支西班牙队站上了历史的巅峰。两年之后的 2012 年欧洲杯，西班牙队实现卫冕，博斯克缔造了一个西班牙王朝。4 年之间，博斯克带领西班牙，将欧洲杯、世界杯揽入囊中，成为西班牙人心中的"国家英雄"。

2012 年，博斯克达到个人荣誉巅峰之后，剧情发生逆转，接下来的 4 年，他带领的西班牙队走入死胡同，2016 年以"国家罪人"离职。整整 8 年，前后各 4 年，西班牙队经历了过山车式的命运，博斯克到底对西班牙队做了什么？

西班牙队走下坡路的迹象，出现在 2014 年世界杯上。在本届世界杯上，西班牙队的表现可谓崩溃，在小组赛 1∶5 负荷兰、0∶2 负智利，两场过后就提前告别世界杯。之所以造成这样的局面，作为主教练的博斯克需要承担主要责任。

博斯克漠视落后的"Tiki-Taka"打法。这种打法的特点是通过 3 到 5 名球员，快速传球、控球、盘带，用精准的传控撕破对手的防线，实现进球的目的。从 2008 年的欧洲杯、2010 年的世界杯到 2012 年的欧洲杯，西班牙队都是靠"Tiki-Taka"打法走到了最后。可是，此一时彼一时，"Tiki-Taka"打法对核心球员个人能力、整体阵容要求很高。而实际的情况是，2014 年的西班牙队，核心球员哈维小组赛只上了一场，伊涅斯塔状态下滑，导致传球效率下降，无法组织有效的进攻。根据这种情况，博斯克本该有两种选择，要么战术不变，做人员调整；要么人员不变，做战术调整。博斯克怎么做的？2012 年的西班牙阵容，包括卡西利亚斯、拉莫斯、阿隆索、席尔瓦、伊涅斯塔、托雷斯、哈维、比利亚、法布雷加斯、皮克等，这些人都是过去几年，帮助西班牙队问鼎冠军的中坚力量。问题是，此时这些人，要么过了当打之年，要么有病在身。博斯克的信任似乎变成了一种迷信，对往日功臣过度、非理性信任，仍然把他们放到主力的位置上。事实上，博斯克完全有更好的选择，比如他可以挑选在俱乐部表现极佳的略伦特、内格雷多。在次年的联合会杯上，博斯克仍然将新人弃之不用。这背后反映的是博斯克在用人上缩手缩脚，不敢大胆起用新人，侥幸地采用"老人、熟人"。

"Tiki-Taka"打法博斯克已经沿用多年，对手早已了然于胸，也研究了相应的策略对付西班牙队。博斯克调整战略战术势在必行，可是他仍然固执地不愿意做出改变。在对阵智利的比赛中，已落后两球，博斯克能做的，只是简单的人员对调，没有任何奇招、妙招应对严峻的形势。最后的结果，只能被对手追着打，败局已定。

即使西班牙队已处在连败荷兰、智利，提前回家的境况下，博斯克依然没有做出反思、没有改革的迹象。他对外界表示："我们不需要进行翻天覆地的改革，我们仍需要按照原来的道路走下去，只进行一些小细节的微调就可以。我们可以变得更好，球队将重新回到正确的道路上来，在下届欧洲杯上，我们将竭尽全力捍卫冠军头衔。"2014 年，西班牙队的失败，警示博斯克在阵法、阵容上做出调整，为下滑中的西班牙队"止血"。而博斯克没有吸取教训，于是，等待他的，只有更大的失败，西班牙王朝覆灭只是时间问题。

由于 2014 年西班牙队的惨败，核心球员哈维、阿隆索和比利亚都退出了国家队。这给了博斯克更新换代的机会，可他没有将重点放在这上面。西班牙的《阿斯报》在 2016 年欧洲杯上，总结出一个有趣的数据。在 24 支参赛球队中，只有两队三场比赛中没有更换任何首发球员。其中一队是卫冕冠军西班牙，另一队则是首次参加国际大赛的冰岛。这从侧面反映了博斯克依靠"旧势力"主导球队的走向，将有实力的新人按在板凳上。

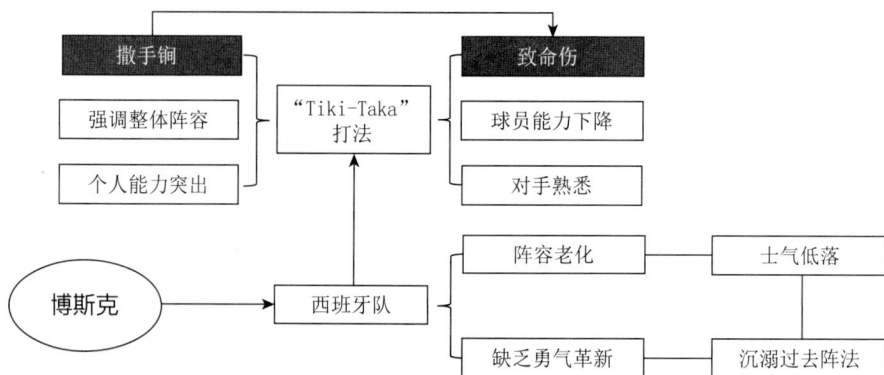

图 11-2　西班牙队辉煌的"诅咒"（2008 年—2016 年）

　　博斯克的"Tiki-Taka"打法，将西班牙队带入了辉煌。整个西班牙队球员能力下降，对手对西班牙队战术风格已经非常了解，但博斯克看不到这些变化，仍然固守着他擅长的打法。他缺乏革新战法的勇气，不敢大胆起用新人，过往的"撒手锏"变成"致命伤"，造成西班牙队从辉煌期进入低迷期。

　　2016 年欧洲杯，博斯克弃用欧预赛队内射手王帕科·阿尔卡塞尔、中场核心伊斯科、在马竞蹿红的中场萨乌尔，却招入了表现平平的佩德罗、能力不足的伊涅斯塔、无法掌控大局的法布雷加斯。阵容与战法是相辅相成的，同样的阵容意味着博斯克仍然采用固有的"Tiki-Taka"打法，可是这些球员的能力已非同往日，他们所谓擅长的传球、控球能力，已沦落成"伪传控"。

　　在小组赛，西班牙输给克罗地亚，警示博斯克做出战法调整。球迷期待接下来，在对阵意大利时，博斯克排出的战法。可是博斯克排出与之前三场一模一样的阵法，比赛还没开始，球迷已经预见到失败的结局。意大利一个传统强队，克罗地亚一个新生力量，面对两种风格、实力不同的球队，博斯克居然不做出任何阵容、战法上的调整。西班牙过往的中场优势不在，导致防线压力大增，老队员无法应对新问题，那些体能、欲望表现强的队员却无法上场表现。

　　可以说，博斯克在 2016 年欧洲杯，沉溺在过去阵容和战法上不能自拔，在排兵布阵上变得扭曲。博斯克太在乎往日的荣誉，曾经的成功绑住了他的手脚，使他不愿做出改变，没有勇气进行革新，陷入不思进取的局面。博斯克这种状态，直接影响了球队的士气。在与意大利的比赛中，在落后的情况下，西班牙球员有一阵奋起直追，可是在意大利球员几次扑救之后，西班牙球员士气迅速下滑，几乎放弃，任凭对方打进一球，再也无意争取赢球的机会。

博斯克的拒绝改变、害怕创新、不思进取最终将一支充满激情和活力的球队打入深渊。个人的无所作为像病毒一样迅速在球队传染，导致整个球队在世界杯、欧洲杯以惨败收场。博斯克的失败、西班牙王朝的崩塌，警示我们任何一支再强大的队伍，无视外部环境的变化，固守一贯的策略，拒绝做出探索、创新，等待的就是自掘坟墓。一支常胜队伍，必须要有勇于改革的魄力，适时进行新老势力的交替，才有资格在未来的竞争中赢得一席之地。

1865 年 5 月 12 日，芬兰与俄罗斯交界的坦佩雷镇，一位名叫雷德里克·艾德斯坦（Fredich Idestam）的采矿工程师建立了一家木浆工厂。3 年之后，雷德里克·艾德斯坦在小镇西边 15 公里处的一条河边建立了第二家工厂。又过了 3 年，1871 年，这位工程师将这两家工厂合并，起名为"Nokia AB"公司。他起这个名字"Nokia"的灵感源于第二家工厂附近那条河叫"诺基亚河"。

经过近 100 年的发展，诺基亚的产业已在橡胶、电缆、林业、电子产品和电力五大核心形成布局，另外在造纸、化工、制药、天然气、军事等领域也有涉及，显然诺基亚已成长为综合性的跨国集团。1973 年，诺基亚出现关键转折点的信号，制造了第一台 Nokia 手持式移动电话的原型机。14 年之后，1987 年，诺基亚首先发明手持电话。

自此，诺基亚成为打下手机烙印的公司，进入一个高速发展的阶段。1998 年，诺基亚成为全球最大的手机制造商；2001 年，诺基亚营业收入超过 310 亿欧元（约合 2284.7 亿元人民币），在过去的 5 年翻了一倍；2007 年，诺基亚已售出 4.4 亿部手机，占全球市场 40% 以上的份额。同年，苹果发布第一代 iPhone 手机，诺基亚的命运开始转向。

4 年之后，2011 年，诺基亚市场份额降到 25%，与最高市场占有率相比几乎下降了一半，被苹果超越，次年被三星超越。2012 年诺基亚的市值缩水 90%。2013 年，诺基亚以白菜价 71.7 亿美元卖给了微软，而诺基亚市值最高达到 1151 亿美元。诺基亚用 150 年的艰苦奋斗，成为全球消费者最喜爱的品牌，可短短的 6 年，诺基亚就走向了衰落的境地。关于诺基亚的断崖式衰落，业内人士给予各种解释，在这些解释中，唯一绕不开的因素就是，诺基亚在创新上的一系列失误。

自 20 世纪 70 年代，诺基亚进入手机领域，一直以善于创新引领市场。诺基亚曾最早开发出了便携式的小型电池板，并因此开发出世界上第一款直板机型；开发了集网络、无线文字、PIM、网页浏览、电子邮件等功能为一体的塞班系统。这些创新，促使诺基亚连续 15 年占据手机市场份额第一的位置。可是，这些在创新上的成功，是建立在功能手机时代。随着智能手机时代的到来，诺基亚的创新跟不上了。

在功能手机领域，诺基亚取得超乎寻常的成功，让企业的管理层停滞不前，缺乏勇气探索新的市场。诺基亚管理层将更多精力放在对功能性手机缝缝补补上，对于智能手机研发投入存在抵触。诺基亚本来可以在 2008 年推出基于 MeeGo 系统的智能手机，事实上直到 2011 年才推出基于 MeeGo 系统的智能手机。2008 年，安卓系统的手机和苹果手机才刚刚进入市场，如果当时诺基亚推出智能手机，今天智能手机格局可能就是另一番景象。

单从某项技术创新上，诺基亚的技术优势并不弱。早在 2005 年底，诺基亚推出最先进的智能手机 N 系列手机。虽然诺基亚推出了智能手机，可是整个产品运营上，仍采用的是功能手机的那一套设计、制造和销售方法。从苹果手机、安卓系统手机的成功来看，智能手机时代需要重新整合建立起一套完善的生态系统。生态系统的建立，是对原有商业模式的颠覆，会引发企业内部很大的动荡，对于诺基亚来说这是一种威胁，管理层极力回避，也错失了创新的机会。

早在 2007 年，诺基亚率先在全球推出类似苹果 App Store 的 Ovi store，这比苹果的 App Store 早了 1 年。诺基亚的 Ovi store 希望通过软件商城、音乐、地图、邮件及 N-Gage 移动游戏平台等 5 大业务迈入移动互联网时代。随后，诺基亚拿出 150 亿美元的大笔资金开始收购导航、地图等软件企业。这些动作，明显能看出诺基亚采用惯有的横向整合。而要建立生态系统，需要打造以功能整合主导的创新模式。诺基亚管理层认为，横向整合一直是他们的优势，要专注于做自己擅长的事，"成功"回避进行颠覆性创新的可能。

在功能性手机时代，质量稳定、耐用是诺基亚手机的标签，打动了消费者的核心诉求。当智能手机到来，软件的价值要大于硬件，可是诺基亚仍将主要精力放在硬件上，其在软件的投入明显不足，缺少足够的应用软件供消费者选择。数据显示，诺基亚有4500款应用软件可供手机用户选择，而苹果则提供了6.5万种。诺基亚对手机的定义仍停留在过去的认知上，没有从全新的思维与角度看待手机在消费者心中的地位，导致诺基亚难以重视软件在手机中的重要性，谋求在软件上的创新就更是难上加难。

诺基亚在软件上的重视度不够，根源还在于没有形成对外开放的战略意识，采用保守、封闭的硬件战略思维。如果诺基亚管理层意识到软件在手机领域的重要性，放下身段，采取以功能性整合、外部合作的策略，给第三方应用提供足够的表现空间，弥补其在软件上的弊端，诺基亚手机带给消费者就是一种全新的体检。

长期以来，诺基亚在研发创新上都保持着领先，有两个数据可以说明：2004年，诺基亚内部就开发出触控技术；2010年，诺基亚研发费用达到58亿欧元（约合451.76亿元人民币），是苹果的4倍以上。随着新的对手出现，年轻消费群体崛起，诺基亚惯有的优势在消失，已不能简单以某项技术、某个产品为突破点，而是面对整个商业模式、消费理念上的挑战。诺基亚是已经存活150多年的"庞然大物"，短期内难以适应急速变化的环境。管理层更乐于躺在过去的功劳簿上享受，"榨干"诺基亚最后的一点优势。

诺基亚在"创新"上的失败是一种战略上的失败，没有看清移动互联网时代的到来，用缝缝补补、缩手缩脚的"创新战术"应付全新的市场环境，跟不上市场竞争的需求。诺基亚前任CEO康培凯就指出，诺基亚在聚焦于解决方案战略的同时，仅需做出一些"微调"。在智能手机时代，诺基亚一开始就输在起跑线上，庞然大物难以卸下包袱，与时代发展的差距越来越大，直到被淘汰。

诺基亚在"创新"上的失败是一种商业模式创新的失败，移动互联网时代迫使IT企业从单一生产企业向生态系统型企业转型，诺基亚固守着横向整合，浪费了开放、合作的机会。诺基亚一直停留在手机只是手机而忽略了手机还可以是电脑，没有形成对这一方向实质性的认识，所谓商业模式的创新只是伪创新。

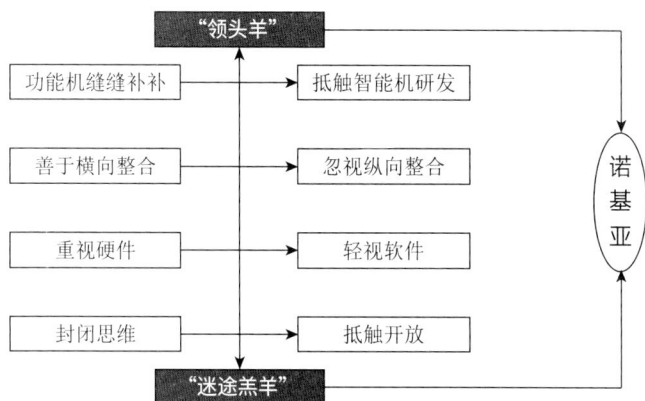

图 11-3 从"领头羊"到"迷途羔羊"——诺基亚的衰败

2007 ~ 2013 年，诺基亚在创新上犯了一系列错误，导致从行业领头羊走向断崖式衰败。诺基亚固守在奠定行业地位的功能机上，抵触智能机研发；采用一贯的横向整合思路，在纵向整合上漫不经心；视野集中在硬件策略上，轻视消费者对软件的需求；关闭与外界交流的大门，抵触对外开放。从战略、战术到技术、市场等层面，诺基亚在行业竞争中接连败退。

诺基亚在"创新"上的失败是一种管理创新的失败，诺基亚进入手机领域完全不同于之前进入的行业，过去采用制造业管理方式，层级分明，由上向下授权。现在采用 IT 服务的管理方式，根据消费者、一线人员的反馈，由下向上传达给管理层，做出决策保持产品换代升级。只有通过管理上的创新，有效解决"大企业病"，避免官僚作风的蔓延，才能使企业保持旺盛的战斗力，让创新紧紧跟上市场变化的节奏。

诺基亚的衰落，给领导人上了一堂综合性的大课。即使领导人过往拥有多么骄傲的创新成就，都可能成为未来创新的障碍，失去对市场的敏锐嗅觉，拉开与市场的距离。当领导人开始拥抱创新时，需要审视创新视野，承担起创新面临的失败。创新的深度与广度都是无限的，需要保持持续的好奇心、包容心、敬畏心和学习力。

1997 年，国家部委委托方正集团做一个邮件系统培训项目，方正集团分派给周鸿祎。周鸿祎觉得这个项目有意思，跑了几趟北京海淀图书城，把相关的书都看了一遍。他不但给那个部委做了邮件系统的培训，还做了开发，比如新的图形界面，让邮件系统易用，并加了便签、导航等功能。

方正集团领导对周鸿祎的邮件系统培训任务给予高度地认可。接下来，方正集团把公司自己的邮件系统搭设任务交给了他。周鸿祎特别喜欢杜甫的两句诗："痛饮狂歌空度日，飞扬跋扈为谁雄。"于是，他将邮件系统命名为"方正飞扬"。通过做"飞扬"，周鸿祎得到一个朴素的认识："免费"。

1999 年 8 月，《IT 经理世界》在采访周鸿祎时，着重讲到了周鸿祎对互联网商业本质的两个朴素认识：一是，产品必须要大众化；二是，产品必须要免费。在当时，关于"免费"，周鸿祎只是一个初级认识；对于整个 IT 行业，免费是一件不可思议的事情，并没有市场。

1992 年，中国推出第一款杀毒软件。随后的十几年，杀毒软件公司的商业模式就是通过收费获取收入。2008 年之前，几乎没有人想过杀毒软件是可以免费的，也不可能有免费的杀毒软件推向市场。直到 2008 年 7 月，周鸿祎的奇虎 360 公司推出 360 免费杀毒测试版。当时这个测试版由于太重、太卡，不符合中国用户的习惯，以失败而告终，还被同行嘲讽为白痴、不专业。

随后，周鸿祎从两个方面进行反思：从过去的失败能总结出什么经验；保持学习的心态，向用户学习，向竞争对手学习。在接下来的一年里，周鸿祎带领团队埋头苦干，只为让免费的杀毒软件易用、有效。2009 年 10 月，360 免费杀毒正式版推出，完全颠覆传统杀毒软件"激活码"模式。正式版在性能上全面超越收费杀毒软件，大大提升用户的体验，赢得了用户的认可，在短短 3

个月之内，用户规模突破 1 亿。

周鸿祎以"免费"为创新武器颠覆传统杀毒软件市场。要将这种颠覆式创新落地，获得用户认可，他用微创新做了更加形象地说明。360 杀毒的微创新表现在几个方面。传统杀毒软件，只要发现病毒就会上报；而 360 杀毒，当恶意程序开始执行时，才会报告，然后快速查杀处理。传统杀毒软件在电脑启动时就开始杀毒，这会占用电脑的系统内存；而 360 杀毒，等用户处理完工作，再在后台扫描杀毒。传统杀毒软件界面复杂；而 360 杀毒界面简单，只有三个按钮：快速扫描、全盘扫描、指定位置扫描。传统杀毒软件，会在用户看电影、打游戏时，突然冒出来提醒用户查杀；而 360 杀毒设置开启免打扰模式、不弹窗提示，实现杀毒时不打扰用户，不干扰用户工作。

由于微创新在 360 杀毒成功实践，已经成为 360 公司长期秉持的创新方法。在 360 杀毒以后的软件、硬件产品中，都可以看到微创新的影子。2013 年，周鸿祎带着公司开发的奇酷手机参加中美互联网论坛。周鸿祎向苹果掌门人库克推荐奇酷手机得意的功能——拍照后显示年龄。这也引起了在场的马云、马化腾的兴趣。他给马云拍了一张，马云开玩笑地说要是敢把他的年龄照大，就把手机摔了。后来又给马化腾拍了一张，结果显示年龄 20 岁出头，马化腾很开心。

在这些类似的事件中，周鸿祎发现一个规律，显示出来的年龄都比实际年龄要小。于是，他回去给程序员讲，把这个功能调整一下。如果拍照的是女性，显示年龄的规律要是真实年龄的一半；如果拍照的是男性，就直接减去 10 岁。这给用户带来直接的感受——快乐。

周鸿祎向库克推荐奇酷手机时，重点谈到了奇酷手机最大的创新：彩色＋黑白双摄像头。这样的双摄像头，需要 360 公司研发人员用黑白传感器最大限度捕捉明暗信息，用彩色传感器最大限度记录真实色彩，然后把这两个图像合成。这样说起来简单，实际上在操作时面临不小的难度，如果合成不到位，就会造成手机拍摄时卡顿。因此，周鸿祎就要求技术人员不断调整，造成 360 旗舰版手机上市的延迟。可喜的是，奇酷旗舰版手机上市后遭到疯抢，再次验证周鸿祎奉行的微创新在手机研发上获得良好的示范效应。

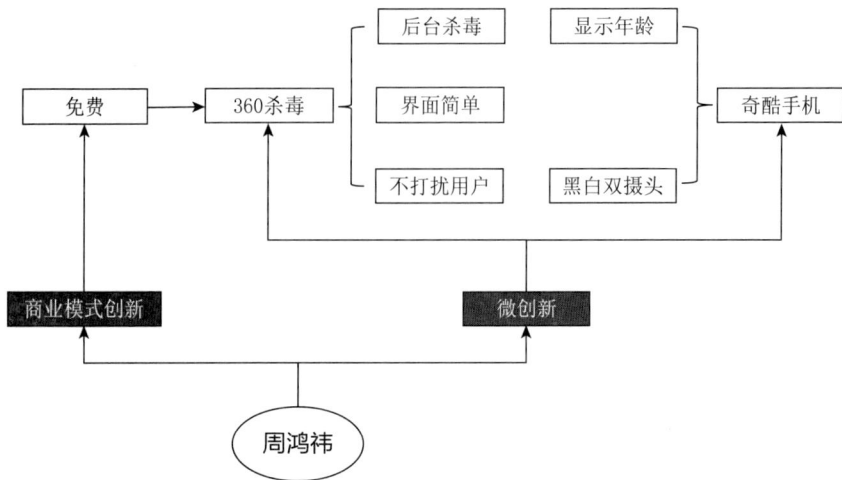

图 11-4　颠覆者的自画像

　　周鸿祎以"免费"式创新，颠覆了整个杀毒软件行业。他践行的"微创新"策略，让创新显得没有那么遥不可及。比如在杀毒软件上，围绕后台杀毒、界面简单、不打扰用户展开创新。在奇酷手机，开发出显示年龄的功能，采用黑白摄像头的技术。

　　周鸿祎在创新上取得的一系列成绩，给了我们一次重新认识创新的机会。在他眼中，他将创新从一个非常小的点、一个非常小的细节开始，这叫"微创新"，接着微创新可以持续不断地进行，最终经过过程的积累，形成颠覆既有市场的力量。他认为商业史上对市场格局的颠覆，绝大多数都是商业模式上的创新和用户体验上的创新。我们看到了，他用免费开创了商业模式上的创新，接着用微创新完成用户体验上的创新，将360公司打造成国内创新的标杆。

　　他向我们证明了创新并不是那么遥远、复杂、高端，这给那些在创新面前优柔寡断的领导人，提供了一条便捷的创新之路，给予他们勇于学习的方法。或许在多年之后，我们并不记得360杀毒、360手机，但是周鸿祎践行的颠覆式创新、微创新理念，会在中国商业创新领域生根发芽。

● ○ ○—————————— 拉丹·塔塔：实现"不可能之梦"的理想

2002 年的某一天，印度班加罗尔雨下个不停，塔塔集团董事长拉丹·塔塔（Ratan Tata）坐在车里，糟糕的印度交通，让他的车在路上走走停停。他告诉司机："请小心驾驶，路会有点滑。"当他们的车驶近一个十字路口，骑在一辆摩托车上的一家人超过了他们的车。在印度，一个三口之家或四口之家骑一辆摩托车是很平常的事。

他们的车跟着这辆摩托车进入下一个路口，拉丹·塔塔再次叮嘱司机："小心点，开慢些。"刚说完，事故就发生了。摩托车滑倒了，一家人被甩到了不同的方向。还好，他的车开得慢，要是快一些，就可能碾在这家人身上。拉丹·塔塔为这家人提供了力所能及的帮助后，才重新上车启程。

这件事并没有就此结束，他问自己："如果我们能为这些人提供他们买得起的交通工具，那会怎么样？如果我们能生产一种更加平稳的四轮摩托车，一种能关上门的车，一种能遮风挡雨又能避免事故发生的车，那会怎么样？"这一系列自问，让拉丹·塔塔萌生出打造平民汽车的梦想，他想让印度数百万新兴的中产阶级获得一种安全的交通工具。为此，Nano 汽车就被构想出来，但是，从构想到成车，整整走过了 7 年的时间。

在这里，我们讲述的并不是关于 Nano 汽车制造的过程，也不是一个汽车行业的创新故事，而是拉丹·塔塔的创新素养是怎样培养出来，并如何将这种创新赋予到公司的企业文化中去。从诺基亚、摩托罗拉到柯达等许多巨无霸企业，都在创新之路上节节败退，最终一蹶不振。作为印度最大的企业，成立已 100 多年的塔塔集团，仍保持着对市场的敏锐、创新的饥渴，打造持久的竞争优势。

自塔塔公司成立以来，一代又一代的领导人都保持着优良的传统，关注印度人民的生活水平，给予印度弱势群体关怀，肩负起整个国家建设的责任。自拉丹·塔塔目睹一家人的摩托车事故后，他在六七个月的时间里，都在想着如何把摩托车变成更安全的交通工具。比如他想过在乘客头顶安装一些配件，也想过在摩托车后面增加两个轮子。随着想法的不断改进，他最终提出一个问题：是否能做一辆真正简易的汽车。

在拉丹·塔塔心中，这个简易的汽车，至少要包含三个要素：要是四个轮子的交通工具，这样比两个轮的摩托车安全；四个轮子的汽车，比摩托车舒服，在行进过程中，能保持衣服的干净；四个轮子的汽车，有助于村民在村子里提高自己的地位，成为衡量生活质量的象征。从市场的角度来看，这三个要素也是"卖点"；从创新的角度来看，这三个要素为打造平民汽车提供了明确的方向。

拉丹·塔塔长期以来对印度社会现实困境的体察，使他对印度人民的疾苦深有同感，让他能把握住印度人民真正需要的是什么，能把握机会重新塑造人民的生活。正如他得出的结论：它必须是一辆真正的汽车，一辆为印度蓬勃兴起的中产阶级带去安全和体面、抵挡恶劣天气的汽车，一辆造价等同于摩托车的汽车。

拉丹·塔塔这一结论在很多人眼里，是一个疯子的想法，一个疯狂的计划，注定受到嘲笑、反对。这也正是创新必须要面对的局面，这就要考验领导人的勇气、冒险精神。自拉丹·塔塔掌舵塔塔集团后，他多次展现出在这方面的优势。比如，塔塔收购钢铁巨头科鲁斯集团，在发生政治抗议的辛谷地区为保护员工而退出该区域，都是在面对巨大的反对声中，坚决地执行下去的。要推出平民汽车，不能缺少的就是拉丹·塔塔身上大无畏的领导力、勇于冒险的企业家精神。

随着Nano汽车走上被创造之路后，拉丹·塔塔要将自己的梦想、理念、勇气转化为实实在在的行动。这需要他以身作则，将创新灌输到整个团队，带领整个团队克服困难，直达成功的终点。拉丹·塔塔曾说："我们把很多时间花在了质疑上，消除别人的质疑是很难的，最简单的解决方法就是我主动调整目标。"在Nano设计初期，汽车设计方案一直没有突破。他提出研究三轮车和改良摩托车的方案，一方面是探索各种可能性，另一方面，以此鼓励团队，面对失败时，让他们充满希望，不放过任何可能的方案。

伴随创新的是接连不断的失败，要把这种失败转化为远大的目标，必不可缺的就是持续学习的精神。第一款 Nano 测试车推出后证实牵引力不足，团队认识到，离达到最初的目标还有很长的路要走，要解决问题并不简单。根据牵引力不足的问题，他们提出以市场最便宜的风神 800 的牵引力为目标。要实现这一目标，可以减少汽车重量，更换传动装置等，最终保障 Nano 的车速符合在城镇街道和高速公路上行驶。

学习态度背后透露出拉丹·塔塔另一条可贵的品格——"谦虚"。作为一位拥有 100 多年历史、年收入超过 700 亿美元巨头的掌门人，拉丹·塔塔的谦虚难能可贵。他知道自己的不足，愿意与同事分享自己的创意，接受同事的挑战，倾听市场的反馈，向同事、同行和消费者学习。

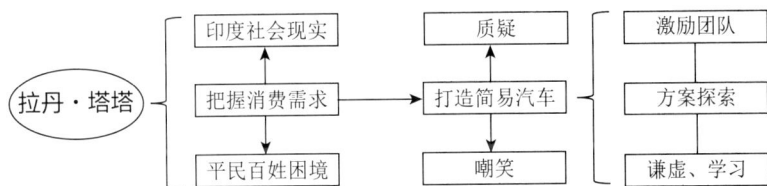

图 11-5　梦想成真的"疯子"

拉丹·塔塔基于长期以来对印度社会现实的观察，以解决平民百姓的困境为目标，立足这一消费需求点，顶住外界的质疑和嘲笑，坚定打造出适合平民的简易汽车。作为行业的新人，拉丹·塔塔以谦虚、学习的心态，行走在创新的道路上。在这条创新之路上，他和团队接受各种挑战，探索各种可能性的方案。在受挫时，他用自己的坚持、自信、理念激励团队勇往直前，直到梦想成真。

那些漠视创新的领导人，往往都比较自负，喜欢缅怀过去，这使他们远离消费者。谦虚的领导人，对外部环境总能保持敬畏之心，这样创新才可以在既有的轨道上顺利推行，防止创新失控及忽略消费者的需求。谦虚的可贵性，既能发现创新的市场机遇，同时为创新装上了一套安全闸，让始于天马行空想象力的创新到最终转化为创新产品成为可能。拉丹·塔塔的另一个可贵之处在于，他可以从平常的一件事中，找到广大人民的需求，而且愿意以谦卑的态度来创造适合下层人民的产品，从而改变他们的生活方式。虽然他当时已经家财万贯，他的企业也已经是"巨无霸"，他仍然坚持要做风险比较大、利润比较薄、而且他不熟悉的廉价汽车。这种民族的情怀，也是值得我们学习的。

自拉丹·塔塔提出要打造平民汽车Nano，7年的时间，他遭遇到的讥讽、挫败不计其数。拉丹·塔塔用高瞻远瞩的能力和胸怀天下的责任，坚守梦想，忍受痛苦，做出牺牲。他专注、隐忍、自律，带领团队不断大胆尝试，将创新深深植根于公司的文化中，将其打造成公司的核心竞争力，为印度人民创造了幸福生活，引领了汽车行业的革命。

综　述

以"年龄"划分西班牙队、诺基亚、360公司、塔塔，前两者是"老年人"的代表，后两者是"青年人"的代表。前者，他们都曾凭着惯常的战略战术在行业内占有一席之地，不知不觉中他们的视野锁定在过往的对手、熟悉的市场环境中。新的对手出现后，改变了游戏规则，他们旧的那一套做法就无法适应。

曾经引以为傲的创新，绑住他们走入未来的脚步；过往的辉煌，麻痹了他们的神经，消磨了斗志，让他们拒绝做出改变。新的对手已在门前发起挑战，他们却一再延迟创新，侥幸地认为可以逃过一劫，结果却是万劫不复。无论往日有多少辉煌，当未来与创新擦肩而过，辉煌不过是走向灭亡的前兆。

后者，以"初生牛犊不怕虎"的姿态，顶着外界的漠视、同行的嘲笑，凭着前瞻性的视野，承担起巨大的风险，扛起创新的大旗，重新定义行业的游戏规则。周鸿祎、拉丹·塔塔在整个创新过程中，在一次又一次失败、质疑中，从量变走向质变，打造出酷炫、颠覆、实用的产品。360公司、塔塔公司的成功，诠释"接地气"的企业创新，得到用户的追捧，引领新的市场需求，定义企业创新的价值，颠覆行业固化的商业模式，树立企业的核心竞争优势。

企业追求创新，并不一定获得回报，但是企业丢掉创新，衰败只是时间问题。创新不是喊口号，不是高大上的包装。再华丽的创新概念，落实到行动中时，面对的是思维的重塑、细节的挑战、团队的磨合、时机的把握和市场的考量。这一切的基础，又要回归到领导人在创新上的所思所想。创新对于领导人永远都是一个新鲜、诱人、敬畏的战略性命题，督促领导人勇往直前，释放出领导人的才华与激情。

险象12 → 忽略接班人的险象

大卫的死期临近了，就嘱咐他儿子所罗门说，我现在要走世人必走的路，所以你当刚强，作大丈夫，遵守耶和华你神所吩咐的，照着摩西律法上所写的行主的道，谨守他的律例、诫命、典章、法度。这样，你无论做什么事，不拘往何处去，尽都亨通。耶和华必成就向我所应许的话说，你的子孙若谨慎自己的行为，尽心尽意、诚诚实实地行在我面前，就不断（有）人坐以色列的国位。

——《旧约·列王记（上）2章1~4节》

我从来不培养接班人，我给万科建立了一个制度，培养了一个团队，谁当一把手也差不到哪儿去。

——王石

国家需要有接班人，才能在没有动乱的情况下继续繁荣发展；企业需要有接班人，方能在有惊无险的情况下再造辉煌；家族要有接班人，才不会导致"富不过三代"；团队需要有接班人，才不会出现像里约奥运会中国男女体操队由于青黄不接，使曾经也是"梦之队"的体操队吃下"零金牌"的尴尬战绩。

国家和企业要追求永续经营，那么，寻找接班人、培养接班人、给予接班人机会、挖掘接班人潜能、帮助接班人的自我实现就显得非常重要。忽略这个课题而造成的险象将会使企业和国家无以为继，最后导致衰亡或败亡。

开篇的两段引言，第一段引用以色列大卫王挑选其儿子所罗门为继承人，并很认真地交代他应该怎么做。大卫王寻找到所罗门，挖掘他、培养他、嘱咐他、给他机会，最后扶他上马后再陪他走一程。第二段引用了王石的话，他强调制度的重要性，有了制度，有了团队，自然就会有接班人。其实，王石对万科在这方面的贡献很大，建立了现代化的经营管理制度和一大批上、中、下管理人才。"制度"和"人才"这两大资产是万科能够永续经营的保障，它们已为万科的接班发展奠定了很扎实的基础。

几年前，我观赏了中国制作的一部连续剧——《大秦帝国之裂变》，里面讲述秦孝公在商鞅（卫鞅受封于商地，故称"商鞅"）的辅佐下进行二十多年的"变法"，给果击败了魏国，收复河西失地并取回函谷关，宣布变法成功并论功行赏。当天夜里，秦孝公问商鞅秦国下一步能不能及如何东出与六国争天下的时候，商鞅提出八个字：以法治国、代有明君。这就是上面所讲的大卫王找人、王石建制度的总概括。当时，剧中的秦孝公讲："难呀！何其难呀！"他还说："以法治国是难，不过，毕竟有法；代有明君，那是比登天还难呀！"秦孝公的感慨也道出了所有身处高位的领导人的烦恼，接班人问题很现实、很突出、很重要。但是，要挖掘、培养，并对他们委以重任不是件容易的事，这是一个系统工程。

领导人为什么会忽略接班人的问题呢？大概有下列几个原因：

（1）觉得自己能力很强，还可以继续当领导。

（2）觉得时机未到，来日方长。

（3）觉得每个人都有缺点，不像自己这样强。

（4）担心大权旁落。

（5）担心授权或让路之后自己没有角色好扮演。

（6）没有接班意识，不以为这是课题，所以不考虑这些问题。

其实，领导人对接班人的问题应该有所准备，不可掉以轻心，企业、国家、政党、团队的继承与传承都不是小事。有些企业家很早就把二代安插进管理层；有些企业管理层集体出差要分两个飞机班次，以防万一；有些企业在各阶层都培养接班的第二梯队；有些企业忙于建立传承的制度以确保所有权和控制权不能旁落、管理不能断层；有些企业家创建家族控股公司等等。当年柳传志把郭为的神州数码从联想分拆出来，就是明显的例子。

柳传志已经年过七旬，他目前考虑最多的是事业传承的问题。联想控股在他的带领下，接班团队已经清晰且准备就绪，随时可以接班。这是柳老几十年注重领导人培养和传承的结果。联想控股下面的几个接班团队的代表，他们不只是事业集团的负责人，他们也都是拥有相当部分股权的所谓"主人翁"。我们可以在下面关于柳传志的案例中寻找答案。

挑选和培养接班人一定要有制度建设，以防接班人凌驾于制度之上。这正是王永庆经常所说的"制度第一，总裁第二"。以英、美政治制度为例，有了制度，自然就有遵守制度的团队和领导人。

例如，丘吉尔带领英国战胜德国却在战后选举时被民众"抛弃"。面对选举的失败，丘吉尔说过一句非常有境界的话："我们与纳粹德国死战到底的目的，就是为了保障人民有把我选下去的权利，如果人民连这个权利都没有，我们和纳粹又有什么区别？"这句话多么大义凛然，这个制度有多美好。

再如，领导人的气质和境界可以使他建立的制度对国家和企业影响深远。美国经历了8年的独立战争后，华盛顿众望所归地当选费城制宪委员会主席。他端坐在那儿不想打仗，这个仗就打不起来；他不想当皇帝，美国就注定是共和制；他当了两届总统就功成身退、卸甲归田，两届制在很长时间内就成了美国宪法惯例，直至修宪把这一条明确写进宪法。华盛顿本身的理念与胸怀和他所制定与成全的制度对美国影响很大。

我们想要接班人继承的不只是一个企业，也不只是名分、地位、股权、资产、资源和权力；我们要传承的还有愿景、使命、理念、价值观、行为准则、制度和文化等。

　　2016 年春节我到新西兰旅行，夜宿一个家庭农庄，和主人交流他们传承给孩子的东西。他们认为除了事业和资产之外，最重要的是农业技术经验和价值观。主人客厅有一张全家福，上面打上了《旧约·诗篇 16 章 5~9 节》的一段话："耶和华是我的产业，是我杯中的分；我所得的，你为我持守。用绳量给我的地界，坐落在佳美之处；我（继承）的产业实在美好。我必称颂那指教我的耶和华；我的心肠在夜间也警戒我。我将耶和华常摆在我面前，因他在我右边，我便不至摇动。因此，我的心欢喜，我的灵（原文作'荣耀'）快乐，我的肉身也要安然居住。"

　　这一段话是大卫王的祈祷文。大卫王很谦虚地说他所有的，是上帝给的，上帝也会帮他持守。他继承了美好的产业，要谨慎、要警戒，要常常按照上帝的旨意行事，不要动摇，这样，才会欢喜、快乐、长久、安然。

案 例

秦始皇：迟到的诏书

公元前 210 年，秦始皇去世。秦始皇去世后仅四年零三个月，中国历史上第一个大一统王朝秦朝就轰然倒塌。关于秦朝的速亡有诸多原因，包括秦国的暴政、皇帝的昏庸、使用奸臣、统一的基石不稳定等。秦朝灭亡中有一个特殊的原因和以上原因有着密切的关系，秦始皇没有及时立太子，在继承人选择上一拖再拖，以致到最后立的遗诏被篡改。秦朝落入昏君与小人手中，把秦帝国推到灭亡的悬崖上。

拥有雄才伟业的秦始皇，不可能看不到立太子对于稳固一个帝国的重要性，到底是什么让秦始皇在立太子上犯了致命的错误？扶苏是秦始皇的长子，原本是继承秦朝王位的人。扶苏的母亲是郑国人，她非常喜欢郑国一首很受欢迎的情歌《山有扶苏》，于是秦始皇给他起名为"扶苏"。"扶苏"出于诗经，意指树木枝叶茂盛。从这里就能看出，秦始皇对这个长子寄予厚望。

年少的扶苏，机智聪明表露无遗；长大后的扶苏，也没有辜负秦始皇对他的期望，尤其在政治远见上颇有秦始皇的风范。《史记·赵高列传》记载了赵高对扶苏的评价："刚毅而武勇，信人而奋士。"明朝张居正在评价扶苏时，用了"仁儒"二字。但扶苏与秦始皇性格上的不同，造成两人在政治理念上不同。秦始皇采用残暴、铁腕的政策，扶苏主张温和、怀柔的政策，反对秦始皇的"焚书坑儒""重法蝇之臣"等。扶苏在《史记》上第一次出现，就是因为坑儒事件，也就是说，扶苏是作为秦始皇的对立面出现的。作为秦始皇的对立面，他在秦始皇眼里，是懦弱的，后来扶苏自杀而亡，验证了秦始皇的观点。

一开始秦始皇就打算让扶苏继位，在他看到扶苏性格上的弱点后，将扶苏贬到上郡当蒙恬的监军，希望通过在军中的历练，磨炼扶苏的血性，为未来的接班做准备。蒙恬说："臣将三十万众守边，公子为监，此天下重任也。"作为旁观者来看，从长子身份到监军的权力，扶苏注定成为秦始皇继承人。可是，秦始皇没有早早给他太子的名分，扶苏反而认为这是被流放。

秦始皇用行动证明扶苏是他的继承人，他为什么就不能给予一个名分？从上面来看，扶苏与秦始皇在执政理念上的不同，使他没有获得秦始皇的高度认可。作为中国历史上第一个统一中国的皇帝，秦始皇有着足够骄傲的资本，他必然对自己的继任者有更高的标准，以自己的雄才大略来要求继任者。但当时的扶苏显然与他理想中的太子还有不小的差距。还有一个原因是，完成六国统一时，秦始皇才四十多岁，正处于人生状态的巅峰，不需要那么早考虑立太子。秦始皇认为许多事情自己可以解决，没必要交给继任者来做。

史学界认为，秦始皇为什么不立太子，有一个比较特殊的原因，秦始皇怕死。晚年的秦始皇非常怕死，一直寻求长生不老之药。尤其在遇到方士徐福之后。徐福告诉他在茫茫大海中存在神山，神山上有仙人，仙人制造长生不老药。秦始皇相信了徐福的讲述，于是派大量的童男童女去海上寻药。徐福的出现，造成了另一个现象，就是大量的方士出现在秦始皇的周围，数量有三百人以上。

大量方士的出现引发后来的坑儒事件。天下根本没有长生不老药，一直为秦始皇找长生不老药注定一无所获。可怕的是秦始皇坚定相信，而且认真去做，检验药的疗效。秦始皇的这种姿态，长此以往让方士受不了。方士想着忽悠秦始皇，秦始皇说："不得兼方，不验，辄死。"（凡有方术特技，不得模棱两可，经检验不灵验者，以死罪论处。）这让大批方士压力倍增，他们已经没办法再伺候秦始皇，于是串通起来跑掉。秦始皇知道后勃然大怒，让御史台彻查。

在彻查的过程中，除方士之外，奇技者、儒生也被牵扯进去。最后的结果，四百多人被判有罪，并被活埋于咸阳东郊，这就是历史上的"坑儒"事件。秦始皇从初期怕死到后来慢慢相信了长生不老，他认为既然自己长生不老，可以一直统治秦朝，何必还需要立太子，考虑接班人问题？从另一个角度来讲，扶苏身上的弱点，让秦始皇担心他无法统治秦国，还是自己来干最好，这就要求秦始皇做到长生不老。从秦始皇个人迷信心理到接班人的现实情况，追求长生不老都变得理所当然。中国的皇帝大多数都有追求长生的爱好，作为始皇帝的秦始皇，显然对这种爱好有着非同一般的着迷，他想把自己的千秋伟业一直经营下去。

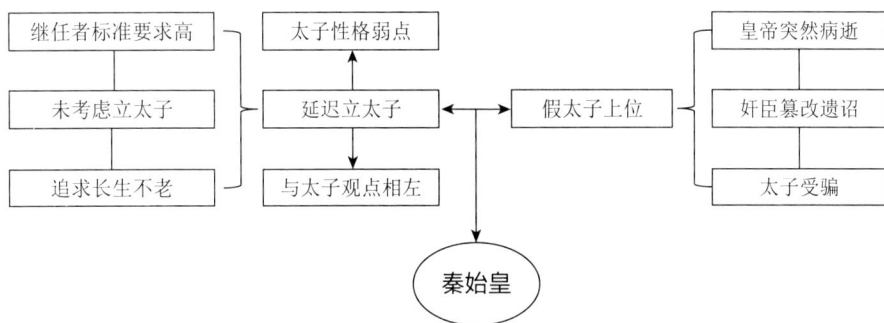

图 12-1　没有及早安排接班人加速了秦帝国的灭亡

　　秦始皇在立太子的问题上一直处于矛盾中，一方面，他追求长生不老，对继任者标准要求过高，造成不考虑立太子的想法；另一方面，太子第一人选的扶苏在性格、做事风格上与秦始皇期待有偏差，造成延迟立太子的局面。秦始皇突然病逝，奸臣作乱，扶苏受骗，假太子趁机上位，将大秦帝国推向了万丈深渊。

公元前 210 年，秦始皇在巡行沙丘时病逝。临终前，他立下诏书让扶苏主持丧事并继承帝位。而中车府令赵高和丞相李斯等人联合秦始皇的小儿子胡亥篡改秦始皇的遗诏，立胡亥为太子，即皇帝位，同时赐死蒙恬和扶苏。一向仁孝的扶苏，对诏书没有任何质疑，悲伤地说："父而赐子死，尚安复请！"之后便挥剑自杀。秦始皇的死亡来得太过突然，没有给他更多时间解决追求长生不老与立太子间的矛盾。秦始皇寄予厚望的扶苏性格的磨炼还没有完成，秦帝国的继承者就这样陨落了，而国家就落入了昏君和奸臣的手中，这加速了秦帝国的毁灭。

1945 年，年仅 25 岁的王安以高级工程技术人员身份被派往美国深造，同年进入哈佛大学学习。上学期间，他去 IBM 实习，IBM 见他是华人，轻蔑地说："IBM 是美国一流的企业，我们搞的是高科技，我看你，还是到哪个汽车修理厂去碰碰运气吧！"这句话深深刺激了他，促使他要在美国成立电脑公司。毕业之后，他通过发明的"磁芯存储器"赚得第一桶金并创立了王安电脑公司（1951 年）。

1975 年，王安电脑公司推出了世界上第一台拥有编纂、检索功效的文字处置机，使当时美国办公室的白领员工获得了一大解放。当时的媒体报道，时任 IBM 掌门人的小托马斯·沃森从报纸上看到这一消息后，愤怒地对身边人说："怎么会如此？为什么不早告诉我？"说罢就昏了过去。比尔·盖茨曾说："若是王安公司没有陨落，世界上可能就没有今日的微软公司，我可能就在某个处所成了一位数学家，或是一位律师。"

1986 年前后，王安电脑公司进入鼎盛时期，年收入达 30 亿美元，员工达 3 万多人，王安以 20 亿美元的财产成为美国第五大富豪。在这个时间段，王安电脑公司旗下人才辈出，高管中有号称"三剑客"的考布劳（Caublau）、斯加尔（Sgall）和考尔科（Caulk）。从王安电脑公司走出来的还包括之后成为思科 CEO 的约翰·钱伯斯（John Chambers）。王安曾在个人自传中，讲述公司名字的由来："我之所以以我的姓名作为公司的名称，一方面是因为在那时我的期冀是，我就是公司，告诉人们这是独家运营的。"王安这种独裁、保守的家族企业管理模式，注定这些优秀职业经理人很难在王安公司走得更远，王安也不会大胆将公司交给职业经理人接班。

1986 年 11 月，王安将公司交给 36 岁的儿子王烈。王安将公司交给儿子的理由居然是"他是我的儿子，他能够胜任"。20世纪80年代早期，约翰·卡宁汗 (John Cunningham) 曾暂时被提拔为公司的总裁，由于王烈成为继承人，卡宁汗被迫离开公司，此后"三剑客"也先后离开。作为接班人的王烈，在企业管理、产品技术方面都无优势可言，与考布劳的冲突日趋严重。一次考布劳指着王烈冲动地说："是你把工作都给弄糟了，你不是当总经理的合适人选，你做出了许多错误的决策，你甚至不知道你本人正在做些什么。"不久，考布劳就离开王安电脑公司，之后三年内，斯加尔、考尔科也离开了公司。

王烈在识人、管理、技术方面都乏善可陈。他没有吸收父亲身上的什么优点，反而与父亲一样都深受保守文化的影响。他从不敢否定父亲的决策，即使父亲做错后，他也是沉默应对。王安开发的个人电脑有个致命的弱点，不能与IBM软件兼容。王安是有机会开发与IBM兼容的个人电脑的，然而他选择自主研发个人电脑及相应软件。可是三年后，IBM电脑已可以运行100多种软件，王安的个人电脑却没有任何一种其他软件可与之运行。王安犯的这个致命性错误，王烈根本没有勇气纠正。

王烈出任总裁后仅一年多时间，王安电脑公司财务就急剧恶化，亏损额达4.24亿美元。而王烈却熟视无睹，仍充满信心地对外界表示："我们拥有30亿美元的年收入，绝不可能垮台。"实际上这时王安的电脑公司，深陷债务困境，面临违反银行债务协定的风险。随后三年里，王安电脑公司股票下跌了90%。1989年8月4日，公司困境迫使王安抱病复出，并宣布免去儿子董事长的职务。

幡然悔悟的王安外聘前GE总裁爱德华·米勒（Richard Miller）作为公司总裁。曾有拯救濒危公司成功经验的爱德华·米勒削减了王安公司的债权总额，并带动公司股价回升。这对于已病入膏肓的王安电脑公司来说，所谓的利好不过是回光返照罢了。1992年6月30日，王安电脑公司市值从高位的56亿美元跌至不足1亿美元。同年8月，王安电脑公司宣布破产。

一直信奉"虎父无犬子"的王安，自始至终都没有考虑过接班人的问题。

他想当然地认为，王烈拥有他一样的经营能力、产品视野等，就没有给王烈创造足够的学习、适应的时间和空间。王安电脑公司在走下坡路时，王烈接手公司，匆忙上阵的后果，只会把公司搞得更差。王安犯的另一个错误，就是儿子本就没有管理能力，还把辅助儿子的"大将"一个一个清除。这让本来就不被看好的接班人，丢掉最后几根本来可以救命的稻草。

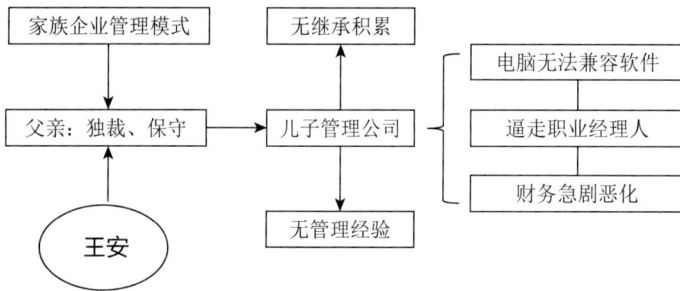

图 12-2 传统家族企业管理模式的惩罚

　　独裁、保守的王安，对于公司的继承，既没有做继承方面的规划，也没有锻炼儿子管理公司的经验，一厢情愿就让儿子继承了公司，结果是，没有改善公司电脑无法兼容软件的弊端，逼走职业经理人，使公司财务急剧恶化。王安这种传统、落伍的家族企业管理模式最终造成王安电脑公司的破产。

如果王安具备现代企业管理思维，淡化糟粕式家族观念，采用职业经理人制度，从职业经理人中培养接班人，本已拥有优秀职业经理人的王安电脑公司，将是另一种截然不同的命运。王安曾说："因为我是公司的创始人，我要保持我对公司的完全控制权，使我的子女能有机会证明他们有没有经营公司的能力。我愿为我自己的冒险承担风险，只要我在公司，我对一切成败负责。"可当他不在公司，谁又应该对公司负责？他没想过的这个问题，成为王安电脑公司走向失败的先兆！

● ○ ●———————————————————— 郑智：用空间、时间换"将军"

　　郑智，中国球迷最为熟悉的中国足球运动员，世界足坛最为熟悉的中国足球运动员。从俱乐部到国家队，郑智的职业生涯在国内足球运动员中堪称辉煌。2002 年，年仅 20 岁的郑智获得中国足球先生，成为该奖项最年轻的获得者；2013 年，他作为恒大队长带领恒大获得亚冠冠军，同年获得亚洲足球先生；2016 年，他率领恒大实现中超＋足协杯＋超级杯的"三冠王"，为个人赢得第八座中超冠军奖杯。

　　2002 年 12 月，郑智首次入选国家队，经过两年的磨炼，2004 年在国家队站稳脚跟。2004 年 1 月 29 日，他在中国队对马其顿国家队比赛中打进了国脚生涯的首个进球。同年的亚洲杯，他打入 3 球帮助中国队获得亚军。谁也不曾想到，这竟然是郑智在国家队最辉煌的时刻。接下来的十几年，中国男足的表现一次又一次伤透了球迷的心。2006 年、2010 年和 2014 年三届世界杯预选赛上，中国男足竟然全部输在世界杯亚洲区预选赛的小组赛阶段。

　　面对中国男足一次又一次倒在世界杯门口，作为亚洲足球先生、国家队队长的郑智有着一定的责任。相较于这种责任，郑智在俱乐部与国家队无可替代的位置，更引人瞩目。现在一个残酷的问题摆在面前，2017 年，郑智已经 37 岁，已属于运动员中的高龄球员。谁来接班郑智，成为中国足坛面临的一大挑战。

　　从俱乐部层面上，恒大俱乐部曾多次寻找郑智的接班人。一些"90 后"新星都进入恒大俱乐部高层的视野里，包括杨一虎、杨超声等。2011 年的夏天，一场恒大对阵皇家马德里热身赛，20 岁的杨一虎横空出世，为恒大打进该场唯一一粒进球。意外的是，随后他选择租借到贵州人和，但是，由于贵州人和的降级，让他难以重回恒大。2016 年 9 月，杨一虎因为醉驾被刑拘，足球生涯变成了未知数。

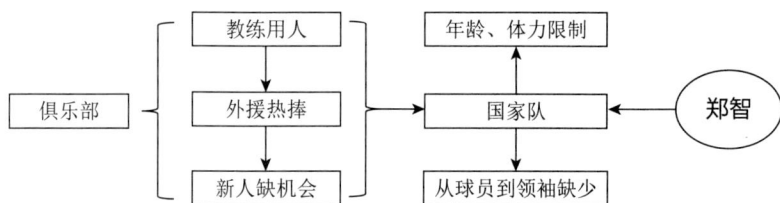

图 12-3　郑智的无奈

　　作为国家队与恒大俱乐部队长的郑智，从年龄到体力上，都到了该退役的时候，然而从俱乐部到国家队都很难找到代替他的球员。起主导作用的俱乐部，引进大牌外援，教练用人的策略，都导致国内球员、新人上场表现的机会有限。长此以往，国内优秀球员、球队领袖出现了断层，在无人可用的情况下，老将郑智被迫继续奔跑在球场上。

　　恒大俱乐部作为国内第一足球豪门，拥有许多优秀的新生代球员，正因为人才太多，竞争激烈，上场的机会反而并不多，导致他们出走。而且奇怪的是，他们出走后，在其他球队也没有很好的表现，主要的原因是他们在恒大没有得到足够的出场时间。这跟教练的用人有着直接关系。比如，2015年12月，曾在马德里竞技队担任后腰的年仅21岁"新星"徐新加入恒大，他从一开始就被誉为"郑智接班人"而备受关注。然而，2016年赛季初，徐新作为球队替补出场。不知为什么恒大主教练斯科拉里（Scolari，2017年11月9日已正式卸任）对他弃之不用，之后徐新坐上了冷板凳，4个多月没有出场记录，连18人大名单都进不去，整个赛季仅有64分钟的上场时间。如果徐新选择出走恒大，他是否也会落得像之前从恒大出走的球员的悲催命运？他是否有勇气去赌一下自己的职业生涯？徐新曾在媒体面前表示："希望能够接班智哥，更希望能够超越他的成就。"也许，徐新熬过坐冷板凳的日子，再加上技术上的提升，接班郑智并不是不可能的事。

　　从里皮（Marcello Lippi）到斯科拉里，他们在任期间，从"85后"到"90后"新人都定为郑智的接班人。到最后，这些新人的实力都不足以接替郑智。我们注意到，关于"某某是郑智接班人"的说法，都是媒体定义、球迷猜测的，俱乐部或教练并没有多少官方表示。我们有理由怀疑，这些新人是否被当作郑智接班人来培养。到目前为止，大家看到的结果是，关于郑智的接班人还未到位，这对于恒大俱乐部、国足都是巨大的挑战。

一个国家的足球俱乐部层面上的竞技水平，直接左右国家队的足球水平；同样俱乐部的接班人问题，也是国家队层面上的问题。中国足球一大硬伤是球员断层，缺乏科学的球员培养体系，而郑智的接班人问题使这种硬伤集中化表现。从缺少普通球员到球员领袖，试问，一个普通球员都培养不起来，何谈培养运动员领袖？

回到具体问题解决上，恒大足球俱乐部要肩负更大的责任。豪门恒大通过砸巨资引来国外足球巨星，对俱乐部的成绩提升有目共睹，但是，这往往会忽略掉一个问题，那就是中国球员上场的表现时间被压缩。当球员连上场的机会都不能保障，他们的能力、领袖气质就一点一点被埋没了。

关于球队接班人的培养，不仅仅需要金钱，更需要时间。作为中国足坛第一豪门，恒大已拿出大笔金钱，接下来要看他们是否拿出时间给新人成长。关于解决郑智接班人的问题，恒大应该拿出空间，让中国球员在球场上有足够的跑动空间，给予他们展现的广阔平台；拿出时间，挖掘有潜力的青少年，建立不同年龄段的足球培训体系，形成完整足球职业成长周期。

柳传志：一半孔雀，一半老虎

2000 年春节前期，柳传志的"爱将"朱立南对公关部总经理杨洁说："你不把这次联欢会办得红红火火，我就跟你急。"杨洁问他怎么才叫"红火"。他说"要办成一个绝唱"。后来新春联欢会上挂起"相亲相爱一家人"。当时，"绝唱"意味着什么，只有少部分联想高管明白这其中的含义。不久之后，联想拆分为联想电脑与神州数码，"绝唱"的含义大白于天下。

1999 年，柳传志被美国《财富》杂志评为"亚洲商界年度人物"，被《时代》杂志评为"全球最有影响力的商界领袖"，被国内媒体定义为"IT 教父"。2000 年 3 月 3 日，联想总市值超过 800 亿港元（约合 674.14 亿元人民币），进入香港股市最值钱的十家公司之列。这时的柳传志带着联想到达了一个巅峰，见好就收的他，开始有了退休的想法。他表示："我不能继续冲在第一线了，实在太忙太累了，精力体力都不够了，已经力不从心了。如果有人来取代我，替公司的一万多员工负责，替公司的利润负责，我就轻松多了。"

当时的柳传志之所以有勇气说出退休的想法，源于过往十多年他对接班人的培养。从柳传志著名的管理三要素：搭班子、定战略、带队伍，就能看出柳传志对企业中"人"的重视。他喜欢的另外一句话是"小公司办事、大公司办人"，也表明人才在他心中的地位。对于企业接班人，这种在企业中非同一般的"人"，柳传志更是格外倾注精力，用十多年去挖掘、培养。他认定的接班人标准，简单讲就是一句话："能够实现预定目标，也能够认同公司价值观。"最后进入柳传志视野的有两个人：杨元庆、郭为。

1988 年，24 岁的杨元庆进入联想，从销售代表做起，推销使用 INTEL386 芯片的 SUN 工作站。面对客户时，杨元庆出色的服务与快速应急能力，引起了柳传志的注意。之后，柳传志给这位年轻人提供了一个广阔的展现平台，

1992 年，杨元庆被任命为联想 CAD 部总经理。他没让柳传志失望，让 CAD 部销售额在两年内从 3000 万元增长到 3 亿元。自此，他进入事业的黄金期，成为柳传志眼中的"将帅"之才。

1993 年，国外电脑品牌进入中国，所有中国电脑品牌都受到冲击。杨元庆临危受命，担任新成立的微机事业部总经理，通过重组事业部，销量大幅上升，一举扭转了联想的颓势，最终确立联想电脑在全国的领先地位。当时的杨元庆不到 30 岁，又是联想面对艰难时刻，柳传志哪来的胆量敢让一个新人担当如此重任？柳传志说："我已经研究他很久了。"杨元庆帮助联想走出了困局，也就在这个时候，他进入联想接班人的行列。

也是 1988 年，年仅 25 岁的郭为去联想应聘，巧合的是，面试他的正是柳传志。在 30 分钟面试的时间里，柳传志仅问了他几个问题，随后的时间居然是向郭为描绘联想的美好前景。可见当时，柳传志已对这位年轻人有了很大的期待。当时的郭为正准备出国，柳传志极力挽留他，对他说："出国并不是一个年轻人追求的最终目标，年轻人的最终目标应该是成就一番事业。"或许他是被柳传志的诚意打动，他选择了加入联想。前三年，郭为在联想担任过多个职务，包括公关部经理、办公室主任等。1991 年，由于"孙宏斌事件"造成联想全国 18 家分公司财务、管理混乱，柳传志把当时集团办公室主任郭为任命为集团公司业务二部经理，处理孙宏斌留下的烂摊子。

与杨元庆一样，同样不到 30 岁的郭为，处理一项影响公司长远发展的艰巨任务。最终的目的也一样，柳传志通过挑战性的工作，锻炼他看好的年轻人，为接班人储备人才。郭为没有让柳传志失望，他撤换了成都、长沙、武汉公司总经理，关闭重庆分公司，联想的业务很快就恢复了生机。郭为在联想获得了一个评价——"替老板堵枪眼"。不久，28 岁的郭为就提升为联想集团的企划部总经理，进入 11 人的总裁室。

2000 年，杨元庆与郭为都已成为联想的副总裁，可他们的业务存在冲突。杨元庆负责联想的自有品牌，郭为负责外部品牌代理。两者之间的业务冲突越来越明显，两人的抱怨越来越频繁，直接影响了公司的长远发展，这也是柳传志在考虑退休时首要考虑的问题。杨元庆与郭为都是柳传志的爱将，他不愿牺牲任何一个。最后，柳传志拿出一个让外界意想不到的方案，拆分公司，让杨元庆与郭为各干各的，自己也能安心退休。他认为："这两人的摩擦是必然的，不是他们的品格太低——钩心斗角，而是各自有着完全不同的目的，所以只好分开。"

2000 年春天开始，联想开始一分为二，杨元庆负责全部联想品牌业务，郭为统领代理和系统集成业务。具体操作上，杨元庆与郭为又是斤斤计较的，谁都不后退一步，说"漫天要价、坐地还钱"都不夸张。最后的结果是，杨元庆成了"大赢家"，郭为只得到联想 10% 的财产、20% 的员工、20% 的业务、20% 的人。当时外界质疑柳传志冷落了郭为，柳传志只是以笑作答。从中国商业史到西方商业史，因为两个人而将公司拆分都实属罕见。

16 年后，在 2016 年亚布力论坛上，杨元庆与郭为共同分享了当年联想拆分的内幕。仅分走很少资源的郭为表示："作为联想事业接班人，只有第一，没有第二。2001 年拆出来的时候就是这么想的，拆之前也是这么想的，拆之前还想过跟杨元庆 PK 一下，当时柳总问我，杨元庆做总经理，你做副总经理是否同意，我说，第一，必须同意，第二，为什么不是我。"

关于为什么要拆分联想，杨元庆答道："首先，非常感谢我的兄弟，在我非常困难的时候给予鼎力相撑，我非常的感动，彰显兄弟情谊。第二，我觉得如果是郭为接手联想电脑，也一样能做得好，只不过我幸运一点，是我早一点来做我们的电脑产品。第三，实际上，我一直是主张拆分的，我的想法和柳总的想法不一样，我觉得不是接班人的问题，而是业务的问题。因为当时联想有自己品牌的电脑，我们还在代理分销东芝、惠普的电脑，这样的话，公司一边推联想电脑，一边推惠普电脑，怎么打呢？所以我是非常主张分开的，这样各个业务各有自己的发展空间。这是我的真实想法。"

有一次，柳传志在评价企业领袖时，用孔雀和老虎作比喻：孔雀善于展示自己的美貌，以此影响别人心甘情愿地跟着它走；老虎依靠自己内在的力量，威风凛凛震慑四方。郭为属于"孔雀型"，杨元庆属于"老虎型"。当对方问柳传志，你是什么型时，他说："一半孔雀，一半老虎。"

当时，柳传志的接班人阵容号称为"三驾马车"，除了杨元庆、郭为，还有朱立南。1989 年，联想深圳分公司成立，朱立南是首任总经理。由于柳传志常去深圳考察业务，开始熟悉，还因为两人都是"发烧友"级的足球迷，关系变得更紧密。4 年之后，受创业大潮的影响，朱立南离开联想在深圳创业。1997 年 8 月，柳传志在珠海出差，专门与朱立南见了面，邀请他加入联想。柳传志说："总裁室职能偏弱，需要加强。"朱立南回答："先给我个低职位，这样我有腾挪空间。"

1997 年 9 月 1 日，朱立南重回联想。几年之后，朱立南在接受《中国经营报》采访时说："回归联想时并未做出具体而翔实的职业规划，柳总不给我承诺，那时候我也不知道能再在联想待多久。人生要有目标，但不要太刻意、太死板，否则未必能安下心来把事情做扎实，很多事情是厚积薄发，与时机、环境密切相关。做好眼前之事，自然为未来打下坚实基础。"

当年联想拆分时，虽同为高级副总裁，但朱立南并不在权力的核心圈，非利益关联方，反而成为拆分中的关键人物。朱立南成为杨元庆与郭为之间的桥梁，平衡两个人的利益，将两人的意见转达给柳传志。正是由于朱立南与柳传志的良好交谈，加速了联想的拆分。在双方频繁的交谈中，朱立南有了一个特别的收获，他走进了柳传志内心世界中的平凡角落，看到了一个更多面性的柳传志。

联想拆分后，杨元庆与郭为都邀请朱立南加入各自的公司。柳传志明白朱立南自己就是个帅才，他不会给帅才当助手。当朱立南拒绝了杨元庆、郭为后，柳传志走过来对他说："我要给你一个新的舞台。"随后朱立南加入联想投资任总裁，成为柳传志的左膀右臂。朱立南上任初期，柳传志给了他 3000 万美元用作第一笔投资，随后增加到 1 亿美元。2001 年底，朱立南带领联想投资（后改为"君联资本"），收购至少 8 家企业的股权，一个以投资为主体的"第三个联想"诞生了，联想的第三个接班人正式启程了。2012 年，朱立南成为联想控股（包括联想集团、神州租车、拉卡拉、联想之星、君联资本和弘毅投资等多个在行业内领先的企业）的总裁，接班柳传志。

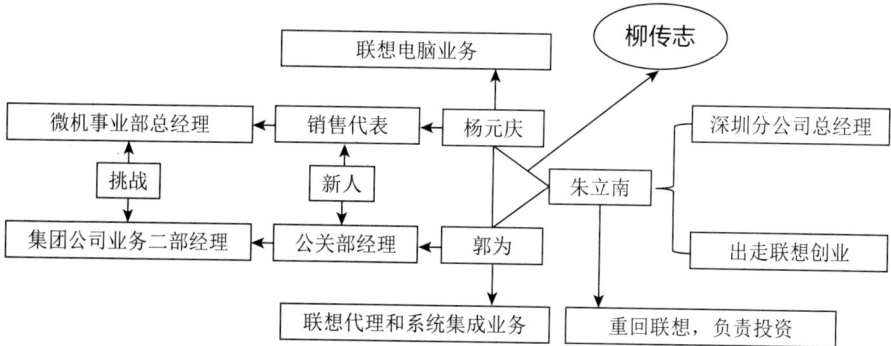

图 12-4 柳传志的"三驾马车"

柳传志采用相似的路线，培养两大继承人杨元庆和郭为。杨元庆从销售代表做起，逐步获得柳传志认可，在联想危机时，担任危机事业部总经理，挑起重担，联想分家后，执掌联想电脑业务。进联想时，柳传志就看好郭为，在经历基层管理锻炼后，同样在联想危机时，郭为被委任为集团公司业务二部经理，助联想走出困境，联想分家后，执掌联想代理和系统集成业务。作为联想分家的关键人物朱立南，出走联想创业后，再回联想，被委以重任，执掌联想控股，接班柳传志。

柳传志说："选接班人就像选太太，要符合两点：一要漂亮，二要爱我。漂亮，意味着能力超群，是谓有'才'；爱我，意味着认同企业文化和创业领袖，是谓有'德'。所以能在联想担当重任的一定是德才兼备的人。"其实，柳传志在联想控股发展的过程中，陆续培养了杨元庆、郭为（已分家）、朱立南、赵令欢、刘国栋（已离开）、陈绍鹏、郑月明、李蓬、唐旭东、郑志刚等一大批能征善战的"大将"，打造出"N个联想"，包括 IT、金融服务、创新消费与服务、现代农业与食品、房地产（已退出）、化工与能源材料、风险投资、私募股权投资及天使投资等。我们长期追踪联想控股及联想集团的发展，中间也见证过它们无数次的起伏、波折和成败。2007 年 8 月，联想控股放弃了神州数码的控制权，之后又多次减持直至剥离；2016 年 9 月 18 日，联想控股宣布将旗下房地产子公司融科智地的几乎全部资产出售给了孙宏斌的融创地产，完全退出房地产业务。

随着 2012 年 6 月，朱立南接任联想控股总裁，成为柳传志"接班人"的信号愈发明显。2015 年 6 月 29 日，联想控股成功在香港交易所挂牌上市，了了柳传志的一大心愿。在之后不久的上市庆祝活动上，柳传志动情地对在场的嘉宾及媒体表达了在公司上市后他仍会继续陪朱立南走一程的用意。柳传志说："媒体特别关心我退休的问题，我将一直给朱立南当助理，直到班子成熟，业绩稳定向上，他觉得实在没必要给我发工资的时候，我再去过安逸的新生活。"

综　述

．．．．．．．．．．．．．．．．　　　　　　　．．．．．．．．．．．．．．．．

　　我们研究春秋战国的历史，发现秦国之所以成为最后的赢家，有一个独特的竞争优势。在秦始皇统一中国前的近百年，秦国连续出现多位雄才大略的君主，比如秦孝公、秦惠文王、秦庄襄王。反而是秦始皇统一中国后，没有为自己准备一个优秀的接班人，使得秦近百年的努力顷刻间化为乌有。回到当下，任何一个国家的一流体育项目，都是靠一代一代传承积累下来的优势，比如巴西的足球、美国的篮球、中国的乒乓球等。长期以来，中国足球人才青黄不接，成为影响中国足球进步的关键要素。作为中国足球运动员老将郑智，已到了退役的年龄，但是，由于国家队及俱乐部的青训体系不完善，同时又忽视后备人才的培养，使得国家队及俱乐部的核心角色迟迟找不到合适的接班人。

　　在中国企业界，接班人问题上升到前所未有的高度，作为中国经济支柱之一的家族企业进入到二代交班、传承的关键期，不管是挑选家族内部人员还是外聘职业经理人都是摆在企业领导人面前的严峻课题。王安电脑公司的失败源于王安忽视接班人问题，太过相信儿子的能力，遗弃了职业经理人。王安几乎犯了一个公司在考虑接班人选择上的所有错误。王安电脑公司与秦国这两个堪称帝国级的组织都在转瞬间化为灰烬，足以警告领导人忽视接班人险象的杀伤力。

　　中国企业领导人中能被称为"教父"的绝对是凤毛麟角，而柳传志就是其中之一。他被冠以"教父"的一个关键原因是他很早就重视接班人培养，为中国输送了一批优秀职业经理人，让联想帝国的每个分支都成为行业内的领军者。柳传志独创的"分家式"解决企业传承中面临的

挑战，以及联想控股所培养出来的六个少帅的"六子登科"都能够为正
处于二代传承的中国家族企业的领导人提供极为有价值的参考，给处于
走出传承困境的家族企业带来更多可能性，给处于成长中的企业提供了
可学习的"中国样本"。

结束语

"领导人的 12 个险象"，正如书名所说，就像是一个领导人站在悬崖边沿。电视剧《大秦帝国之裂变》片尾曲《大风起兮云飞扬》中最后这几句歌词曾经让我非常动容，"大风起兮云飞扬，四海纵横本无疆。大风起兮云飞扬，四海纵横恨无疆。悬崖勒马的是将，悬崖不勒马的是王。"领导人碰到险象的时候，也许是他人生中的最大挑战，也许是他所负责的企业到了转折点，简单来说，就像是在悬崖边上。如果能够突破这个险象，一举跨越悬崖，那将是一个全新的局面、全新的格局，可以为自己和企业带来全新的开始。如果悬崖勒马，也许是保持不败，维持现状，难以突破，无以升华；如果置之不理，任之由之，就会堕入深渊，万劫不复；如果判断错误，准备不足，力道不够，就不能跨越沟壑，而功败垂成。换句话说，险象也就是机遇，它可能制造一个让领导人脱胎换骨、从头再来的机会，所以，应该以正面的姿态面对险象、迎接险象、利用险象、驾驭险象、改变险象，这需要有正确的价值观、远大的理想、坚强的意志、机动的应对和高效的行动。

作为老师，我认为这本书应该是"授人以渔"，而不是"授人以鱼"，希望大家能够在这个变化无常、纷繁嘈杂的险象世界里，为自己的人生添一份新的光彩，为自己的企业创造新的辉煌。简单来说，这本书是在呼唤领导人的情怀和企业家精神，从某种意义上来讲，领导人之所以产生险象，就是缺失了企业家精神。企业家精神，就是领导人面对世界、面对竞争、面对股东、面对员工、面对变化时所展现出来的某种精神状态和思考逻辑。这两者是互相对立的，但不是互相隔离的，它们是动态的互相流动、相互转化和彼此感染的。领导人具备正面的精神状态和独一无二的思考逻辑，就能够度己度人，直到成功的彼岸。

戴维·兰德斯（David Landers）、乔尔·莫克（Joel Mok）和威廉·鲍莫尔（William Baumol）编著的《历史上的企业家精神：从美索不达米亚到现代》一书上，其中有关于中国企业家精神的论述："中国企业家与西方企业家相似的地方：胆识过人、创造性强，且善于重组各种生产要素。中国企业家与西方企业家不同的地方：尤为注重建立人际关系。由于中国人深受有关组织及个体和群体间关系的传统观念所影响，其他管理风格和组织架构同西方仍有很大差距。但是，这似乎并未影响中国企业家，一方面有效地运用自身企业结构和战略，另一方面引进特定的西方模式的能力。"就凭借这句话，只要具备正确的精神状态和有智慧的思考逻辑，中国企业家就能化解险象，开创新局。

致 谢

这本书的内容是我在 2015 年开始写"每日一省"中的一些篇章，后来在很多朋友、同事和学生的鼓励之下，终于决定把它结集出版。在这个过程中，要感谢很多朋友、同事和学生的关心和鼓励，在跟他们的交流过程中，我也得到了很多的启发，让我把这些本来不登大雅之堂的文章，拿出来和大家分享。

这本书能够顺利出版，特别要感谢两个人，一个是我的同事——王海刚，他用了相当多的时间搜集、筛选、分类、整理和撰写案例。在这整个过程中，我们所产生的碰撞和互动，是非常愉快的。另外一个要特别感谢的人是我的助理邹奇敏，他除了在很多想法、概念上提出意见以外，还帮我校对，修饰文稿，增补资料，查核信息。在写作的过程中，我们互相提醒、互相鼓励、互相督促，甚至是经常争论。这份不懈努力使他成为这本书能够及时出版的重要推手。

我的另外一个同事朱健珊在校稿、修饰和润色等方面，也投入了很多精力。还有一个要感谢的人就是我的前同事——李茸，感谢她在创业的百忙之中还帮我联系出版社，帮忙做了很多谈判和协调的工作。

最后，我最要感谢的是我的太太——朱孟香，她在这本书的理念和内容上提供了不少的意见，而且，在写作的过程中，我差点忽略了她的存在，这是我感觉到亏欠她的地方。

参考文献

1. 张其成.《易经》感悟:张其成讲读《周易》【M】.广西科学技术出版社,2007年7月第1版

2. 朱光.壹百度【M】.江苏文艺出版社,2010年1月第1版

3. 凌志军.联想风云【M】.人民日报出版社,2011年11月第1版

4. 沃尔特·艾萨克森.史蒂夫·乔布斯传【M】.中信出版社,2011年11月第1版

5. 毕德生(by Eugene H. Peterson).跳过墙垣【M】.汇思,译.南京大学出版社,2013年4月第2版

6. 约翰·内森.索尼秘史【M】.中信出版社,2013年4月第1版

7. 吴晓波.大败局【M】.浙江大学出版社,2013年12月第1版

8. 尼克·比尔顿.孵化Twitter【M】.浙江人民出版社,2014年1月第1版

9. 周鸿祎.周鸿祎自述:我的互联网方法论【M】.中信出版社,2014年8月第1版

10. 杨少龙.华为靠什么【M】.中信出版社,2014年9月第1版

11. 王健林.万达哲学【M】.中信出版社,2015年1月第1版

12. 迟宇宙.宗庆后:万有引力原理【M】.红旗出版社,2015年1月第1版

13. 李志刚.创京东【M】.中信出版社,2015年6月第1版

14. 查尔斯·埃利斯.高盛帝国【M】.中信出版社,2015年6月第2版

15. 山姆·沃尔顿、约翰·休伊.富甲美国【M】.江苏凤凰文艺出版社,2015年6月第1版

16. 李开复.向死而生【M】.中信出版社,2015年7月第1版

17.波特·埃里斯曼.阿里传【M】.中信出版社，2015 年 9 月第 1 版

18.阿什列·万斯.硅谷钢铁侠【M】.中信出版社，2016 年 4 月第 1 版

19.刘强东.刘强东自述【M】.中信出版社，2016 年 6 月第 1 版

20.邓肯·克拉克.阿里巴巴【M】.中信出版社，2016 年 8 月第 1 版

21.布伦特·施兰德、里克·特策利，成为乔布斯【M】.中信出版社，2016 年 8 月第 1 版

22.程东升、刘丽丽.华为三十年【M】.贵州人民出版社，2016 年 11 月第 1 版

23.肖恩·豪.漫威宇宙【M】.浙江人民出版社，2017 年 2 月第 1 版

24.克里斯蒂娜·柯利娅.3G 资本帝国【M】.北京联合出版公司，2017 年 6 月第 1 版